MÉMOIRES
DE
SULLY,
PRINCIPAL MINISTRE

DE HENRI-LE-GRAND.

NOUVELLE ÉDITION,

Plus exacte et plus correcte que les précédentes.

TOME CINQUIEME.

A PARIS,

Chez JEAN-FRANÇOIS BASTIEN.

M. DCC. LXXXVIII.

MÉMOIRES
DE
SULLY.
TOME CINQUIEME.

MÉMOIRES DE SULLY.

LIVRE VINGT-SEPTIEME.

SUITE des Mémoires de 1609—1610. Affaires étrangeres. Traité de treve entre l'Espagne et les Provinces-Unies, et d'intervention des rois de France et d'Angleterre. Article en faveur du prince d'Epinoy. Henri IV se fait rendre justice du traitement fait à son Ambassadeur par le grand-duc de Toscane. Autres affaires d'Allemagne, Italie et Suisse. Mort du duc de Cleves : Mémoires historiques et politiques sur l'affaire de cette succession. Les princes d'Allemagne se mettent sous la protection du Roi ; entretiens de Henri et du duc de Sully sur ce sujet, et sur l'exécution du grand dessein. Défiance inspirée à Henri contre Sully. Succès des négociations dans les différentes cours de l'Europe. Indiscrétion de Henri. Conversations entre le Roi et son Ministre sur cette expédition. Conseil de régence établi, et autres préparatifs dans et hors le royaume. Pressentimens et pronostics de la mort prochaine de Henri IV. Conversations entre lui et Sully à ce sujet. Avis donnés d'une conspiration, et affaire de la Demoiselle Coman. Cérémonie du couronnement de la Reine. *Parricide commis dans la personne de Henri - le - Grand. Sentimens de Sully en en recevant la nouvelle. Particularités sur cet assassinat, et sur les derniers jours de la vie de Henri. Autre détail des affaires d'Etat et de cour qui suivirent cette mort. Jugement sur les différentes opinions touchant les causes et les auteurs de l'assassinat de Henri IV.*

Ce qui me reste à dire de cette année, regarde les affaires étrangeres, que je commencerai par celles des Provinces-Unies. Le Roi leur fit encore délivrer au mois d'Avril une somme de trois cent mille livres : Préaux alla porter aux Etats l'agréable nouvelle de cette gratification, et m'apporta l'ordre de sa Majesté, de faire transporter cette somme à Dieppe, où elle devoit être chargée sur un vaisseau de la république. Henri crut devoir cette derniere récompense aux égards qu'eut le conseil des Provinces-Unies, de lui donner la principale part dans son accommodement avec l'Espagne ; car c'est en cette année que fut enfin conclue cette treve (*) attendue pen-

---

(*) Il est bon de consulter, tant sur les négociations de cette fameuse treve, que sur toutes les affaires de Flandre, dont il a été fait mention dans ces Mémoires, *les vol. des mss. royaux, cotés* 9759, 9981, 9005, *le Merc. Franç. Mathieu, Vittorio Siri,* et les historiens particuliers de cette république.

dant fort long-temps, et si également souhaitée de tout le monde, que ceux qui du commencement s'y étoient montrés les plus contraires, et le prince d'Orange lui-même, y donnerent à la fin les mains.

Je ne rapporterai point le traité qui en fut dressé à la Haye, lieu ordinaire des conférences, mais seulement celui de l'intervention des rois de France et d'Angleterre, comme garans de l'exécution. La date de cette piece, passée, comme la précédente, à la Haye, est du 17 Juin 1609, en présence de Messire Pierre Jeannin, chevalier, baron de Changy et Montreu, conseiller de sa Majesté très-Chrétienne en son conseil d'Etat, et son ambassadeur extraordinaire auprès des Etats, et Messire Elie de la Place, chevalier, seigneur de Russi, vicomte de Machaut, aussi membre du conseil d'Etat du Roi, gentilhomme ordinaire de sa chambre, et son ambassadeur ordinaire; tous les deux au nom et comme ayant charge de très-haut, très-puissant et très-excellent prince Henri quatrieme, &c. Les noms des deux Ministres de sa Majesté Britannique y sont en suite avec les mêmes qualifications d'ambassadeurs extraordinaire et ordinaire; et après ceux-ci, ceux des Conseillers et Ministres des différentes provinces des Pays-Bas; avec obligation réciproque de faire ratifier le contenu au présent traité, dans deux mois, par les parties respectives.

L'intervention et la garantie y sont exprimées de la maniere suivante : Que les deux Rois n'ayant pu, quelques soins qu'ils se fussent donnés, parvenir à établir une paix véritable et solide entre les deux puissances en guerre, s'étoient réduits à leur proposer une treve à longues années, sur laquelle il s'étoit encore rencontré des difficultés, qui vraisemblablement en auroient rompu le projet, si leurs Majestés, pour le bien des parties et pour l'entiere assurance des Etats, n'avoient consenti à en être les cautions et les garans ; qu'ils promettoient donc et engageoient le secours de toutes leurs forces aux Provinces-Unies, non-seulement dans le cas de l'infraction de la treve de la part de l'Espagne, mais encore dans celui de leur commerce aux Indes arrêté, ou seulement incommodé de la part de sa Majesté Catholique, des Archiducs, de leurs officiers ou sujets, quels qu'ils pussent être ; ce qui s'étendoit tant sur ceux que les Etats jugeoient à propos d'associer à ce commerce, que sur le pays où ils le faisoient ; pourvu cependant que la république ne prétendît pas prononcer elle-même sur la réalité des torts qui pourroient lui être faits à cet égard ; mais qu'elle s'en rapportât à la décision des deux Majestés, dans un conseil commun, où elle auroit voix : permis à elle, dans le cas de trop de longueur au jugement, de pourvoir par provision à la sûreté de ses sujets ; qu'en conséquence, les parties contractantes renouvelloient et confirmoient les traités particuliers, faits l'année précédente, le 23 Janvier, entre la France et les Provinces-Unies, et le 26 Juin, entre l'Angleterre et les mêmes provinces, en appliquant à la treve les mêmes conventions, promesses et obligations que portoient ces traités, pour le temps de la paix qu'on croyoit alors sur le point d'être conclue ; qu'en reconnoissance de cette garantie des deux Rois médiateurs, et des secours que les Etats-généraux avoient reçus d'eux, ils s'engageoient à ne faire aucun traité ni convention avec les Archiducs, pendant les douze années de la treve, que de l'avis et du consentement de leurs Majestés, lesquelles promettoient, de leur côté, de n'entrer dans aucune alliance préjudiciable à la liberté et à la conservation de leurs amis et alliés ; c'est le nom que ces Princes y donnent aux Etats.

Les Archiducs, pour ne pas déplaire au Roi d'Espagne, n'avoient pas voulu consentir qu'il fût fait mention dans le traité de treve, d'assurer aux Hollandois le commerce des Indes : quelques instances que ceux-ci en eussent faites, ils s'étoient seulement obligés de gré à gré, de la part de sa Majesté Catholique, de le leur laisser exercer. Voilà pourquoi la république, qui cherchoit à s'assurer contre un retour de mauvaise foi du côté des

Espagnols, en avoit du moins fait un des articles positifs de celui d'intervention des rois de France et d'Angleterre. Henri ne fut pas mécontent que la guerre ayant à finir entre l'Espagne et la Flandre, elle finît au moins de cette sorte.

Je ne dois pas omettre une obligation que j'eus en cette occasion, plus à ce Prince encore, qu'au conseil des Provinces-Unies ; elle regarde mes neveux d'Epinoy. Sa Majesté qui avoit souffert que je l'entretinsse souvent de l'injustice que faisoient à ces enfans le comte et la comtesse de Ligne, et qui, dès le temps qu'ils me furent amenés en France, leur avoit fait sentir des effets de sa bonté, dont je crois avoir déjà parlé dans quelque endroit de ces Mémoires, voulut bien faire quelque chose de plus pour eux. Jeannin (*) eut ordre d'entretenir l'archiduc Albert sur cette affaire, de le disposer à écouter favorablement les demandes de mes neveux, et de le porter à leur rendre toute la justice qui leur étoit due. Lui, ou bien Caumartin, remit même aux mains de ce Prince un mémoire instructif que j'avois fait, des droits de

---

(*) On peut voir dans le cabinet de M. le duc de Sully d'aujourd'hui, une lettre du duc de Sully au président Jeannin, dans laquelle, après l'avoir entretenu de l'état présent des affaires des Provinces-Unies et de celles de Cleves, il lui recommande les intérêts du prince d'Epinoy, son neveu. Cette lettre, qui est trop longue pour pouvoir la transcrire ici, est datée de Fontainebleau, du 15 Juin 1609.

la maison d'Epinoy à la succession de la maison de Melun. La réponse que l'Archiduc fit au Roi en 1701, qui est l'année où ceci se passoit, me donna lieu de tout espérer. En effet, ce Prince voyant l'intérêt que sa Majesté prenoit à ce démêlé, y entra si avant, que par un accommodement provisionnel, dont il fut l'auteur, mon neveu d'Epinoy (1), resté seul héritier par la mort de son frere, obtint dès ce temps-là la restitution d'une grande partie des biens qui avoient été confisqués sur son pere. Cette transaction, que l'intervention du Roi et de l'Archiduc rendoit une piece assez importante, fut dans la suite la meilleure dont la princesse de Ligne (2) se servit, pour prouver que tout le reste des biens de cette succession, dont elle ne s'étoit point dépouillée, lui avoit été accordé.

Je m'avisai d'un expédient, pour mettre fin à toute cette chicane; ce fut d'obtenir du conseil des Etats, qu'ils insérassent dans leur traité de treve un article, par lequel cette question fût décidée de la maniere la plus favorable pour

_____

(1) Guillaume de Melun, prince d'Epinoy, &c. Il avoit eu plusieurs autres freres morts en bas âge ou sans postérité. Il en a été parlé ci-devant.

(2) Marie de Melun, Dame de Roubais, d'Antoing, &c. femme de Lamoral, premier prince de Ligne, gouverneur d'Artois, chevalier de la Toison d'or.

le jeune d'Epinoy ; ce que j'obtins sans peine, dès les premieres instances que j'en fis faire sous main. Cet article porte : que sur le refus que la Dame princesse de Ligne a fait au conseil des Provinces-Unies, de restituer les biens de la maison d'Epinoy, dont elle jouissoit injustement, il sera nommé deux arbitres de la part de sa Majesté Très-Chrétienne, et autant de celle des Archiducs, qui s'assembleront à Vervins dans la S. Jean prochaine, pour juger définitivement cette question ; que si les voix sont partagées, ils conviendront d'un sur-arbitre; et que s'ils ne peuvent s'accorder sur ce choix, le Roi Très-Chrétien sera ce sur-arbitre, à la sentence duquel la princesse de Ligne et tous les autres héritiers respectifs seront obligés de se soumettre, et les Archiducs, dont ces biens relevent, d'en permettre l'exécution ; cependant que les biens de la maison de Vassenard, et tous autres appartenans au prince d'Epinoy, dans l'étendue des Provinces-Unies, lui seront rendus par provision.

La princesse de Ligne mit tout en œuvre pour éluder la décision. Cette derniere clause lui ôtant toute espérance, elle allégua encore la transaction, dont il vient d'être parlé. Elle se défendit, sur ce que la partie des biens qu'on lui demandoit, qui étoit dans la province de Hollande, avoit été chargée de taxes considérables, sur quoi elle demandoit des compensations. Lorsqu'elle se sentit pressée, elle parut s'adoucir, et se retrancha à demander qu'on terminât la chose par toute autre voie, que par un jugement de rigueur. Elle en fit proposer plusieurs, sur-tout, lorsqu'elle s'apperçut que son neveu étoit d'humeur à acheter la paix par le sacrifice de quelques-uns de ses droits. L'Archiduc parut entrer avec elle dans tous les moyens qu'on imagina pour me faire désister; car c'étoit moi qu'on regardoit dans cette occasion, comme la véritable partie adverse. Il fut proposé de faire épouser à mon neveu la seconde des filles de Madame de Ligne, qui étoit encore à établir. Cet expédient étoit assez bien imaginé, si la mere avoit été une femme raisonnable; mais elle ne vouloit pas même donner à sa fille une dot égale à celle qu'elle avoit donnée en mariage à son aînée. Je lui fis faire par Préaux, l'option de céder vingt-cinq mille livres de rente à d'Epinoy pour la dot de sa fille, ou de se voir obligée de lui restituer tout son bien. Il y avoit à perdre, et même assez considérablement, pour mon neveu, dans cette offre, qu'elle ne laissa pas de refuser avec hauteur. Le reste de l'année se passa à faire et à rejetter des propositions qui ne conduisoient à rien.

Il fut encore besoin que sa Majesté s'en mêlât, comme elle eut la bonté de faire, en écrivant le 19 Octobre à l'Archiduc, pour se plaindre des procédés de la princesse de Ligne, et du peu de soin qu'on montroit de mettre à exécution l'article du traité qui regardoit le prince d'Epinoy. Le Roi fait remarquer à l'Archiduc, sur l'article de la transaction dont Madame de Ligne faisoit son fort, qu'outre qu'il n'y a rien à opposer à une décision portée dans un traité fait entre Souverains, l'avis de son Conseil, conforme aux loix de son royaume, est que l'autorité du Roi qui intervient dans un contrat, n'empêche pas celui de ses sujets, qui s'en trouve lésé, de réclamer son droit. Il le prie d'écouter là-dessus ce que lui diront Berny (*) et Préaux, qu'il a chargés de lui faire un plus grand détail de toute cette affaire; et après lui avoir fait une derniere instance en faveur de d'Epinoy, il veut bien se déclarer caution de l'obéissance et de la fidélité de ce nouveau vassal. Il lui avoue dans le corps de la lettre, que d'Epinoy acheteroit volontiers la paix et l'union avec sa tante, aux dépens d'une légere portion de son bien; mais qu'il a été le premier à lui conseiller de ne pas l'écouter, tant qu'elle ne montrera pas plus de modération dans ses demandes. Toute cette lettre n'est pas d'un Roi, mais d'un ami : et dans

---

(*) Mathieu Brulart, sieur de Berny, résident de sa Majesté près de l'Archiduc.

Hector de Préaux, gentilhomme Calviniste, gouverneur de Châtelleraut.

presque toutes celles que Villeroy et Jeannin écrivoient par son ordre au conseil des Etats, il y avoit un article d'instance sur l'affaire de d'Epinoy. Je continuois de mon côté de les presser fortement, dans celles que j'écrivois à Préaux, qui me rendit auprès d'eux des services que je lui promis de ne pas laisser sans récompense.

Le duc de Bouillon obtint des lettres de naturalité pour ses enfans nés à Sedan. Le Roi ne fit point attention que dans ces lettres et dans la requête présentée à ce sujet à la Chambre des comptes, Bouillon avoit pris la qualité de seigneur souverain de Sedan, et n'y fit point faire opposition par son Procureur-général; mais sa Majesté répara cette omission, en faisant demander par ce Procureur-général, qui étoit Jérôme l'Huillier, que le consentement qu'elle avoit donné à la requête du duc de Bouillon, et son silence sur le titre qu'il avoit pris, ne préjudicioient point à ses droits, au cas que quelque jour il se trouvât justifié par les papiers, titres ou enseignemens, soit du trésor, soit des archives, que Sedan est un fief anciennement relevant de celui de Mouzon, uni au domaine de la couronne. Cet acte du 11 Avril, est inséré dans les registres de la Chambre des comptes.

Le député du duc de Lunebourg-Brunswick me fut envoyé par sa Majesté, pour le paiement de sept mille écus, qu'il disoit être encore dus à son maître, et que le Roi m'ordonna de lui payer sans discussion, vu la modicité de la somme. J'y joignis les traitemens polis, avec lesquels Henri cherchoit à s'attacher de plus en plus les princes d'Allemagne. Je rendis pareillement à M. le duc de Savoie, quelques services qui m'attirerent une lettre de ce Prince, et un remerciement de M. de Jacop, son Ambassadeur. Cette déférence, jointe aux visites qu'on me voyoit rendre à l'ambassadeur de Savoie, parut aux ennemis que j'avois à la cour, un fondement suffisant pour faire craindre au Roi, que le duc de Savoie ne fît de moi ce qu'il avoit fait du maréchal de Biron. Henri se donna bien de garde de leur dire qu'il sçavoit toutes mes démarches, et qu'il les approuvoit. Il les remercia au contraire, et m'écrivit tous leurs discours, en me mandant de lui porter les dernieres lettres que j'avois reçues de Turin, la premiere fois que j'irois le trouver.

Il y eut encore cette année une entreprise sur la ville de Geneve, et elle fut conduite par ce même du Terrail (*), dont il a été assez souvent

---

(*) Louis de Comboursier, sieur du Terrail, gentilhomme de Dauphiné, et parent de Lesdiguieres. Les Mémoires pour l'histoire de France en parlent comme ceux de Sully. « Le » Roi, disent-ils, dont il étoit sujet naturel, lui avoit » donné quatre graces ; mais il n'en avoit pas plutôt une, » disoit sa Majesté, dans une de ses pochettes, que dans

fait mention. Elle lui réussit si mal, qu'il y fut fait prisonnier : et sans autre forme de procès, il eut le cou coupé. C'étoit un homme de beaucoup de tête et de cœur; mais plein d'ambition et de vices : aussi le Roi ne fut-il pas fâché que la promptitude de la justice l'eût prévenu. Il fut accablé de sollicitations en faveur de du Terrail, aux premieres nouvelles qui vinrent de sa prison; mais les nouvelles de la mort suivirent de si près celles de la détention, qu'il ne se vit pas long-temps dans l'embarras. « C'est une belle dépêche, » me dit ce Prince; c'étoit un dangereux homme. » Depuis que je vis qu'il cessoit de vous voir et » de vous hanter, comme il avoit accoutumé, et » que nous le vîmes, vous et moi, étant sur le » balcon de la galerie, tuer cet homme (*), je » n'en eus plus d'espérance ».

Le duc de Florence ayant envoyé, après la mort

―――――――――
» l'autre, il tenoit une conjuration toute prête..... La grace
» que le Roi lui auroit donnée, ne lui auroit pas sauvé la
» vie. Ceux de Geneve lui firent couper la tête, le 29 Avril,
» et à la Bastide, gentilhomme Bourdelois, pris avec lui ».

(*) « Le Mardi 8 Août, du Terrail tua, en présence
» du Roi, et devant les fenêtres de la galerie du Louvre,
» Mazancy, brave soldat Gascon, auquel sa Majesté venoit
» de parler. Il fut tellement indigné et saisi de ce coup
» qu'il vit donner, qu'il en changea, dit-on, deux fois de
» chemise ». *Mém. pour l'hist. de France*, année 1606. Du Terrail avoit été obligé de sortir du royaume, après cet assassinat.

du Duc son pere (*), un Ambassadeur extraordinaire à Rome, pour prêter l'obédience au Pape; cet Ambassadeur, soit par ordre de son maître, soit de son propre mouvement, ou peut-être par mégarde, visita l'ambassadeur d'Espagne avant le nôtre. Henri ne l'eut pas plutôt appris, qu'il songea à en tirer raison; et il commença par révoquer un ordre qu'il venoit de donner, sur les représentations du chevalier Guidi, pour le paiement d'une somme de cent mille livres, qui se trouvoit encore due au Grand-Duc. Jouanini, agent de ce Prince, qui prévit toutes les conséquences de cette affaire, assembla ses amis et ses partisans, pour concerter avec eux les moyens de faire en sorte que la réparation que nous étions en droit d'exiger, se

─────

(*) Ferdinand de Médicis, grand-duc de Toscane, qui avoit succédé en 1587, à François-Marie de Médicis son frere, étoit mort l'année précédente. « Le Roi, dit l'Etoile, » ou l'auteur du supplément de son Journal, pour appren- » dre à la Reine cette nouvelle d'une maniere qui ne » l'effrayât point, supposa un songe, dans lequel il avoit vu » le Grand-Duc mort, et qu'il lui raconta à son lever. La » Reine en a été d'abord surprise; mais ensuite elle a dit » au Roi, que ce n'étoit qu'un songe. Mais, Madame, a » réparti le Roi, je crains que mon songe ne soit vrai; nous » sommes tous mortels. Il est donc mort? Oui, ajouta le » Roi: voilà la nouvelle que j'en ai reçue.... Cette mort fut » cause que les divertissemens ordinaires du carnaval furent » suspendus », &c. C'est Ferdinand de Médicis, qui fit cette réponse à notre Ambassadeur, lequel lui faisoit des plaintes de ses liaisons avec l'Espagne : « Si le Roi eût eu » quarante galeres à Marseille, je n'eusse pas fait ce que » j'ai fait ». Côme II de Médicis, son fils, est celui dont il est question ici.

bornât du moins au duc de Florence, et ne fût pas une espece d'insulte pour l'Espagne même; et comme je passois pour être celui du Conseil qui étoit le plus capable d'inspirer au Roi une résolution ferme et hardie, ils convinrent que Jouanini viendroit me trouver, et feroit tous ses efforts pour m'amener à des sentimens plus doux.

Il ne me coûtoit rien d'accorder à ses instances, que je n'agirois ni ne parlerois en cette occasion, que pour exécuter simplement les ordres du Roi. Je sçavois que sur pareille matiere, Henri n'avoit pas besoin qu'on l'excitât à soutenir ses droits, et Jouanini n'en étoit pas moins persuadé que moi. Je lui dis pourtant, qu'il me paroissoit fort étrange qu'un aussi petit Prince que l'étoit son maître, et tout récemment mis au rang des Ducs, se mêlât de régler le rang entre les rois de France et d'Espagne. Jouanini reçut ces paroles, comme fait tout Ambassadeur en pareille rencontre; et pour me persuader que je devois traiter son maître avec plus de respect, il entra dans un long discours sur ses qualités, et sur sa généalogie qu'il rapporta à la maison d'Autriche, dont il commença aussi à faire l'éloge. Je l'interrompis, en lui disant que tout le monde pouvoit décider aussi-bien que lui, sur le véritable degré de la grandeur du duc de Florence, puisqu'on l'avoit vue commencer de nos jours; que pour ce qui regarde la maison d'Autriche, je n'avois pas besoin d'être instruit, moi, qui comptois parmi mes aïeules, une fille de cette maison (*) morte il y avoit cent cinquante ans, mais qu'on ne pouvoit faire sérieusement comparaison de cette maison, à l'auguste maison de France.

Il se fit à ce sujet plusieurs maneges à la cour, dans lesquels la Reine parut pousser un peu loin sa tendresse pour son sang. Le Roi lui en fit des reproches assez vifs, et elle me fit bien sentir qu'elle n'en accusoit point d'autre que moi. Cependant cette affaire ne produisit rien de plus fâcheux, parce qu'à la premiere plainte que le Roi en fit porter au duc de Florence, celui-ci protesta qu'il n'avoit aucune part à l'imprudent procédé de son Ambassadeur, et qu'il se soumettoit à

(*) Jean de Béthune, seigneur de Vandeuil, Locres, &c. auteur de la branche de laquelle descendoit le duc de Sully, épousa Jeanne de Coucy, alliée à la maison d'Autriche, parce qu'Enguerrand VI de Coucy, ou, pour parler plus juste, de Guines, portant le nom et les armes de la maison de Coucy, éteinte, avoit pris en mariage Catherine d'Autriche, fille de Léopold, qui est cette fille que désigne ici M. de Sully. Il eût parlé plus correctement, s'il avoit dit qu'elle entra dans la maison de Coucy, dans laquelle la sienne s'allia. Il tombe encore dans une autre faute de chronologie, en ce qu'au lieu de cent cinquante ans, il devoit mettre deux cent cinquante ans, cet Enguerrand de Coucy, mari de Catherine d'Autriche, ayant été tué à la bataille de Crecy, en 1346. Consultez *MM. de Sainte-Marthe, du Chesne, Anselme*, et autres généalogistes. Voyez aussi ce que nous avons remarqué précédemment sur la maison d'Autriche.

tout

tout ce que sa Majesté voudroit exiger de lui, pour la réparation de cette offense. Il rappella cet Ambassadeur, sans attendre que le Roi le pressât davantage, et il lui ordonna de faire avant que de partir une déclaration authentique de sa faute, qui fut rendue publique à Rome et en France. Henri se tint content de cette satisfaction; et pour montrer au Grand-Duc qu'il avoit tout oublié, il le fit assurer qu'il auroit pour lui tous les mêmes sentimens d'amitié et de bienveillance qu'il avoit eus pour le Duc dernier mort, et il lui en donna le premier témoignage, en lui faisant rendre sur la mort de son pere, et sur son avénement à la couronne, les complimens qu'il recevoit de tous les autres Princes de l'Europe.

L'Espagne s'en étoit acquittée par le cardinal Zatapa. Henri jugea à propos de se servir aussi d'un Cardinal, pour ne pas donner lieu à un second contre-temps pareil au premier, et dont l'explication auroit pu ne nous être pas aussi favorable; car on sçait de quelles prérogatives jouissent personnellement les Cardinaux en Italie, auprès des Princes. Je lui nommai l'abbé de la Rochefoucault, qui alloit à Rome prendre possession de cette dignité. Sa Majesté ne l'agréa point par cette raison-là même; elle s'imagina que cet Abbé, qu'on sçavoit bien n'être pas encore nommé Cardinal, et qu'on verroit n'être pas parti de

France exprès pour ce ministere, ne seroit pas aussi-bien reçu qu'un ancien Cardinal qu'elle feroit partir de Rome. Elle jetta donc les yeux sur le cardinal Delphin, auquel elle fit donner deux mille écus pour les frais de son voyage ; car cette éminence n'étoit pas riche. Conchini avoit brigué cet honneur, et l'avoit obtenu par le moyen de la Reine, avant qu'on eût fait toutes ces réflexions. Il n'auroit certainement pas fait ce voyage à si peu de frais : aussi Henri se réjouissoit-il doublement qu'il eût été rompu, par le motif de sa haine pour cet homme, et par celui de son économie.

Au reste, les raisons d'alliance n'avoient peut-être pas plus de part dans toutes ces complaisances du Roi pour le duc de Florence, que la politique et l'intérêt de ses grands desseins, qui ne lui permettoient pas de maltraiter, ou même de négliger le plus petit Prince. L'assignation des cent mille livres au chevalier Guidi fut rétablie. Henri se contenta d'exiger de cet Italien, que dans les quittances qu'il tireroit du Grand-Duc, il seroit fait déduction des sommes assez considérables que sa Majesté avoit avancées pour dom Joan de Médicis. Avec cet argent, Guidi remporta à Florence une chaîne d'or de cinq ou six cent écus, dont je lui fis présent de la part de sa Majesté. Henri faisoit d'ailleurs cas de cet Italien ; et soit qu'après cela il restât par-delà les monts, ou que son maître le renvoyât en France, le Roi ne regardoit point comme quelque chose d'indifférent de se l'attacher.

De Refuge continuoit sa fonction d'agent de France auprès des Suisses et des Grisons, avec si peu de ponctualité, que je crus devoir lui en faire faire des reproches par Villeroy. Il n'osa peut-être me répondre à moi-même. Il s'excusa à Villeroy de sa négligence à envoyer des états de distribution de deniers, qui étoit le premier grief que j'avois contre lui, en disant que j'avois dû recevoir ces états de la main des commis qui avoient fait les deux précédentes distributions, outre ceux qui devoient m'être fournis plus en détail par les trésoriers des ligues, et que je recevrois sans doute de même ceux de la prochaine distribution. Sur l'article du rachat des dettes, qui étoit mon second grief, sans rien articuler, il répondit à Villeroy, qu'il en avoit acquitté différentes fois; et sur tout le reste des reproches qui lui étoient faits, il n'apportoit rien de plus précis, ni de plus satisfaisant.

Je lui écrivis moi-même, après que Villeroy m'eut montré sa lettre, comme je crus que ma place me mettoit en état et même dans l'obligation de le faire, que je n'avois point reçu les quatre états des commis, dont il avoit fait mention à Villeroy; que quand cela seroit, de pareils états en gros ne suffisoient point ; mais que comme les ordonnances de paiement partoient uniquement de lui, c'étoit aussi à lui à dresser des états où tous les deniers de différente nature se trouvassent spécifiés, séparés et certifiés de lui ; que c'étoit même à lui à me répondre de l'exactitude des trésoriers, et à m'informer s'ils n'employoient point de non-valeur dans leurs états ; que c'étoit ainsi qu'en avoit usé Caumartin, son prédécesseur ; qu'outre qu'il ne manquoit jamais d'envoyer de quartier en quartier, les états de recette dressés par les trésoriers des ligues avec celui de la distribution qu'il avoit faite, distinguée par chapitre, il proposoit sans cesse de nouveaux moyens d'acquitter les dettes, et de ménager les deniers de sa Majesté ; que son emploi se réduisant presqu'uniquement à la finance, et demandant par conséquent une exacte correspondance avec le Surintendant, il étoit impossible de l'excuser sur le silence qu'il affectoit avec moi ; que ses excuses n'étoient pas meilleures, de ce qu'on ne voyoit aucune dette acquittée pendant sa gestion, la chose ne lui devant pas être plus difficile, qu'elle ne l'avoit été avec celui qu'il avoit remplacé ; que je le priois donc de me satisfaire au plutôt, non par de longs discours, ni de mauvaises justifications, qui en matiere d'argent ne doivent point être reçues ; mais par de bons effets et de véritables pieces justificatives ; qu'autrement je ne pourrois me dispenser de le représenter à sa Majesté comme indigne de la charge qu'elle lui avoit confiée.

On donna l'idée au Grand-Seigneur d'avoir un résident à Marseille, pour l'adresse et la commodité des Grenadins qui passoient par cette ville. Le Grand-Visir en parla, par son ordre, à notre Ambassadeur, et consulta sur cet établissement, l'aga du Caire, nommé Agi Ibrahim-Mustafa, homme qui avoit acquis en assez peu de temps, beaucoup d'autorité et de dignités à la Porte, et qui lui parla de moi, comme du seul homme à la cour auquel il devoit s'adresser. L'aga Mustafa fut chargé de demander au Roi cette grace, au nom du sultan Achmet, par une lettre à laquelle en étoit jointe une de Salignac pour moi; et l'une et l'autre furent apportées par un Grenadin, que le Grand-Visir destinoit à cet emploi. Salignac, en me donnant avis de tout ce qui s'étoit passé à la Porte à ce sujet, me mandoit que le Grand-Seigneur se tiendroit fort obligé au Roi d'une grace, qui n'étoit d'ailleurs sujette à aucun inconvénient; et qu'on ne pouvoit mieux faire que d'accorder la place au porteur, dont la probité et le bon esprit lui étoient connus, et qui avoit déjà demeuré ci-devant à Marseille.

De tout ce qui se passa cette année en Europe, il n'y eut rien de plus remarquable, ni de plus intéressant, que la mort du duc de Cleves (*),

(*) Jean-Guillaume, duc de Cleves.

qui arriva presque dès le commencement. Henri n'en eut pas plutôt appris la nouvelle, qu'il vint à l'Arsenal, où, sans entrer chez moi, il marcha droit au jardin, après avoir seulement demandé, en passant, dans la premiere cour, où j'étois. Comme on lui eut répondu que j'écrivois dans mon cabinet, il se tourna vers Roquelaure et Zamet, et leur dit en riant : « Ne pensiez-vous point » qu'on allât me dire qu'il est à la chasse, ou chez » la Coiffier, ou avec des Dames ? Allez, Zamet, poursuivit ce Prince, après avoir donné à mon application au travail plusieurs louanges, qu'il ne m'est pas séant de rapporter, « allez lui dire que je vais » me promener dans sa grande allée, et qu'il m'y » vienne trouver tout à cette heure au grand bal- » con, où nous avons accoutumé de n'être pas » muets, et que j'ai bien des choses à lui con- » ter ; car j'ai eu avis, dit publiquement sa » Majesté, que le duc de Cleves est mort : il a » laissé tout le monde son héritier, l'Empereur et » tous les Princes d'Allemagne prétendant à sa » succession ». Zamet me rencontra sortant de mon cabinet. On m'avoit déjà averti que le Roi avoit passé. La nouvelle du jour, et tous les incidens auxquels elle alloit donner lieu, furent la matiere d'un entretien de plus d'une heure sur le balcon. La chose parut à sa Majesté valoir bien la peine que je composasse sur tout ce qu'il y avoit à dire à ce sujet, un mémoire que je vais amplifier ici de ceux que je reçus peu de jours après de Bongars, qui étoit alors particuliérement chargé de veiller avec la derniere exactitude à nos affaires auprès des Princes protestans d'Allemagne. Je les montrai tous à Henri : et je crois que le lecteur verra aussi avec plaisir un événement, que toute l'Europe, attentive aux desseins de sa Majesté, regardoit comme le signal d'une guerre générale, traité avec toute l'étendue qu'il mérite, soit sur le droit, soit sur la politique.

Il est nécessaire d'abord de sçavoir comment s'étoit formé ce petit Etat, composé, lorsque son dernier Duc mourut, de quatre ou cinq grands fiefs, tous ayant titre de principauté. Un comte de Julliers, vivant environ l'an 1130, joignit à ce comté celui de Bergh, en épousant la fille unique du comte de ce nom. Le comté de Gueldre leur fut ensuite uni en 1350, par le mariage de Renaud, ou Rainold, premier duc de Gueldre, avec l'héritiere de Guillaume, premier duc de Julliers. Presque dans le même temps, un Adolphe de la Mark quitta l'archevêché de Cologne et l'évêché de Munster, pour se porter héritier de Marie, comtesse de Cleves, sa mere, contre ses cousins d'Erkel et Perweis, aussi fils de Cleves, mais par femmes, et l'emporta sur eux, soit parce qu'il acheta le droit du second, plus proche d'un degré que lui, soit par la faveur que lui prêterent l'empereur Charles IV, et les Etats du pays.

Le duché de Cleves ayant ainsi passé dans la maison de la Mark, ceux de Julliers et de Bergh s'y trouverent ensuite rejoints, dans la personne d'un Jean, duc de Cleves, comte de la Mark, qui épousa en 1496, Marie, fille de Guillaume, duc de Julliers et de Bergh. Le duché de Gueldre en étoit alors démembré, parce qu'Arnold d'Egmont, qui le possédoit du chef de sa mere, Marie d'Erkel, fille de N.... d'Erkel et de Jeanne de Julliers et de Gueldre, l'avoit vendu en 1472 à Charles de Bourgogne, dont la fille le porta dans la maison d'Autriche. Cette disposition fut en vain contestée par un Guillaume de Julliers, auquel Charles d'Egmont, petit-fils d'Arnold, le laissa par testament. La maison d'Autriche se maintint par les armes en possession du duché de Gueldre. Cette coutume de fiefs féminins reçue dans tous ces cantons, sert bien, pour le dire ici en passant, l'opinion de ceux qui croient que les dix-sept provinces des Pays-Bas, portées dans la maison d'Autriche par le mariage de Marie de Bourgogne avec Maximilien, ne sont pareillement qu'autant de fiefs féminins.

L'Empereur ne convenoit point que Cleves, Julliers, Bergh, la Mark, Ravensperg et Ravestein, dont le duc Guillaume venoit de mourir revêtu, fussent des fiefs féminins; au contraire, son droit prétendu sur ces fiefs ne portoit que sur des preuves qu'il disoit avoir qu'ils sont tous fiefs masculins. Cette contestation n'étoit pas un point absolument nouveau. L'opposition qui se trouvoit entre les dispositions de différens seigneurs de ce petit Etat, acceptées en différens temps par leurs sujets, et les déclarations de quelques Empereurs sur cette matiere, en faisoit une question agitée depuis long-temps, et dont l'entiere décision avoit été réservée de part et d'autre au temps de la mort du dernier mâle de cette maison, qui venoit enfin d'arriver. Pour voir plus clair dans ce point de droit, il est besoin de fouiller dans les archives de cette principauté. Nous verrons par même moyen l'état de la famille du dernier Duc, ce qui achevera de faire connoître comment étoit vrai ce que disoit Henri, que la succession du duc de Cleves étoit celle de presque toute l'Allemagne.

Les argumens dont les Princes intéressés dans cette affaire se servoient contre l'Empereur, se tirent d'un grand nombre de pieces testimoniales et matrimoniales, et autres écrits, soit particuliers, soit publics, revêtus d'une acceptation authentique des Etats du pays. Voici les principales. Une ordonnance d'Adolphe, premier duc de Cleves, comte de la Mark, &c. en 1418, reçue dans toutes ses villes, qui donne la principauté au fils aîné du Duc, seul et sans partage avec ses freres, et au défaut du fils, à la fille aînée, les autres sœurs aussi exclues. Pareille ordonnance de Guillaume, duc de Julliers et de Bergh, comte de Ravensperg, et de Jean, duc de Cleves, comte de la Mark, en 1496, à l'occasion de l'union de leurs Etats, par le mariage de Marie, fille unique du premier de ces Princes, avec Jean, fils du second. Autre ordonnance des mêmes Jean de Cleves et Marie de Julliers, lorsqu'ensuite ils marierent en 1526, Sibyle leur fille aînée, à Jean-Frédéric, comte, puis électeur de Saxe; disposition à laquelle souscrivit en 1542 Guillaume lui-même, fils de Jean et de Marie (*). L'an 1572, Guillaume, duc de Julliers, de Cleves, &c. celui qui venoit de mourir, fait épouser Marie-Eléonor, l'aînée de ses filles, à Albert-Frédéric de Brandebourg, duc de Prusse, et il lui réserve en la même forme sa succession entiere, la branche masculine venant à s'éteindre dans sa famille. Deux ans après, Anne, sœur de Marie-Eléonor, épouse à Neubourg le duc Philippe-Louis, comte Palatin, avec semblable substitution aux droits de sa sœur aînée, le contrat passé à Deux-Ponts, et signé par le comte Louis, depuis électeur Palatin, par le landgrave de Hesse Guillaume, et par le duc Jean, comte Palatin; le même contrat ratifié une seconde fois en 1575, par le même prince Guil-

(*) Il mourut en 1592.

laume, lorsque le duc de Cleves, sur la plainte de son gendre le duc Philippe-Louis, que la somme de deux cent mille florins, qui étoit la dot des cadettes, étoit une récompense trop petite de sa renonciation à une pareille succession, se porta à l'augmenter de cent mille, pour chacune d'elles. A cette condition, Anne de Julliers fait dans la même année un acte solemnel de renonciation. Le duc Jean, comte Palatin de Deux-Ponts, épouse quatre ans après la troisieme des filles de Guillaume de Julliers, nommée Magdeleine, et il fait les mêmes renonciations que le duc Philippe-Louis, son frere aîné, en faveur de l'aînée des trois sœurs; Louis, électeur Palatin; Guillaume, landgrave de Hesse; Philippe-Louis, comte Palatin de Neubourg, y interviennent encore : c'étoit la quatrieme renonciation du duc de Neubourg. Enfin, la quatrieme de ces princesses, Sibyle, épouse Charles' d'Autriche, marquis de Burgaw; et l'on peut bien croire que le Prince leur frere (car le duc de Julliers avoit alors un fils nommé Jean-Guillaume,) n'oublia pas de requérir du prince Autrichien, la même renonciation qu'avoient faite ses trois autres beaux-freres. Cependant, comme ce jeune Prince étoit fort infirme, et il mourut en effet peu de temps après avant son pere, que l'argent de la dot n'étoit point prêt, que le gouvernement se conduisoit par des impressions étrangeres, la mort de Guillaume de Cleves (*) arriva sans que le quatrieme de ses gendres eût renoncé comme les autres. Tels étoient les droits des quatre Princes, parties de l'Empereur ; le duc de Brandebourg et Prusse, le comte Palatin de Neubourg, le comte Palatin de Deux-Ponts et le marquis de Burgaw.

L'Empereur alléguoit en sa faveur les exemples suivans. L'an 1483, l'empereur Frédéric III donna de sa propre volonté, à Albert, duc de Saxe, pour récompense des services qu'il en avoit reçus, les duchés de Julliers et de Bergh, lorsque par la mort du duc Guillaume, il crut qu'ils étoient dévolus à l'empire. Maximilien I, fils de Frédéric, ratifia cette donation en 1486, et l'étendit à la personne d'Ernest, électeur de Saxe, frere d'Albert ; il la confirma derechef en 1495, parce que les princes de Saxe lui étoient alors nécessaires ; mais en l'an 1508, que cette considération ne subsistoit plus, cet Empereur laissa Guillaume de Julliers le maître de disposer de son bien en faveur de Marie, ou de telle autre de ses filles qu'il lui plairoit. Guillaume étant mort en l'an 1511, l'électeur de Saxe voulut se prévaloir de la donation de l'Empereur pour ôter Julliers au duc de Cleves, qui en avoit épousé l'héritiere ; mais lorsqu'il chercha à mettre

(*) Il mourut âgé de quarante-sept ans.

Maximilien dans son parti, cet Empereur, qui craignoit sur toutes choses de jetter le duc de Cleves entre les bras de la France, refusa de s'en mêler, exhorta l'Electeur à la patience, et ne lui donna que des assurances générales qu'il n'y perdroit rien. Bien plus, lorsque Jean-Frédéric, électeur de Saxe, épousa en 1626, Sibyle, fille de Jean, duc de Cleves et de Julliers, l'empereur Charles-Quint confirma formellement le droit de cette Princesse : il se fit même une application de cette regle, lorsqu'il eut vaincu en 1546 le duc Guillaume de Julliers, et qu'il se fut raccommodé avec lui, moyennant que ce Duc épousât Marie d'Autriche, fille de Ferdinand, roi des Romains et de Hongrie ; car, Charles consentit qu'il fût employé dans le contrat de mariage de cette Princesse, qui étoit sa niece, qu'au défaut d'enfans mâles, les filles qu'elle auroit, succéderoient aux duchés de Julliers, &c. ce que Maximilien II accepta après lui, en 1566. Il est vrai que l'Empereur regnant, fortement sollicité en 1602, par le duc de Neubourg, de confimer cette constitution de ses prédécesseurs, le refusa constamment ; il lui accorda seulement acte de son refus, avec déclaration qu'il ne prétendoit préjudicier au droit de personne.

Je crois qu'après cela le lecteur perce aisément la vérité, sur la supposition contradictoire des deux parts de fiefs féminins et masculins. Ce qu'on ne peut méconnoître ici, c'est une différence entre les preuves des uns et des autres, qui forme un préjugé aussi heureux en faveur des héritiers, qu'elle est peu favorable aux Autrichiens. Ceux-là s'appuient sur une suite de réglemens, qu'on voit unanimement et uniformément reçus; ceux-ci ne rapportent que des titres de pure autorité, qui ne font pas honneur au conseil Aulique; et d'ailleurs si suspects par leurs variations, et même par leurs contradictions, qu'à peine peuvent-ils seulement servir à fonder un droit.

Quoi qu'il en soit, le duc Guillaume n'eut pas plutôt les yeux fermés, que chacune des parties songea sérieusement à se mettre en état de n'être pas obligée de céder. L'empereur Rodolphe donna l'investiture de Cleves et de Julliers à l'archiduc Léopold d'Autriche, et n'osa pourtant franchir ce pas, sans du moins en prévenir sa Majesté Très-Chrétienne. Cette démarche fut faite au nom de Léopold, et par un député, qui déclara de bouche au Roi, que l'Archiduc venoit d'entrer dans les Etats de Cleves, où son intention n'étoit pas de rien faire qui pût tant soit peu préjudicier aux intérêts de sa Majesté, ni même de traiter à la rigueur les Princes ses contendans; qu'il sera content, pourvu qu'ils se portent à rendre dans cette occasion à sa Majesté Impériale ce qu'ils lui doivent ; et qu'il le prie de ne point entrer dans une discussion qui lui est purement personnelle avec eux.

Henri ne répondit à ce député, qu'en paroles très-générales. Il étoit bien surpris de n'entendre point parler, pendant tout ce temps-là, des autres Princes qui devoient être les premiers à s'adresser à lui. Il ne l'étoit pas moins de ce que lui mandoit Hottoman, qu'aucun d'eux ne songeoit à lever des troupes ; comme s'ils avoient pu espérer de rien obtenir autrement que par la voie des armes ; mais ils ne tarderent pas à voir que c'étoit le seul parti qu'ils eussent à prendre : et s'il est vrai que sa Majesté, en leur faisant faire quelque espece de reproche de leur silence, fit les premiers pas, ils y répondirent si bien, qu'après avoir appellé à leur conseil Boissise, Bongars et les autres agens du Roi, ils nommerent un Ambassadeur, qui vint supplier sa Majesté de leur part, de les soutenir contre l'Archiduc, ou plutôt contre l'Empereur. Cet Ambassadeur eut tout lieu d'être content. Mais avant que de donner la suite des faits, faisons quelques réflexions sur le véritable intérêt politique de la France dans cet incident.

Cleves, Julliers, Bergh, la Mark, Ravensperg et Ravestein, ces six cantons, ou petites provinces, non-seulement ne sçauroient être appellées un objet indifférent pour la France, mais encore elles l'intéressent d'une façon particuliere, par plusieurs endroits, dont celui de leur force et de leur richesse n'est que le moindre. Cet Etat est l'une de nos frontieres ; ceux qui se le disputent, nos voisins proches et voisins redoutables, du moins l'Empereur : c'en est assez pour ne le pas laisser tomber en toutes sortes de mains. La guerre qui s'allumera pour sa possession, peut être une guerre de toute l'Europe, et devenir par conséquent la nôtre malgré nous ; elle le sera indubitablement, n'y eût-il que le seul intérêt des Provinces-Unies, sur la liberté ou servitude desquelles elle influe de toute nécessité ; relation si visible, que donner les pays contestés à nos amis, c'est presque ôter la Flandre à nos ennemis, et les laisser envahir à la maison d'Autriche, c'est conséquemment leur laisser en proie les Provinces-Unies : car j'appelle de ce nom la nécessité où celles-ci se trouveroient réduites, n'ayant presque plus que des ennemis pour voisins, de fléchir sous eux par d'éternels sacrifices, qui entraîneroient à la fin leur ruine. La preuve de cette vérité se tire de ce que les Etats ne se sont jamais sentis plus incommodés, que lorsque les ducs de Cleves favorisoient seulement en secret le parti Espagnol. Est-il sensé de laisser détruire, sur le point de sa consommation, un ouvrage si utile, et

qui

qui a tant coûté; ajoutons de bonne foi, et qui, malgré tous nos efforts, a été ébranlé par le dernier traité entre l'Espagne et la Flandre?

Si de cet objet nous passons à celui des grands desseins de sa Majesté très-Chrétienne sur toute l'Europe, quel meilleur moyen d'y faire entrer des potentats auxquels on n'auroit peut-être jamais pu les faire goûter autrement? Ceci peut donc nous conduire à nous assurer toute l'Allemagne, à rétablir la dignité et la liberté du corps Germanique, à porter le coup mortel à l'autorité impériale, et la consternation dans toute la maison Autrichienne; et ce bien que la France acheteroit, pour son seul intérêt, de tous ses trésors, nous en jouirions sans soupçon et sans envie, comme l'effet d'une générosité toute gratuite envers les Princes persécutés.

Ces Princes, dira-t-on, se sont montrés jusqu'à présent bien éloignés de prendre ces sentimens, à en juger par la répugnance qu'on leur voit à nous rien devoir, lors même qu'ils conviennent ne pouvoir rien que par nous. Mais qu'arrive-t-il ici après tout, qui ne soit comme indubitable dans l'abord d'une affaire difficile, compliquée, et roulant sur plusieurs têtes différentes? On n'est occupé dans ces commencemens qu'à balancer son intérêt avec ses facultés. Lorsqu'on a connu ce qu'il faut faire, on ne convient pas encore pour cela de la maniere dont il faut le faire. Dans les affaires de communauté sur-tout, les modifications se multiplient à proportion du nombre des intéressés. Je soutiens au reste, que ces tâtonnemens des Princes d'Allemagne, de quelque cause qu'on suppose qu'ils proviennent, ne doivent point empêcher sa Majesté de prendre parti pour eux. Dans les grandes choses, dans les choses qui ont pour objet un bien général, j'ai pour maxime, que c'est à ce bien seul qu'il faut s'attacher, et jamais aux personnes. Celui-là n'a qu'une seule face qui est toujours la même. Celles-ci sont si sujettes à en changer, elles nous en montrent tant et de si odieuses, qu'elles nous refroidiroient infailliblement pour les entreprises les plus utiles et les plus nécessaires. Politiquement parlant, on doit presque toujours se contenter d'avoir écarté les obstacles, et ne pas craindre d'aller en avant, quoiqu'on laisse peut-être derriere soi quelques difficultés à lever, le temps les levera de lui-même : je parle toujours ici de desseins dont l'auteur n'a point à rougir, tel qu'étoit pour nous celui de soutenir les Princes héritiers du duc de Cleves, et celui d'arranger le gouvernement et la police de l'Europe entiere, auquel j'ai voulu qu'on fît l'application de ces principes. Il ne faut donc que commencer. Chaque moment ouvrira une ressource ; l'exercice mettra en haleine ces

Princes trop lens; le succès les échauffera, et l'ardeur guerriere leur fera prendre de notre générosité la bonne opinion, qu'on ne sçauroit trop les condamner de n'avoir pas conçue dans le commencement.

Voici un motif en faveur de ceux qui, approuvant cette générosité, souhaiteroient pourtant que de notre part elle ne fût pas purement gratuite. Quelques succès qu'aient nos armes unies à celles des Princes prétendans à la succession de Cleves, il restera toujours à ces Princes la crainte d'en être dépouillés quelque jour par l'Empereur, les conjonctures venant à changer. Est-il téméraire de juger que cette crainte, jointe aux réflexions qu'ils feroient sur la difficulté de conserver des provinces, partagées entr'eux en tant de morceaux, si peu à la commodité d'une partie d'eux, si exposées à la convoitise de leurs ennemis, et même d'un roi de France entreprenant, les porteroit à s'en accommoder un jour avec sa Majesté très-Chrétienne ; soit qu'ils en reçussent la valeur en argent, ou l'équivalent en fonds de terre dans le cœur de la France, comme dans le Berry, le Bourbonnois, la Marche et l'Auvergne. Si cela arrivoit, quel avantage pour la France, dans ce double lien d'intérêt et de dépendance, qui lui uniroit pour jamais une partie de l'Allemagne ! Ce qu'on ne sçauroit nier, c'est que le secours que le Roi accorderoit aujourd'hui à ces Princes, seroit pour eux un engagement à lui en demander dans la suite, pour se conserver leur nouvelle acquisition, que sa Majesté pourroit alors se faire bien payer. Mais qu'on ne croie pas pourtant que ce que je viens de dire soit une idée chimérique. Je vais surprendre bien des personnes, en leur apprenant que la chose, bien loin d'être d'une impossibilité absolue, comme on se l'imagine, avoit déjà été entamée par de tierces personnes, et que sur le jour qui se présentoit à y réussir, elle étoit à la veille d'être proposée, et vraisemblablement acceptée par les Princes intéressés.

Laissons toutes ces considérations publiques et particulieres, et prenons la chose plus simplement. Le roi de France s'étoit déjà engagé de lui-même à prendre la défense de ces Princes; il n'avoit rien négligé pour se les attacher; il leur avoit de tout temps fait offre de son assistance; il avoit déclaré assez hautement qu'il ne souffriroit point qu'on les maltraitât; il avoit déjà même fait avancer des troupes sur la frontiere : c'étoit un point décidé de long temps par la justice et l'honneur, il ne lui convenoit plus de reculer. Nos Rois ont rarement été insensibles à ce mouvement de générosité, qui porte à soutenir les Princes malheureux. Ce n'étoit pas ici purement le cas; ceux dont il est question, avoient rendu eux-mêmes des services réels à sa Majesté, et montré en toute occasion, qu'ils ne manquoient que du pouvoir de lui en rendre encore de plus grands. Comme ami, ou comme obligé, Henri avoit à se souvenir de ce qu'ils avoient fait pour lui dans des temps malheureux. Lorsque François I aida Philippe, landgrave de Hesse, aïeul du landgrave d'aujourd'hui, à remettre le duc d'Ulric en possession du duché de Wirtemberg; lorsque Henri II tendit la main à l'électeur Maurice de Saxe, prisonnier avec le landgrave et autres Princes d'Allemagne, opprimés par Charles-Quint, leur honneur seul, celui de leur couronne, les porta à ces démarches, qui leur coûterent considérablement. Ils avoient de moins que Henri-le-Grand, le motif de la reconnoissance, plus puissant lui seul que tous les autres.

Je contredis ici avec assurance, ceux qui se plaignent que pour un intérêt étranger, qui peut se démêler sans seulement tirer l'épée, on rengage de gaieté de cœur sa Majesté dans une guerre avec l'Espagne, capable d'embraser toute la Chrétienté. Ces personnes ignorent également la nature de la chose, et les conséquences de l'entreprise; ils conviendroient que dans la conjoncture présente, l'expédition qui a pour objet d'assurer la succession de Cleves, aux vrais héritiers, est d'une exécution si rapide, qu'elle ne seroit presque connue dans le public, que par l'effet même; que l'Espagne, en faisant la paix avec ses propres sujets, et une paix, par laquelle, quoiqu'aux abois, ils ne se sont relâchés sur rien, a donné une preuve de foiblesse et d'épuisement, qui la soumet aux loix d'une neutralité forcée; que l'Empereur n'est pas plus en état de rien disputer avec nous; lui, destitué des secours d'une partie de l'Allemagne, nous plus en moyens d'agir que nous n'ayons été de long temps; qu'enfin il ne doit presque en coûter à la France, que de dire qu'elle le veut. La suite a justifié tout cela clairement.

C'est donc proprement une affaire de rien, que l'entreprise présente, bornée au seul objet de Cleves; et ceux qui parlent autrement, ne le font sans doute, que parce qu'ils conviennent secrétement qu'en bonne politique, elle seroit l'introduction à une autre, beaucoup plus éclatante, plus étendue; en un mot, aux grands desseins que l'Europe entiere remarque dans sa Majesté, pour l'abaissement de la maison d'Autriche. Je suis de si bonne foi, que je conviens d'abord, qu'en effet il n'en faut pas faire à deux fois; que j'ai toujours donné ce conseil au Roi mon maître, et que ce Prince ne pensoit pas différemment. Je n'en convaincrai que ceux qui examineront la chose avec moi, sans passion ni préjugé; mais pour ceux-là, je m'en tiens sûr, parce qu'on en revient-là nécessairement de toutes les réflexions qu'on fait sur les différentes matieres de procéder dans cette affaire. Je vais les mettre ici sous les yeux, telles à peu près que je les ai faites dans le temps qu'elles m'occupoient le plus fortement.

Un premier avis, et c'est le plus insoutenable, est de regarder, les bras croisés, les parties intéressées débattre leur droit par la voie des armes, et d'assister nos amis tout au plus de nos conseils. Comme il est contraire à toutes les regles de la prudence, de se tenir désarmé devant les personnes qui se battent, il eût fallu, de toute nécessité, tenir un corps de troupes sur la frontiere, ne fût-ce que pour être prêts à tout changement, qui de moment à autre pouvoit arriver. Nous ne gagnons donc rien dans ce parti, du côté de la dépense, que d'être exposés à la faire beaucoup plus long-temps, que si en nous mêlant de l'action, nous l'eussions terminée tout d'un coup.

Je dis la même chose d'un second parti, qui d'abord paroît assez spécieux, qui est d'appuyer les Princes contre la maison d'Autriche, non pas ouvertement, mais sous main, comme nous avions fait dans la guerre de Flandre, la paix subsistant d'ailleurs entre toutes les autres puissances de l'Europe. Il eût été à craindre que ces secours cachés et trop foibles n'eussent pas pu mettre nos alliés en état de résister aux deux branches de la maison d'Autriche, réunies contr'eux; ce qui est le but que l'on convient qu'il ne faut pas perdre de vue. Nous n'eussions pas été dispensés de tenir dans les trois points par où les Etats débattus touchent à la France et à la Flandre, chacun un corps au moins de quatre mille hommes d'infanterie, et de huit cent chevaux avantageusement postés sur les terres neutres, ou sur les nôtres, où elles n'auroient fait aucun acte d'hostilité, mais seulement gardé quelques passages, tenu l'ennemi en respect, empêché quelqu'allié de se déclarer, et prévenu dans le cas de la nécessité, la ruine totale de ceux qu'on soutient : encore une fois, voilà bien de la dépense, uniquement employée à faire durer une guerre qu'on auroit finie tout d'un coup, en s'y prenant mieux. Il y a un proverbe dans la politique, qui dit que : *Qui donne tôt, donne deux fois*, j'y ajouterois plus volontiers celui-ci, que : *Qui donne à demi, donne deux fois, et ne donne rien*. Nous en avons un exemple récent, dans la révolte des Provinces-Unies, que cette maniere de soutenir des alliés, aussi onéreuse à la longue, que l'est un prompt et puissant secours, n'a fait que jetter un peu plus tard dans la nécessité de s'accommoder, lorsqu'on auroit pu les soustraire tout-à-fait à la domination Espagnole. Si c'est là tout l'avantage que notre amitié doit procurer aux Princes d'Allemagne, nous ne les obligeons guères, ou point du tout, y ayant cette différence entr'eux et la Hollande, que sous quelque appas qu'on leur propose un traité, il ne peut être qu'un leurre, dont l'Empereur se servira à coup sûr, pour les attirer et les perdre. Eh! qui peut dire que nous n'en sentirions pas nous-mêmes le contre-coup ? *Léopold dans Julliers*; c'est un bon mot de Bongars, tout-à-fait juste, *c'est un furet dans une garenne.* Ce parti n'est donc propre qu'à épargner de la peine à la seule personne de Henri, qui n'auroit été tenu au plus, que de s'avancer jusqu'à Châlons ou à Reims.

Outre ce moyen et celui d'une conspiration générale contre la maison d'Autriche, on en imagine un qui tient le milieu; la derniere expédition de Savoie peut en être donnée pour exemple. On y suppose que les alliés de part et d'autre, agissent comme s'ils étoient convenus entr'eux de ne soutenir leurs parties, que pour le seul fait dont il est question, et sans prétendre donner atteinte par-là à ce qu'ils ont promis pour eux-mêmes dans le traité de Vervins. Si ce n'est pas-là un cas de pure supposition, je le trouve au moins d'une procédure longue, embarrassante et coûteuse. Il faudra la commencer par une discussion de ce que chacun des alliés doit fournir de troupes pour son contingent; ensuite chercher des fonds pour les entretenir au moins deux années, dont celle-ci et les trois premiers mois de la suivante, seront uniquement employés en allées et venues, et en arrangemens. L'hiver est rude dans le pays où l'on veut porter la guerre, il faut attendre qu'il soit fini, pour ne pas voir ruiner son armée, avant que d'avoir rien commencé. Dans une entreprise où le Roi ne tiendra point la tête comme chef principal, il lui suffira bien de faire commander par un Prince, ou un maréchal de France, l'armée qu'il destinera pour Cleves; mais il n'en sera pas moins obligé de faire des préparatifs et des avances d'argent, d'autant plus considérables, que quelque chose qu'on fasse, il aura bien l'air de soutenir seul, ou presque seul, tout ce fardeau. Il n'est pas plus dispensé encore de tenir trois mille hommes en Dauphiné, autant en Provence, et autant en Languedoc et en Guienne. Je ne verrois alors rien de mieux à faire, que de choisir certain nombre de places, de situation à pouvoir se garder mutuellement, et servir comme d'échelles pour joindre les Etats de Cleves à la France et aux Provinces-Unies, et de fortifier ces villes, ce qui est encore un surcroît considérable de dépense.

Ainsi toutes les réflexions nous ramenent au premier expédient, comme au plus sûr, et toutes celles qu'on fait ensuite, y confirment : ne plus rien ménager avec l'Espagne, traiter la maison d'Autriche en ennemie de toute l'Europe, rassembler de toutes parts ses rivaux et ses adversaires, fondre sur elle avec de fortes armées, en lui redemandant les Etats de Cleves ; se faire justice soi-même, en se saisissant, et de ces Etats, et de toutes les places qu'on jugeroit importantes pour la cause commune, du côté de Luxembourg, Limbourg, Aix, &c. se répandre dans le même moment, et couvrir les frontieres du côté des Alpes et des Pyrénées ; en un mot, arborer l'étendard, et apprendre à tout l'univers, que le moment pour lequel le Roi Très-Chrétien se prépare depuis tant d'années, et avec tant de soin, est enfin arrivé ; que ce Prince va se montrer dans la carriere, guidé par la gloire, et armé pour venger une partie du monde, des attentats d'une injuste et orgueilleuse puissance. Qui refusera de l'y suivre ? Nos intelligences nous assurent presque toute l'Italie et l'Allemagne : nous entraînons après nous les Provinces-Unies, en leur montrant leur ennemi, que nous avons éloigné de leurs frontieres ; nous délions par-tout la langue et les bras des puissances que la crainte arrêtoit, et si nos efforts ne sont pas également secondés partout, le ressentiment commun que nous servons, nous est garant que du moins ils ne seront traversés que par un très-petit nombre.

La maison d'Autriche, il faut s'y attendre, remuera ciel et terre pour parer, ou pour soutenir un coup accablant pour elle ; mais quand on lui verroit clairement, soit chez elle, soit dans ses alliés, toutes les ressources, que je doute qu'elle ait; si de l'aveu de tout le monde, l'Europe est dans un état violent, d'où elle ne peut sortir que par de longues et cruelles guerres, qui peut-être lui rendront la liberté, peut-être la lui raviront pour jamais; peut-elle mieux prendre son temps pour en jetter le sort, que de saisir le moment où le succès est le plus apparent, et les risques moins grands? Voilà tout ce que je puis dire, sans anticiper sur le détail que j'ai promis de donner séparément, des grands desseins de Henri, et de la maniere de les exécuter.

Ceux qui n'avoient rien négligé pour en détourner, ou pour dégoûter sa Majesté, et sous ce nom je comprends les partisans de l'Espagne, les nourrissons de la vieille ligue, les ennemis de la religion réformée, et les mauvais François, jaloux de la gloire du Roi et du royaume, voyant que malgré leurs efforts, on touchoit à l'exécution, employerent tout ce qui leur restoit encore à mettre en œuvre. Ils chercherent à profiter du foible de Henri pour les plaisirs, et à combattre dans son esprit les sentimens de la gloire, par tous ceux qui portent à la mollesse et au repos. Ils essayerent de nouveau de le remplir de soupçons contre tout le corps protestant en général, et contre moi en particulier. Ils lui firent voir son royaume déchiré par des factions, qui aspiroient avidement après le moment de la guerre, comme étant celui de l'impunité, et les Princes ses associés, comme des trompeurs, qui se jouoient de sa crédulité. Quoiqu'en garde contre leurs artifices, il y eut des momens où Henri se sentit ébranlé. J'aidois peut-être moi-même, sans y penser, à son découragement, en lui représentant qu'un Prince, qui avoit ouvert son cœur à des projets si nobles, devoit commencer à le fermer au goût des amusemens frivoles, et des dépenses qui n'ont pour objet que la commodité; qu'en semblable occasion, Ferdinand et Isabelle de Castille, et plusieurs de nos Rois, avoient réformé leur propre maison et celle de la Reine; enfin qu'il ne devoit plus y avoir de plaisir pour lui, que dans la victoire, ou du moins après la victoire. On va voir ce qui arriva fort heureusement pour fixer les irrésolutions de Henri.

Les Princes d'Allemagne indiquerent une assemblée à Hall, en Souabe, de leur propre mouvement, et malgré l'Empereur, pour y délibérer sur les moyens de rétablir les cercles dans leur ancienne liberté. Ils s'y rendirent au jour marqué, au nombre de dix-huit ou vingt (*): les Vénitiens, le

___

(*) Voyez les noms de ces Princes, le discours du sieur de Boissise, l'ordre et le résultat de cette assemblée, dans

prince d'Orange, les Etats de Hollande, le duc de Savoie, qui étoit enfin résolu d'entrer dans la cause commune, y assisterent par députés. Les manifestes qu'on eut soin d'y répandre, joints aux discours publics et particuliers de Boissise (*) et des autres agens de sa Majesté, y produisirent un si bon effet, qu'on y délibéra publiquement d'arrêter les progrès de la maison d'Autriche, et qu'il fut résolu qu'on enverroit des Ambassadeurs à sa Majesté très-Chrétienne, au nom des puissances assemblées, pour lui offrir toutes leurs forces, et lui demander les siennes. Ces Ambassadeurs furent nommés, et partirent incontinent.

Henri venoit de leur donner une premiere audience, lorsqu'il vint à l'Arsenal m'entretenir de tout ce qu'ils lui avoient dit et offert, et prendre mon conseil sur la maniere dont il répondroit à leurs propositions. Il me dit d'y penser attentivement, pendant qu'il alloit dîner chez Zamet, et qu'au sortir, il reviendroit passer une partie de l'après-dînée avec moi, dans mon jardin, où il marquoit le rendez-vous.

Nous n'y manquâmes ni l'un, ni l'autre. En arrivant, il me prit par la main, et ayant fait écarter

---

le *vol.* 9665. *Mss. R. Mém. d'état de Villeroy*, tom. 3, pag. 230 et suiv. *Merc. Franç.* ann. 1610. *Siri*, ibid. tom. 4, pag. 68.

(*) Jean de Thumery de Boissise.

tout le monde, nous prîmes le chemin du bout de l'allée en terrasse, l'endroit le plus ordinaire de nos entretiens sérieux. « Hé bien, me dit-il, » que vous semble de nos affaires? Car les uns » m'en parlent d'une façon, et les autres d'une » autre ». Le moment me parut favorable pour l'affermir dans sa résolution. Je lui fis voir que ceux qui la combattoient y étoient sans doute poussés par des motifs secrets, que je voulois ignorer: puisqu'à prendre la chose par ces trois principaux points de vue, sa personne, les dispositions du dedans de son royaume, et celles du dehors, elle ne paroissoit plus souffrir de difficulté : sa personne, parce que sans vouloir le flatter, elle tenoit lieu aux François des plus grands hommes de guerre et d'Etat de son siecle, et qu'une semblable école ne pouvoit manquer de produire des hommes excellens dans l'un et l'autre genre, comme elle en avoit déjà produits, qui lui aideroient à porter le nouveau fardeau dont il alloit se trouver chargé : les affaires du dedans, parce qu'il n'y avoit ni Princes, ni grands, ni villes dans son royaume, qui fussent en état, en moyens et en disposition de s'opposer à son entreprise, encore moins qui osassent s'attaquer à lui lorsqu'on la verroit commander aux forces de toute l'Europe ; outre qu'on alloit ouvrir un théâtre, où les braves chercheroient et trouveroient mieux à se signaler, que dans d'obscurs complots, d'où il n'y a que de la honte à remporter ; enfin, les affaires du dehors, parce que la difficulté de réunir tant de têtes dans le même dessein, qui avoit toujours passé pour être la seule véritablement considérable, se trouvoit enfin heureusement levée, à fort peu de chose près.

« Il reste à considérer, dis-je à ce Prince, si
» vous avez des moyens suffisans pour continuer
» la guerre, sur le même pied que vous allez la
» commencer, tant qu'il sera nécessaire qu'elle
» dure » : car je convenois bien qu'elle alloit rouler toute entiere sur la France, comme sur son pivot : « Sur quoi je vous dirai, poursuivis-je,
» que pour le principal, qui est l'argent, pourvu
» que votre guerre ne dure que trois ans, et que
» vous n'ayez pas besoin de plus de quarante
» mille hommes, je vous en fournirai suffisam-
» ment, sans rien imposer de nouveau sur vos
» peuples. Quant aux autres choses, qui sont les
» munitions de bouche, d'artillerie, &c. je vous
» en montrerai tant, que vous direz : *c'est assez*,
» et puis je ne crois pas que de la maniere dont
» nous ferons la guerre, de trois drapeaux blanc,
» noir et rouge (*), nous ayons à déployer que le

(*) L'auteur veut faire entendre par cette expression, qu'aucun Prince ni Etat ne refusera de joindre ses armes à celles des confédérés ; lorsqu'on aura une fois connu leur

premier,

» premier, et une premiere fois pour toutes, le
» sort du premier qui nous résistera, instruira
» tous les autres. Mais encore, sans vous inter-
» rompre, me dit sa Majesté, combien ai-je bien
» d'argent ? car je ne l'ai jamais bien sçu. Que
» pensez-vous bien avoir, Sire, lui dis-je? Ai-je
» bien douze millions comptant, reprit-il? Un
» peu davantage, répartis-je; combien? qua-
» torze » ? Il alla ainsi en augmentant toujours de
deux millions, parce que je ne faisois à chacune de
ses questions, que la même réponse, *un peu davantage*, jusqu'à ce qu'étant venu à trente millions:
« Oh, je ne vous en demande plus, s'écria-t-il,
» en m'embrassant avec un véritable transport de
» joie. J'ai dressé, lui dis-je, un état, par lequel
» votre Majesté verra qu'elle peut s'assurer d'un
» nouveau fonds de quarante millions d'extraor-
» dinaire, en trois ans, sans rien prendre sur les
» dépenses ordinaires de votre maison et de l'Etat,
» supposé que mon bon ménage ne soit point tra-
» versé : et où est cet état, reprit Henri avec
» précipitation ? Je vous le donnerai, lui répon-
» dis-je, quand il vous plaira, écrit de ma main ».

Je fis voir ensuite à sa Majesté, combien elle pouvoit espérer de joindre à ces secours en hommes, en argent, &c. de la part de ses alliés; pourvu

intention, et qu'on aura puni le premier qui aura cherché à s'y opposer.

qu'elle demeurât constante dans cette partie de ses desseins, suivant laquelle nous étions convenus qu'elle feroit tout le monde riche de ses conquêtes sur la maison d'Autriche, sans rien en réserver pour elle. « Hé quoi ! me dit ce Prince, vous vou-
» driez que je dépensasse soixante millions à con-
» quérir des terres pour autrui, sans en rien retenir
» pour moi ? Ce n'est pas là mon intention. Et
» l'Espagne, vous ne nous dites point ce qu'elle
» deviendra ? L'Espagne, répondis-je, demeu-
» rera, Sire, là où elle est, sans en rien ôter à
» son Roi, elle doit vous servir de frein, pour
» retenir sous votre aile, ceux que vos libérali-
» tés auront enrichis : un roi d'Espagne étant
» encore assez puissant, pour les opprimer chacun
» séparément, s'ils se séparoient de vous, ils
» ne s'écarteront point de la reconnoissance qu'ils
» vous devront ». Sans recourir à la maxime générale, que le trop d'étendue d'un Etat, nuit plus qu'il ne sert à sa force, je fis sans peine convenir Henri de tous les inconvéniens qu'il y auroit pour lui, à s'approprier des pays, qui seroient un éternel sujet de jalousie et de haine, et que tout bien pesé, le plus grand, le plus solide avantage qu'il pût se procurer par ses conquêtes, seroit celui d'acquérir, en les distribuant équitablement, le droit d'être regardé comme le bienfaiteur et l'arbitre de toute l'Europe.

Ce que j'approuvai davantage, fut de se tenir si bien en garde contre tous les revers, qu'arrivant, par exemple, qu'il fût abandonné ou trahi par ses alliés, il se ménageât toujours la facilité de ramener sans risque, et même avec honneur, son armée dans son royaume : à quoi rien ne me paroissoit plus propre, que la précaution de faire construire sur le chemin de Cleves, des forts de distance en distance. Je joignis à ce conseil, celui de commencer par faire d'amples provisions de bouche, aux environs de ces provinces ; parce qu'outre qu'ils ne sont pas de facile transport, dans un pays aussi serré et aussi coupé de rivieres, que l'est celui-là ; tout ce canton est partagé entre tant de petits Princes, qui avoient déjà ramassé les fruits de la présente récolte, après en avoir vu piller une grande partie, qu'une armée y subsisteroit difficilement pendant quinze jours entiers, sans être obligée d'avoir recours aux magasins mêmes de ces Princes, où ils lui seroient vendus si chers, que tout son argent n'y suffiroit qu'à peine. Je dis à sa Majesté que si elle souhaitoit, j'enverrois chercher les marchands, avec lesquels j'avois coutume de traiter pour les grandes entreprises, et que je composerois avec eux à un prix raisonnable, pour toutes les choses dont on pourroit avoir besoin, sans en omettre la plus petite.

Le Roi rassemblant tout ce qu'il venoit d'entendre, me dit en se séparant de moi, qu'il alloit faire de nouvelles réflexions très-sérieuses sur le parti qu'il avoit à prendre, que je ne négligeasse pas, de mon côté, d'approfondir de plus en plus la matiere; qu'il viendroit en conférer fort souvent avec moi, et que je pouvois toujours commencer par faire les préparatifs et toutes les provisions, dont je venois de lui parler, ce qui me fit juger que j'avois obtenu du moins une partie de ce que j'avois demandé.

Je fis venir mes marchands de Liege, Aix, Treves et Cologne, avec lesquels je fis, sous la restriction du bon plaisir de sa Majesté, le marché suivant: qu'ils me fourniroient dans trois mois, aux endroits de la frontiere que je leur marquai du côté de Cleves, toutes sortes de munitions de bouche et de guerre, marchandises et ustensiles, &c. (j'avois fait un détail complet de tout ce qui est nécessaire à une armée de vingt-cinq mille hommes d'infanterie et de cinq mille de cavalerie), et cela au même prix que toutes ces choses y valoient lors du marché, qui étoit le mois d'Octobre; que de mon côté, je leur avancerois une somme de six cent mille écus, laquelle demeureroit entre leurs mains, au moins un an, en donnant caution à Paris d'un million, pour la sûreté de cette somme, ce qui leur tiendroit lieu de dédommagement, pour les frais d'achat et de revente, de déchet, et autres.

Le Roi approuva si fort ce marché, qu'il me commanda de le finir : mais n'ayant pu, dans le contentement qu'il en avoit, s'empêcher d'en faire part à Sillery, Villeroy et Jeannin, et ensuite à M. le comte de Soissons, au cardinal de Joyeuse, au duc d'Epernon et à plusieurs autres, quelques-uns s'y prirent si malignement et si adroitement pour lui donner à entendre qu'enfin je l'avois mis dans mes filets, en lui faisant faire hors du royaume, ces magasins que je souhaitois, disoit-on, depuis si long-temps, d'y former pour moi-même ; que ce Prince, quoiqu'en garde contre tout ce qui venoit de leur part, avala enfin le poison. Lorsque je le revis quelques jours après, il me demanda si le contrat des vivres étoit passé. Je lui répondis que non, parce que la chose m'avoit paru d'assez grande conséquence, pour mériter une attache du Conseil, qui ne s'étoit point encore assemblé depuis. Henri trouva dans cette idée, qui ne devoit le faire apper-cevoir que de mon exactitude, je ne sçais quel air de fausse et frauduleuse précaution, qui lui parut la confirmation de ses soupçons. Il me dit de ne pas conclure, qu'il ne m'en donnât l'ordre. « Les » marchands ne voudront pas attendre, Sire, » repris-je, sans penser à rien. S'ils ne veulent pas » attendre, repliqua-t-il du même ton sec, qu'ils » s'en aillent ». J'ouvris les yeux, et le dépit se mettant de la partie, de mon côté comme du sien,

« Ho, ho! Sire, je vois bien, lui dis-je, que vous
» avez quelque chose dans l'esprit, que je ne sçais
» pas; je les renverrai, puisque vous le voulez,
» mais vous vous souviendrez, s'il vous plaît, de
» cette affaire en temps et lieu ». Et nous nous
» séparâmes après ces paroles, très-froidement.

Il ne fut plus question de l'affaire des vivres, jusqu'à ce qu'un assez long espace de temps après, le Roi m'ayant entretenu sur d'autres sujets à l'Arsenal devant quelques personnes, comme à l'accoutumée, il me tira à part, et me dit : « J'ai eu des
» nouvelles que MM. les Etats m'envoient des Am-
» bassadeurs dans peu de jours, afin de convenir
» ensemble de tout ce qu'il nous faudra faire : nous
» les entendrons, et cependant il faut que nous
» préparions nos affaires, afin qu'il n'y manque
» rien ». Il n'en dit pas davantage pour cette fois. Les députés arriverent presqu'aussi-tôt après, chargés de lettres du prince d'Orange et du conseil des Pays-Bas, pour sa Majesté et pour moi. Henri ouvrit les unes et les autres, et y vit qu'on lui garantissoit la réussite de son entreprise, pourvu qu'il eût la précaution de faire sur les lieux, les provisions dont il auroit besoin : sur quoi on lui donnoit à-peu-près les mêmes avis que je lui avois moi-même donnés. Ce rapport lui dessilla les yeux. Il referma mes lettres, et les donna à l'Oserai, pour me les apporter. Je m'apperçus aisément de

cette supercherie, que je crus pouvoir payer par une autre, dont la fin étoit bonne. Je refermai à mon tour les lettres, après les avoir lues, et je convins avec l'Oserai, qu'il viendroit me les apporter, comme pour la premiere fois, lorsqu'il sçauroit que le Roi, qui devoit venir l'après-midi à l'Arsenal, seroit avec moi.

Ce Prince y vint en effet, et il commença par me dire : « Avez-vous reçu des lettres de MM. les
» Etats ? car on m'a dit qu'il y en a pour vous.
» Je ne les ai point, Sire, lui répondis-je. Vous les
» verrez, reprit-il : car j'ai commandé qu'on vous
» les apporte, et les miennes aussi. Mais cependant
» parlons de ce que nous avons à faire, quel ordre
» donnez-vous aux vivres ? car nous irons-là en un
» temps où il ne s'en trouvera guères. Sire, il y
» a long-temps, lui dis-je, que j'avois prévu cela,
» et j'y avois voulu donner ordre; vous-même vous
» l'aviez alors non-seulement trouvé bon, mais
» encore vous me l'aviez ordonné : on vous en
» détourna, par malice contre moi, j'ai bien peur
» que le contre-coup n'en retombe sur vous, car
» ce qui se fût fait facilement et à bon marché,
» dans ce temps-là, qui étoit peu après la récolte,
» se fera maintenant très-difficilement et chére-
» ment, et qui plus est, je ne sçais qui est celui
» qui sera assez hardi pour entreprendre de
» fournir de vivres une armée, où il y aura plus

» de cent cinquante mille bouches à nourrir, et
» plus de trente mille chevaux. Qui l'entrepren-
» dra, interrompit Henri? Ce sera vous, si vous ne
» voulez me fâcher. J'aimerois mieux, Sire,
» mourir, que vous fâcher, lui répondis-je ; mais
» vous ne devez pas non plus me commander des
» choses devenues impossibles, après que je les
» ai voulu faire en leur temps. Ne parlons plus
» des choses passées, dit le Roi, pensons à l'avenir.
» Il faut que vous me serviez à cela, et qu'avec
» vos autres charges, vous preniez encore celle
» de surintendant des vivres, et je vous en prie
» comme mon ami ; car je sçais que si vous voulez
» faire comme vous avez accoutumé, vous vous
» en acquitterez bien ».

Je représentai à sa Majesté, tout-à-fait sérieusement, que c'en étoit déjà assez, et même trop
pour moi, que d'être chargé du soin de l'artillerie, qui pourroit seul occuper quatre personnes
entieres, sur-tout en cette conjoncture, et de celui
de pourvoir à toutes les dépenses ordinaires de
l'Etat, pour la maison de sa Majesté, de la Reine
sa femme et de ses enfans, pour ses fortifications,
bâtimens et autres ouvrages publics, enfin pour
tous ses gens de guerre, soit au-dedans, soit au-
dehors du royaume. « Comment ? me dit Henri,
» vous me voulez refuser une chose, dont je vous
» prie avec tant d'affection, et comme un ami

» feroit un ami ? Vraiment si vous ne le faites, je
» croirai que vous ne m'aimez plus, et que vous
» avez des desseins dont il y a long-temps qu'on
» m'a voulu embarrasser l'esprit ». « Hé quoi !
» Sire, répartis-je aussi-tôt, profitant de la parole qui venoit de lui échapper, « je suis donc
» si malheureux, que lorsque je me tue pour
» votre service, pour votre honneur et pour votre
» gloire, vous retournez toujours, et sur les
» moindres suggestions, à la défiance et aux
» soupçons de ma fidélité ? Je vous avoue que
» cela me fait perdre courage, et me fera mourir
» à la fin ». Hé bien ! reprit ce Prince, qui avoit
entrepris de me livrer toutes sortes d'assauts, « puis-
» que vous le prenez sur ce pied-là, je remédierai
» bien sans grande peine, à tant de sortes de difficultés ; c'est qu'il faut rompre notre voyage,
» passer le temps comme nous pourrons, et vivre
» en paix avec tout le monde, m'accommodant
» avec un chacun, et les contentant à force d'argent, nous en avons assez d'amassé, il le faudra employer à cela. C'est bien penser, Sire,
» répondis-je, et pour mon particulier, cela
» m'exemptera de beaucoup de chagrins, de veilles, de travaux, de reproches et de dangers ».

Henri m'interrompit, avec un mouvement de colere, dont il ne fut pas le maître, et me reprocha que je devenois dissimulé. « Je sçais, dit-il,

» que ce que vous me dites, est au plus loin de
» votre desir et de votre pensée, et que vous
» seriez le plus fâché, si nous ne faisions pas la
» guerre, dont il y a si long-temps que vous
» me pressez. Oui, Sire, il est vrai, repliquai-je,
» je vois les occasions tout-à-fait propres à acqué-
» rir de la gloire, si votre inclination vous y
» porte, ce qu'il faut pourtant faire semblant de
» ne pas voir, si vous n'êtes pas disposé à les
» seconder par vous-même ». Et j'ajoutai, que
non-seulement ses desseins rouloient sur sa propre
personne, mais encore, qu'ils dépendoient si bien
de lui, que comme il pouvoit tout pour le succès,
il pouvoit aussi d'un seul geste, ou d'une simple
parole échappée imprudemment, les ruiner pour
toujours. Enfin, lui dis-je, après avoir cherché
un tempérament qui pût nous rapprocher, « que
» votre Majesté commette MM. Jeannin et
» Caumartin à la surintendance des vivres, et je
» vous promets de les assister de conseil, de
» travail, de crédit, de gens et d'argent, comme
» s'il y alloit de ma vie : mais si je l'entrepre-
» nois seul, jamais vous ne croiriez que les dif-
» ficultés vinssent d'ailleurs que de négligence,
» ou du défaut d'attachement de ma part. Or
» bien, reprit aussi Henri, je verrai ce qui se
» pourra faire ; mais si les autres ne veulent pas
» l'entreprendre sans vous, préparez-vous à y

» travailler conjointement avec eux, sinon je
» romprai mon voyage ». L'Oserai entra dans ce moment, avec les lettres, il reçut une verte réprimande de ne me les avoir pas apportées plutôt.

Le Roi ne cessa plus depuis ce moment-là, de s'occuper presque uniquement de l'exécution de son entreprise. Les conseils qui se tinrent à ce sujet, de-là en avant, se passerent néanmoins dans un fort grand secret, et le plus souvent à l'Arsenal. Il y appelloit toujours M. de Vendôme, qu'il prenoit soin d'instruire dans toutes les affaires de l'Etat et de la guerre; et comme il s'apperçut qu'il y avoit quelque froideur entre ce Prince et moi, il se proposa de nous rendre amis, et voici la maniere dont il s'y prit. « On m'a rapporté,
» dit-il un jour, que mon fils de Vendôme, et le
» vôtre, ne sont pas trop bien ensemble, je veux
» les raccommoder; faites trouver votre fils
» demain à huit heures, dans votre cabinet, j'y
» viendrai avec le mien et je parlerai à tous deux,
» comme il faut ». Lorsque nous y fûmes tous quatre seuls, Henri prit les deux jeunes gens par la main, et leur dit: « Vous voyez comme j'aime
» M. de Sully, et avec quelle franchise j'agis ici
» avec lui, je veux que vous soyez de même
» ensemble, et que vous nous croyiez, afin qu'étant
» vieux, vous nous serviez de bâton de vieillesse:
» et vous, mon fils, je veux que vous honoriez

» M. de Sully, comme moi-même, et que vous
» le veniez voir souvent, sans l'importuner néan-
» moins, afin d'apprendre de lui le métier de la
» guerre, et l'ordre qu'il fait tenir dans les affai-
» res; l'affection qu'il a pour moi, me rendant
» sûr qu'il ne vous cachera rien de tout ce qu'il
» sçait, non plus qu'à son fils, que je veux que
» vous aimiez, comme si c'étoit votre frere. Je
» vous commande à tous deux d'oublier tout ce
» qui pourroit avoir causé quelque refroidisse-
» ment d'amitié entre vous ».

Nous voyions avec joie, que chaque jour levoit quelqu'obstacle. La proposition d'alliance, dont il a été parlé, nous réussit parfaitement auprès du duc de Savoie (*). Le roi de Suede s'offrit de lui-même; et pour lier plus fortement ses intérêts avec les nôtres, il fit entendre au Roi, qu'il se tourneroit du côté de la France, pour chercher une femme

---

(*) Voyez le traité fait cette année entre la France et la Savoie, dans les Mémoires de Nevers, *tom.* 2, *pag.* 832; et le traité définitif, passé à Brusol le 25 Avril de l'année suivante, par lequel le roi de France s'engage entr'autres choses, à mettre le duc de Savoie en possession du Milanois: *ibid pag.* 880. Ce traité est rapporté, suivant l'original Italien, dans Vittorio Siri, *ibid. tom.* 2, *pag.* 236. Mais cet écrivain se contredit en ce qu'il convient, *tom.* 1, *pag.* 512, que ce fut le duc de Sully qui moyenna cet accord entre la France et la Savoie, et qu'il assure après, *pag.* 566, que dans les vues du duc de Sully, ce traité ne devoit valoir au duc de Savoie, que la seule protection de la France.

au Prince son fils qui, tout jeune qu'il étoit, secondoit courageusement ses résolutions. Les rois d'Angleterre et de Dannemarck étoient plus qu'à demi gagnés. Les Protestans de Hongrie, Bohême, Moravie, Silésie et Haute-Autriche, poussés par nos agens, et déterminés encore plus fortement par la persécution et les cruautés que les Jésuites faisoient exercer contr'eux aux ministres de l'Empereur, venoient de nous donner parole que si-tôt que la guerre seroit déclarée, ils feroient une puissante diversion dans ces extrémités de l'Allemagne. On comprit par les lettres de Bongars, et par celles du landgrave de Hesse, que l'électeur de Saxe ne se porteroit point à prendre parti contre l'Empereur; mais en récompense, l'électeur de Baviere s'engagea à tout, moyennant des assurances qu'il seroit choisi pour succéder à l'Empereur, et dès actuellement nommé roi des Romains. Les Suisses paroissoient disposés très-favorablement. Rien ne résistoit à l'appas des conquêtes, dont on prenoit soin de flatter tout le monde. Le Pape lui-même, qui devoit passer pour le plus difficile à gagner, n'y paroissoit pas insensible. Lorsque j'eus dit un jour au Nonce, que je songeois à faire son maître Roi, il me remercia de cette parole, comme de la meilleure nouvelle qu'il pût jamais, disoit-il, apprendre à sa Sainteté.

Mais une ressource bien plus sûre, dont nous avions déjà commencé à nous servir, en cas de refus du souverain Pontife, comme de tous les autres petits Etats d'Italie, Florence, Mantoue, Montferrat, Modene, Urbin, Gênes et Luques, c'étoit de faire marcher une armée du côté du Milanois, pour les obliger tous, ou à s'unir à nous, ou à contribuer du moins de quelques sommes d'argent à l'armement commun. Lesdiguieres avoit reçu les commissions pour mettre sur pied un corps de douze mille fantassins, et de deux mille chevaux, avec douze pieces d'artillerie; et j'avois mis à part pour l'entretenir, un fonds de cent mille écus par mois, dont les assignations étoient expédiées et déjà envoyées. Je faisois état que le duc de Savoie, les Vénitiens, les plus ardens, comme en effet les plus intéressés dans cette partie du projet, et le Pape, supposé qu'on réussît à le faire déclarer, en fourniroient autant à eux trois.

L'orage devant commencer à se former du côté de l'Allemagne, on levoit actuellement pour la grande armée qu'on destinoit pour le pays de Cleves, vingt mille hommes d'infanterie, quatre mille de cavalerie, et six mille Suisses. L'équipage d'artillerie n'étoit pas moindre que de cinquante canons, les charrettes, chevaux, mulets et tout le reste du bagage à proportion, aussi-bien en état de servir, que bien entretenus. Les levées étant achevées, tout cela commença à défiler vers Cleves, quoique la guerre ne fût pas encore déclarée. La compagnie de deux cent hommes d'armes, sous le titre de la Reine, dont j'étois Capitaine-Lieutenant, eut ordre de se trouver pour le dernier Juillet, à Mezieres, complette et équipée comme elle devoit l'être.

Le Roi, qui attendoit à arborer l'étendard, que le printemps de l'année suivante eût ramené le temps de se mettre en campagne, vouloit éviter tout ce qui pouvoit avoir l'air d'agression, jusqu'à dix jours près de celui où il comptoit partir. Il jugea même à propos d'écrire une lettre à l'Archiduc, par laquelle il lui mandoit qu'ayant été prié par les véritables héritiers du duc de Cleves, de les secourir contre quelques particuliers, assistés de plusieurs puissans Princes, qui vouloient se saisir de leurs Etats, il n'avoit pu leur refuser son assistance; et que comme le chemin de ses armées s'adonnoit par les pays de sa dépendance, il le prioit de trouver bon qu'il y passât comme ami; qu'il n'useroit d'aucune hostilité, à moins qu'il n'y fût forcé, et qu'il maintiendroit ses troupes dans une exacte discipline. La réponse de l'Archiduc ne vint qu'après la mort de sa Majesté. La voici : « Monseigneur, je suis votre très-hum-
» ble serviteur : en cette qualité, je vous supplie
» de passer dans mes pays ; car ni portes, ni

» vivres ne vous y seront refusés, me confiant
» sur l'assurance qu'il plaît à votre Majesté de
» me donner, qu'il ne s'y commettra ni désordre,
» ni aucun acte d'hostilité ».

Voilà dans quel état étoient les affaires de France, lorsque l'année mil six cent neuf finit. Henri en avoit passé les derniers mois, uniquement occupé de son projet. Le commencement de la suivante n'apporta ni changement à sa résolution, ni intermission à ses soins. Il en étoit si rempli, qu'assez souvent il lui arrivoit d'en faire des confidences tout-à-fait indiscrettes. Lorsque j'allai lui rendre le salut et le présent d'usage le premier jour de l'année, il goûta si fort l'idée dans laquelle j'avois fait faire les jetons d'or que je lui présentai, qu'il en prit deux dans sa poche, pour les faire voir à quelques-uns des courtisans. On y voyoit représenté le globe de la terre, soutenu par sa propre pesanteur, au milieu d'un atmosphere que les vents et les orages paroissoient vouloir bouleverser, et ces mots latins, *suo se pondere fulcit*, qu'on lisoit dans l'exergue, achevoient d'exprimer le rapport de cet emblême avec la situation des affaires de l'Etat, rendu capable par le bon gouvernement de Henri-le-Grand, de triompher des efforts de tous ses ennemis. Ce Prince, sortant de son dîner, trouva M. le comte de Soissons, et les cardinaux de Joyeuse et du Perron,

Perron, qui s'entretenoient dans le cabinet des livres, et il leur montra les jetons. Ces Messieurs, pour lui faire plaisir, renchérirent encore sur les louanges qu'il me donnoit, en disant que j'en étois d'autant plus digne, qu'on voit rarement les gens de qualité unir au goût pour les affaires du cabinet et de la guerre, celui des belles-lettres.

J'étois présent à ce discours, avec beaucoup d'autres personnes qui avoient suivi le Roi. Henri les écarta tous, excepté M. de Vendôme, pour entretenir ceux que je viens de nommer. La Varenne et Béringhen demeurerent aussi ; mais ils se tinrent auprès de la porte. Ce ne fut pas sans beaucoup de chagrin que ce Prince s'étant mis à parler de ses grands desseins, devant des personnes que je ne croyois pas toutes également bien intentionnées, je lui entendis dire, que pour le coup, il alloit mettre si bas l'Espagne, et toute la maison d'Autriche, qu'elle cesseroit désormais d'être un objet redoutable à la France, à quelque changement que celle-ci se vît exposée, soit par rapport à la famille royale, soit dans la forme de son gouvernement : mais je souffris plus qu'on ne peut dire, lorsqu'au lieu de s'arrêter après ces paroles, déjà si imprudentes, je le vis prêt à trahir le reste de son secret, en découvrant les particularités tout-à-fait essentielles. Il ne se souvenoit pas qu'il m'avoit lui-même dit plusieurs fois l'année précédente, qu'il étoit obsédé de gens qui lui tendoient sans cesse des pieges pour pénétrer le fond de son ame, et dont la curiosité sur ce sujet ne procédoit que d'un très-mauvais motif.

Je pris la liberté de le tirer par son manteau, sans que personne s'en apperçût; ce qu'il entendit si bien, qu'il s'arrêta tout court, comme si le défaut de mémoire l'obligeoit à s'interrompre lui-même. « Ma mémoire, dit-il, devient la plus » mauvaise du monde : j'oublie sur-tout presque » tous les noms des personnes, villes et pays ». Je vous prie, poursuivit-il, en s'adressant à moi, pour une chose qu'il avoit déjà commencé à me demander, « de me dresser par écrit des mémoires » de tous mes propres desseins, de leur cause, » des expédiens propres à les amener à leur per- » fection, et des différens discours que nous avons » tenus ensemble, à prendre du plus loin qu'il » peut vous souvenir, afin que m'en étant rafraîchi » la mémoire, j'en puisse mieux communiquer » avec ceux de mes serviteurs, auxquels j'ai le » plus de confiance ». Il se tira ainsi adroitement de la nécessité où il s'étoit mis de leur en dire davantage. Je lui répondis, au sujet des états qu'il me proposoit, que je n'y manquerois pas; mais que ce n'étoit pas un ouvrage ni si court, ni si facile, que j'eusse pu le satisfaire, si je n'en avois heureusement dressé les mémoires de longue main, et que je craignois encore avec tout cela, que mon ouvrage ne fût défectueux du côté de mille circonstances, qu'on ne pouvoit sçavoir au juste que de sa propre bouche, et sur lesquelles il ne m'avoit jamais parlé qu'à bâtons rompus. La conversation finit là.

Le Roi emmena à la chasse une partie des courtisans; et moi, je m'en allai travailler chez moi à rassembler et à arranger mes recueils. Il y en avoit de très-importans sur les finances, mais qui ne regardoient qu'indirectement les desseins de sa Majesté. Je mis à part ceux que je jugeai à propos, et je retournai, six ou huit jours après, les porter au Roi, auquel je dis, en les lui présentant, que ceux qui voyoient son projet d'un œil si chagrin, seroient bien plus affligés encore, s'ils sçavoient ce que j'avois à lui montrer. « Comment donc ! me dit-il, m'auriez-vous caché jusqu'à présent quelque chose d'important sur ce sujet ? Je ne le sçaurois croire ». Je lui répondis, qu'aussi cela n'étoit pas, mais que mille choses, dont à peine on se souvient, lorsqu'on les a traitées séparément, et à mesure qu'elles se sont présentées, avoient une toute autre force, lorsqu'elles se trouvoient rassemblées. Je lui laissai mes mémoires.

De ceux qui concernoient ses desseins, je ne lui avois encore donné que les plus généraux.

Lorsqu'il les eut examinés, il vint un matin à l'Arsenal, où s'étant enfermé avec moi dans mon cabinet : « J'ai lu et relu vos mémoires, me dit-il;
» il y a plusieurs bonnes choses, faciles à entendre
» et à exécuter; mais il y en a d'autres où il me
» semble qu'il y a beaucoup à redire, et où j'ai
» peur que vous-même ne trouvassiez pas votre
» compte. Je m'étois bien douté, Sire, lui répon-
» dis-je, que vous me tiendriez ce langage : je
» vous prie d'attendre, avant de m'en dire da-
» vantage, que vous ayez vu deux autres états
» que j'ai encore dressés; je m'assure qu'ils éclair-
» ciront une bonne partie de vos doutes, et qu'ils
» vous satisferont. Ho bien ! laissez-les-moi,
» reprit-il, afin que je les voie tout à loisir, et
» puis je vous en dirai mon avis ». Ces seconds mémoires ne contenoient en effet que des éclaircissemens, principalement sur les difficultés qu'on pouvoit former, où le Roi prendroit le grand nombre de soldats nécessaires à l'exécution de ses vastes desseins, et tout l'argent propre à les entretenir.

Le Roi attendit impatiemment ce second écrit, et vint de même le recevoir chez moi. Il prit ses lunettes, qui étoient sur la table de mon cabinet; et l'ayant lu d'un bout à l'autre avec attention, il m'avoua que le mémoire que je lui avois donné huit jours auparavant, lui devenoit clair à l'aide

de celui-ci, et qu'il commençoit à bien espérer de la réussite, en voyant des sommes si considérables, ou actuellement amassées, ou d'un recouvrement très-facile : « Car pourvu que nous ne
» manquions point d'argent, poursuivit-il, je sçais
» que je ne manquerai ni d'hommes, ni de coura-
» ge, ni de diligence. Ne le croyez-vous pas
» ainsi ? Oui, Sire, lui répondis-je, je le crois ;
» et il n'y a rien de grand que je ne croie et que
» je n'attende de vous : mais voilà de quoi vous
» le faire encore mieux croire », ajoutai-je, en lui montrant un dernier petit état, écrit et signé de ma main, qui n'étoit qu'un simple bordereau des sommes d'argent actuellement dans ses coffres. Henri m'embrassa étroitement par trois fois, lorsqu'il vit que le montant de ce petit écrit n'étoit pas moins que de trente-six millions ; et il le serra soigneusement. « Voilà deux états qui m'ont
» grandement soulagé l'esprit, dit-il, en se levant :
» je vois donc le fonds de ma dépense assuré. Ne
» croyez pas, Sire, lui répondis-je, comme il
» sortoit de mon cabinet, que ce soit-là tout le
» fonds de ma science : en cas d'extrême nécessité,
» je trouverai bien les moyens de vous en avoir
» encore autant, votre royaume étant si fertile
» et si opulent, qu'il ne sçauroit être épuisé,
» pourvu qu'il soit bien ménagé, et que les de-
» niers qu'on destine à la guerre, y soient uni-

» quement employés ». Au reste, je crois devoir épargner à mes lecteurs l'ennui de voir ici tous ces états transcrits ; j'en insérerai le précis dans l'exposition que je dois bientôt donner séparément des grands desseins du Roi.

Ce Prince fit encore un voyage à Fontainebleau, au commencement de Mars ; mais il n'y fut que quinze jours. Il revint incontinent à Paris ; et il paroît bien par les lettres que je reçus de lui pendant ce temps-là, qu'il ne perdoit guères de vue son projet, puisqu'elles ne contiennent que des détails de guerre. Il me parloit dans l'une, des recrues des cinq compagnies du régiment de Piémont, mises chacune à deux cent hommes ; dans une autre, d'une compagnie de chevaux-légers, qu'il avoit commandé à Soubise de faire, et pour laquelle il lui donna douze mille livres, qu'il m'ordonnoit d'employer dans le premier comptant. Il me mandoit une autre fois d'assembler le Chancelier, Villeroy et Jeannin, pour conférer avec eux, de ce qui étoit nécessaire pour fournir de vivres toutes ses troupes, et de préférer les magasins le long de la Meuse à tous les autres. Une autre de ces lettres marquoit l'ordre que ce Prince croyoit qu'on devoit tenir dans les levées de soldats, leur enrôlement, leur marche vers le rendez-vous, et autres détails de cette nature. Cette lettre me fut adressée, parce qu'elle avoit été faite plus particuliérement à l'occasion des levées qui se faisoient dans mon gouvernement.

Je supprime, à mon ordinaire, quelques autres lettres pareilles à toutes celles des années précédentes, en ce qu'elles ne roulent que sur quelques petits paiemens, et autres menus détails de finance: je n'en transcrirai toute entiere qu'une seule; c'est celle où le Roi croit devoir répondre à quelques mots que j'avois laissé échapper sur le plaisir qu'il trouvoit à chasser et à demeurer à Fontainebleau.

« Mon ami, je sçais bien ce que vous avez dit
» touchant ma chasse et mon séjour en ce lieu;
» mais ne croyez pas que le plaisir que je prends
» à l'un et à l'autre, me détourne du soin de
» pourvoir à tout ce qui est nécessaire pour notre
» voyage, et la composition de mon armée, en
» ce qui dépend de moi. Donnez seulement ordre
» à l'artillerie et à l'argent, afin que rien n'y
» manque; mais sur-tout aux vivres: car puisque,
» suivant l'état que vous m'avez donné des Ambas-
» sadeurs qu'il faut que nous envoyions, les
» présidens Jeannin et Caumartin doivent être
» du nombre, c'est à vous à en choisir d'autres,
» tels que bon vous semblera: car je m'adresserai
» de tout à vous. Au surplus, j'ai pensé et repensé
» au propos que vous me tintes derniérement
» touchant ma femme, et une autre que vous
» sçavez, et les promesses que vous desirez tirer

» de moi : sur quoi je vous en dirai davantage,
» lorsque je vous verrai ; ce qui sera dans deux
» jours. Adieu, mon ami. De Fontainebleau, ce
» quinzieme Mars ».

De retour de Fontainebleau, Henri employa le reste du mois de Mars et le mois d'Avril entier à mettre la derniere main à tout ce qui restoit encore à faire pour ouvrir la campagne ; ce qu'il se disposoit à faire tout le plutôt qu'il pourroit. Il ne se passoit presque plus de jours, que ce Prince ne vînt à l'Arsenal, et qu'il n'y demeurât enfermé pendant plusieurs heures. Le temps passoit bien vîte à discourir sur l'accomplissement de ses grands desseins, et sur mille considérations qui se présentoient à faire, à la veille d'une entreprise si importante, soit touchant les affaires étrangeres, soit par rapport à l'ordre qu'il étoit besoin de mettre à toutes les parties de l'intérieur, afin que l'absence de sa Majesté n'y apportât aucun dérangement. Le Roi m'avoit fait faire à cette intention un livre, ou long mémoire, sur la guerre et sur les affaires de l'Etat, qu'il prenoit plaisir à corriger de sa main, après que nous en avions examiné chaque point.

Pour résider dans les différentes cours de l'Europe, en qualité d'Ambassadeurs ou de députés, pendant qu'il travailleroit à l'exécution de son dessein, il nomma les personnages suivans : mon frere, pour Rome et les autres princes et républiques d'Italie, qui ne s'étoient point encore déclarés pour la confédération ; Bullion, vers les Vénitiens et le duc de Savoie; Caumartin, chez les Suisses, Grisons et leurs alliés; Schomberg, auprès des ducs de Saxe, de Baviere et de Brunswick, le marquis de Brandebourg et les autres Princes et villes d'Allemagne, qui n'avoient point encore embrassé l'alliance; Bongars, en Hongrie, Bohême et Transilvanie ; Boissise, en Danemarck et Suede, et dans les villes situées sur la mer Baltique; Jeannin, dans la Grande-Bretagne et les Provinces-Unies, et auprès des princes héritiers de Cleves ; Ancel, à Vienne et en Pologne ; Préaux, vers les Archiducs ; et Monglas, à Constantinople.

Quant au gouvernement intérieur, la direction en fut destinée à la Reine, avec le titre de régente, assistée d'un conseil, sans l'avis duquel elle ne pourroit rien conclure. Sa Majesté le composa des cardinaux de Joyeuse et du Perron, des ducs de Mayenne, de Montmorency et de Montbazon, des maréchaux de Brissac et de Fervacques, et de MM. de Châteauneuf, garde du sceau de la régence, de Harlai, de Nicolaï, de Châteauvieux, de Liancourt, de Pont-Carré, de Gêvres, de Villemontée et de Maupeou. Ce conseil, outre qu'il étoit obligé de se conformer aux instructions qu'il auroit reçues, ne pouvoit rien statuer sur les affaires de grande conséquence, qu'après en avoir informé et consulté sa Majesté. Il avoit sous lui quatorze autres petits conseils, composés de cinq personnes prises dans le clergé, la noblesse, la justice, la finance, et les corps de villes. Le nombre de ces petits conseils avoit rapport à celui des provinces ou gouvernemens, en quoi fut partagé le royaume dans l'ordre suivant : l'Isle de France, la Bretagne, la Normandie, la Picardie, la Champagne, la Bourgogne et Bresse, le Lyonnois, Forez, Beaujolois et Auvergne, le Dauphiné, la Guienne, le Poitou, Aunis, Saintonge, Angoumois et Limosin, l'Orléanois, l'Anjou et la Touraine, le Maine et le Perche, le Berry, Bourbonnois, Nivernois et la Marche.

Il se faisoit pendant ce temps-là dans Paris d'autres préparatifs d'une espece bien différente, que Henri voyoit avec beaucoup de chagrin, je parle de ceux du couronnement de la Reine. Il y répugnoit si fort, qu'il ne fallut pas un motif moins puissant que l'étoit sa complaisance pour cette Princesse, pour l'y faire consentir. Elle n'en eut pas plutôt obtenu l'ordre, qu'elle y fit travailler avec ardeur. J'ai marqué plus haut les raisons dont se servoient ses créatures pour lui faire hâter cette cérémonie. On ne peut que les juger, ou bien extravagantes, ou bien criminelles. Henri comptoit sortir de Paris immédiatement après; et comme ce retardement ne pouvoit être que d'une quinzaine, l'ordre fut expédié pour toutes les troupes de pied et de cheval, qui prirent sans tarder le chemin de la Champagne. Les six mille Suisses que le Roi avoit fait lever, furent conduits à Mouzon par le duc de Rohan, qui étoit allé les recevoir sur la frontiere. Je fis partir toute l'artillerie : on n'avoit jamais vu en France, et peut-être n'y verra-t-on jamais un équipage plus complet et mieux fourni. Mon fils se mit à la tête, en vertu de la charge de Grand-maître de l'artillerie, dont sa Majesté avoit eu la bonté de lui donner la survivance. Je me disposois à le suivre de près, faisant porter avec moi une somme de huit millions.

Enfin, le Roi avoit déjà donné aux étrangers le signal de son départ, par la lettre qu'il écrivit à l'Archiduc. La voici telle que je la fis moi-même, et telle qu'elle lui fut envoyée, si Villeroy, entre les mains duquel, comme secretaire d'Etat, elle passa, n'y changea rien; car il en avoit beaucoup d'envie. « Mon frere, ne pouvant refuser à mes
» meilleurs alliés et confédérés le secours dont ils
» m'ont requis, contre ceux qui les veulent trou-
» bler en la succession des duchés et comtés de
» Cleves, Julliers, la Mark, Bergh, Ravensperg
» et Ravestein; je m'avance vers eux avec mon

armée; et parce que mon chemin s'adresse à passer
» dans vos pays, j'ai desiré de vous en avertir,
» et sçavoir de vous si j'y dois entrer comme ami
» ou comme ennemi. Sur quoi, attendant votre
» réponse, je prie Dieu, &c. ».

Je ne sçais ce qu'on doit juger d'un bruit fort commun alors, et qui fut confirmé au Roi à Fontainebleau, par Girard, qui arriva de Bruxelles le 7 Mars; c'est qu'on étoit persuadé à la cour et dans les Etats de l'Archiduc, que le roi de France affectoit d'avoir de grands desseins, dans la seule vue de faire peur à ses ennemis; et qu'on y étoit si assuré que c'étoit tout le but de son armement, qu'on n'y faisoit pas le plus petit préparatif pour s'y opposer. Le dernier pouvoit être vrai, comme en effet il l'étoit, sans que pour cela l'Archiduc fût aussi tranquille qu'il affectoit de le paroître. Il eût été dans des sentimens bien différens de tout le reste de ceux qui prenoient quelqu'intérêt à l'Espagne et à la maison d'Autriche. Leur consternation ne se peut exprimer. Pendant que le parti de leurs adversaires, qu'on appelloit chez les étrangers, *la faction Françoise*, se montroit avec un air de triomphe, qui sembloit lui promettre tous les succès qu'elle s'entendoit souhaiter de toutes parts, le parti autrichien se tenoit dans le silence, l'inaction et le tremblement; objet de la haine publique, et s'attendant à en être bientôt la victime, nul moyen de résister à la foudre dont il étoit à la veille de se voir écrasé. Mais, hélas! c'est bien mal-à-propos que je lui insulte; il ne lui restoit encore malheureusement que trop de ressources (*). Ce n'étoient ni les armes,

(*) « Il falloit bien, dit Péréfixe, qu'il y eût plusieurs
» conspirations sur la vie de ce bon Roi, puisque de
» vingt endroits on lui en donnoit avis; puisque l'on fit
» courir le bruit de sa mort en Espagne et à Milan, par un
» écrit imprimé; puisqu'il passa un courier par la ville de
» Liege, huit jours auparavant qu'il fût assassiné, qui dit
» qu'il portoit nouvelle aux Princes d'Allemagne qu'il avoit
» été tué; puisqu'à Montargis, on trouva sur l'Autel un
» billet contenant la prédiction de sa mort prochaine, par
» un coup déterminé », &c. *pag.* 409.
L'archevêque d'Embrun (Honoré du Laurens, frere du premier médecin) étant avec d'autres Prélats, dit à l'heure même que le Roi fut tué: « *il est impossible qu'en l'état où*
» *sont aujourd'hui les affaires, il n'en prenne mal au Roi; et*
» *à cette heure que nous en parlons, il lui arrive peut-être*
» *quelque désastre* »: *premiere lettre de Nicolas Pasquier.*
« Un prêtre de Douai dit au moment même de l'exécution,
» que l'on tuoit le plus grand Monarque de la terre. La
» sœur de Villars Houdan, gouverneur de Dieppe, reli-
» gieuse à Saint-Paul, en Picardie, dit à son Abbesse: *Ma-*
» *dame, faites prier Dieu pour le Roi, car on le tue.* Et un
» peu après: *Hélas! il est tué* »: P. Mathieu, *ibid. pag.*
» 835. Pasquier dit encore dans cette même lettre, que la Font, prévôt de Bayonne, vint en 1608, trouver le Roi pour lui donner avis qu'il y avoit un attentat formé contre sa personne, et que deux ou trois jours avant celui où ce Prince fut poignardé, ce même la Font avertit encore M. le Chancelier, que celui qui devoit tuer le Roi, étoit actuellement dans Paris; que l'on le lui avoit révélé, &c. Ce fait est le même dont parle Dupleix, *pag.* 411, sous le nom d'un gentilhomme Béarnois. Pasquier ajoute, qu'un marchand de Douai écrivant, quinze jours avant cet assassinat, à un marchand de Rouen, lui demande s'il est vrai que le Roi ait été

ni un noble désespoir qu'il avoit envie d'opposer au Prince que l'Europe avoit nommé pour son vengeur, et choisi pour son bras droit. Il ne falloit, pour abattre la tête qui donnoit le mouvement à tout ce corps, qu'un crime : et jamais la trahison, l'empoisonnement, l'assassinat, n'avoient pu procurer un triomphe plus digne d'eux ; triomphe honteux, et si détesté, que les termes manquent pour en exprimer toute l'horreur. J'acheve, en frémissant, ce que j'ai de circonstances plus particulieres à apprendre au public sur le funeste accident dont le souvenir coûte encore à mon cœur des larmes de sang.

Quel jugement porterons-nous sur les noirs pressentimens, qu'il n'est que trop constant que ce malheureux Prince eut de sa cruelle destinée ? Ils sont d'une singularité qui a quelque chose d'effrayant (*). J'ai déjà rapporté avec quelle répu-

---

tué. Qu'un des principaux bourgeois de Cambrai dit, huit jours auparavant : « *Ce vieillard a de grands desseins ; mais il n'ira guères loin* ». Et quelques autres circonstances semblables. On en trouve aussi de particulieres dans le premier tome de la vie de Marie de Médicis, *pag.* 68, et dans quantité d'autres écrits.

(*) Voici comme en parle le maréchal de Bassompierre, dans ses mémoires, *tom.* 1, *pag.* 292 *et suiv.* « Il me dit, peu devant ce temps-là : Je ne sçais ce que c'est, Bassompierre, mais je ne puis me persuader que j'aille en Allemagne ; le cœur ne me dit point que tu ailles aussi en Italie. Plusieurs fois il me dit et à d'autres aussi : Je crois mourir bientôt. La Reine eut une passion particuliere de se faire cou-

gnance il s'étoit laissé aller à permettre que la cérémonie du couronnement de la Reine se fît avant

» ronner avant le département du Roi pour aller en Allemagne.
» Le Roi ne le desiroit pas, tant pour éviter la dépense, que
» parce qu'il n'aimoit guères ces grandes fêtes ». Il y a toute
apparence que ce Prince cachoit soigneusement à tout autre
qu'à M. de Sully, le véritable motif qui le portoit à s'opposer
à cette cérémonie. « Toutefois, continue cet écrivain,
» comme il étoit le meilleur mari du monde, il y consentit,
» et retarda son département pour aller en Allemagne, jus-
» qu'après qu'elle auroit fait son entrée dans Paris..... Le
» sacre de la Reine se fit avec la plus grande magnificence
» qu'il fut possible. Le Roi y fut extraordinairement gai....
» Le Roi lui dit (à M. de Guise) et à moi aussi : Vous ne
» me connoissez pas maintenant, vous autres; mais je mour-
» rai un de ces jours; et quand vous m'aurez perdu, vous
» connoîtrez lors ce que je valois, et la différence qu'il y a
» de moi aux autres hommes. Je lui dis alors : Mon Dieu!
» ne cesserez-vous jamais, Sire, de nous troubler, en disant
» que vous mourrez bientôt? Ces paroles ne sont point
» bonnes à dire. Vous vivrez, s'il plaît à Dieu, bonnes et
» longues années. Il n'y a point de félicité au monde pa-
» reille à la vôtre. Vous n'êtes qu'en la fleur de votre âge,
» et en une parfaite santé et force de corps; plein d'honneur,
» plus qu'aucun des mortels; jouissant en toute tranquillité
» du plus florissant royaume du monde; aimé et adoré de
» vos sujets; plein de biens, d'argent, de belles maisons,
» belle femme, belles maîtresses, beaux enfans, qui devien-
» nent grands ; que vous faut-il de plus? ou qu'avez-vous
» à desirer davantage? Il se mit lors à soupirer, et me dit :
» Mon ami, il faut quitter tout cela », &c.

« On observa, disent les Mémoires de l'Etoile, qu'en la
» largesse des pieces d'or et d'argent qu'on jetta au peuple,
» selon la coutume, on ne cria jamais ni *vive le Roi*, ni *vive*
» *la Reine*.... Je laisse ici, continue cet écrivain, les songes
» qu'on dit que sa Majesté et la Reine aussi eurent cette nuit,
» d'une maison qui tomboit sur lui dans la rue de la Féron-
» nerie, &c. Il est bien certain qu'il y a environ six mois,
» que le Roi étant chez Zamet, et y ayant dîné, se retira
» dans une chambre seul, disant vouloir reposer, et y manda

son départ. Plus il en voyoit approcher le moment, plus il sentoit la frayeur et l'horreur redou-

» Thomassin, qu'on tient un des plus célebres astrologues
» de ce tems, et qu'on dit même avoir un diable; et là,
» sa Majesté l'ayant interrogé de plusieurs choses, concer-
» nant sa personne et son État, Thomassin lui dit, qu'il
» avoit à se garder du mois de Mai 1610, jusqu'à lui dési-
» gner le jour et l'heure auxquels il devoit être tué. Mais
» le Roi se moquant de lui et de son astrologie, le prenant
» tantôt aux cheveux, et tantôt à la barbe, lui fit faire
» deux ou trois tours de chambre, et le renvoya de cette
» façon; en quoi il étoit louable : il l'auroit été encore plus,
» de ne le pas écouter du tout, et de bannir de sa cour et
» de son royaume de telles pestes » : année 1610. Voyez aussi dans *l'histoire de Mézerai, édition in-4°. à Paris, année 1667, tom. 3, pag. 1447*, les différens pronostics de la mort de ce Prince, qui coururent, soit alors, soit depuis, dans le public.

Pierre Mathieu remarque que la Reine s'étant réveillée la nuit, pleine d'agitation et de frayeur, elle dit au Roi, qui voulut en sçavoir la cause : « Je songeois qu'on vous donnoit
» un coup de couteau sur le petit degré. Loué soit Dieu,
» répondit Henri, que ce n'est qu'un songe ». Le même écrivain joint à toutes ces prédictions, plusieurs paroles de Henri IV, comme autant de traits de ce pressentiment secret qu'a le cœur d'une fatalité inévitable; c'est ainsi du moins qu'on en juge après l'événement : telles sont celles-ci, qu'il dit à la Reine : « Ma mie, si cela ne se fait Jeudi, je
» vous assure, que Vendredi passé, vous ne me verrez plus :
» non, Vendredi, je dirai adieu ». Une autre fois : passez,
» passez, Madame la Régente ». A la même qui se disposoit à faire ses dévotions : « Ma mie, confessez-vous pour vous
» et pour moi ». Aux courtisans en leur montrant le Dauphin : « Voici votre Roi ». En parlant de l'entrée de la Reine : « Cela ne me touche; je ne le verrai pas.... Ne rions pas
» tant le Vendredi, car nous pleurerons le Dimanche », &c. *tom. 2, liv. 4, pag. 810 et suiv.* Morizot remarque qu'au couronnement de la Reine, le peintre, au lieu d'émailler l'écusson d'argent, comme le porte la maison de Médicis, le peignit, par ignorance, de couleur de châtaigne, qui est la

bler dans son cœur. Il venoit l'ouvrir tout entier à moi, dans cet état d'amertume et d'accablement, dont je le reprenois comme d'une foiblesse impardonnable. Ses propres paroles feront une toute autre impression, que tout ce que je pourrois dire. « Ah ! mon ami, me disoit-il, que ce sacre me » déplaît ! Je ne sçais ce que c'est ; mais le cœur » me dit qu'il m'arrivera quelque malheur ». Il s'asseyoit en disant ces paroles, sur une chaise basse que j'avois fait faire exprès pour lui, et qui ne partoit point dé dedans mon cabinet ; et livré à toute la noirceur de ces idées, il frappoit des doigts sur l'étui de ses lunettes, en rêvant profondément. S'il sortoit de cette rêverie, c'étoit pour se lever brusquement, frappant des mains sur ses cuisses, et pour s'écrier : « Pardieu ! je mourrai » dans cette ville, je n'en sortirai jamais : ils me » tueront ; je vois bien qu'ils mettent toute leur » derniere ressource dans ma mort. Ah ! maudit » sacre ! tu seras cause de ma mort. Mon Dieu ! » Sire, lui dis-je un jour, à quelle idée vous li-» vrez-vous-là ? Si elle continue, je suis d'avis » que vous rompiez ce sacre et couronnement, et » voyage et guerre : le voulez-vous ? cela sera » bientôt fait ». Oui, me dit-il enfin, après que

couleur des veuves ; et qu'au lieu de palmes, il le ceignit de cordes entortillées, autre marque de viduité. *Henr. mag.* pag. 51.

je lui eus tenu ce même discours deux ou trois fois, « oui, rompez le sacre, et que je n'en en-
» tende plus parler; j'aurai par ce moyen l'esprit
» guéri des impressions que quelques avis y ont
» faites ; je sortirai de cette ville, et ne craindrai
» plus rien ». A quels traits reconnoîtra-t-on ce cri secret et importun du cœur, si on le méconnoît à ceux-ci ? « Je ne veux point vous celer,
» me disoit-il encore, qu'on m'a dit que je devois
» être tué à la premiere magnificence que je ferois,
» et que je mourrois dans un carrosse, et c'est ce
» qui fait que j'y suis si peureux. Vous ne m'avez,
» ce semble, jamais dit cela, Sire, lui répondis-je.
» Je me suis plusieurs fois étonné, en vous en-
» tendant crier dans un carrosse, de vous voir si
» sensible à un si petit danger, après vous avoir
» vu tant de fois intrépide au milieu des coups de
» canon et de mousquet, et parmi les piques et
» les épées nues. Mais puisque cette opinion vous
» trouble jusqu'à ce point, en votre place, Sire, je
» partirois dès demain ; je laisserois faire le sacre
» sans vous, ou je le remettrois à une autre fois, et
» de long temps je ne rentrerois ni dans Paris,
» ni dans aucun carrosse. Voulez-vous que j'en-
» voie tout à cette heure à Notre-Dame et à
» S. Denis faire tout cesser et renvoyer les ouvriers ?
» Je le veux bien, me dit encore ce Prince ; mais
» que dira ma femme ? car elle a merveilleuse-

ment ce sacre en tête. Elle dira ce qu'elle voudra, repris-je, voyant combien ma proposition avoit fait de plaisir au Roi ; « mais je ne sçaurois croi- » re, que quand elle sçaura la persuasion où vous » êtes, qu'il doit être la cause de tant de mal, » elle s'y opiniâtre davantage ».

Je n'attendis point d'autre ordre pour aller donner celui d'interrompre les préparatifs du couronnement. Ce n'est qu'avec un véritable regret que je me vois obligé de dire, que quelques efforts que je fisse, je ne pus jamais engager la Reine à donner cette satisfaction à son époux. Je passe sous silence les sollicitations, les prieres et les contestations que j'employai pendant trois jours entiers, pour tâcher de la fléchir (*). Ce fut à ce Prince à céder ; et comme après tout, il étoit le premier dans certains momens, à se reprocher à lui-même ses frayeurs, il cessa d'en parler, et de m'en faire parler à la Reine. Les ouvriers furent mis pour la seconde fois en besogne ; mais Henri n'en revint pas moins fortement à ses premieres appréhensions, qu'il m'exprimoit ordinairement par ces paroles-ci, qu'il avoit souvent dans la bouche : « Ah ! mon ami, je ne sortirai jamais de cette » ville ; ils me tueront ici. O maudit sacre ! tu

___

(*) Ceci détruit ce que Mathieu assure, contre le sentiment de tous les historiens, que la Reine ne souhaitoit point d'être couronnée. *Ibid.* 804.

» seras la cause de ma mort ». Je n'ai pas dû oublier ces tristes paroles.

Il y a dans tout ceci quelques particularités plus secrettes, que je crois devoir supprimer. Je pousserois le silence beaucoup plus loin, si ce n'est qu'il me paroît inutile pour les choses dont mes domestiques, ou d'autres personnes ont eu quelque connoissance. Le fait suivant est dans ce genre. Schomberg, qui vivoit avec moi dans une familiarité qui auroit presque pu le faire regarder comme de la maison, y étant un jour à dîner, un page vint lui apporter un billet, que je remarquois qu'il lui glissoit par-dessous son bras, avec un fort grand mystere. J'en badinai avec lui, comme si ce billet le convainquoit d'une intrigue galante. Il me répondit que sans l'avoir lu, il croyoit pouvoir m'assurer que ce n'étoit pas ce que je pensois; mais qu'il me promettoit que de quelque secret dont il fût question, il ne m'en cacheroit rien. Le billet ne contenoit que deux mots. Lorsqu'au sortir de table, il se fut approché d'une fenêtre pour le lire, il me le mit entre les mains, en me disant qu'il étoit de Mademoiselle de Gournai; nom qui devoit d'abord m'ôter tout soupçon de galanterie, si je la connoissois; et qu'elle le prioit qu'elle pût parler à lui tout présentement, pour une affaire de grande conséquence. Il me promit de revenir incontinent me dire de quoi il s'agissoit; et il étoit en effet de retour au bout d'une demi-heure.

Mademoiselle de Gournai avoit appris d'une femme, qui avoit appartenu à Madame de Verneuil (*), qu'il y avoit actuellement une conspi-

(*) L'auteur veut parler de Jacqueline le Voyer, du village d'Orsin, entre Epernon et Ablis, femme d'Isaac de Varennes, écuyer, sieur de Coman, d'Escoman ou d'Escouman ; c'est sous ce premier nom qu'elle est bien connue, et son histoire fait un incident au procès de Ravaillac, trop important pour le passer sous silence; nous y reviendrons plus d'une fois. « Elle avoit donné, disent les Mémoires » pour servir à l'histoire de France, *pag.* 357, sa déclara-» tion par écrit, qui contient un détail bien circonstancié de » la conjuration et des desseins de Ravaillac, dont elle disoit » auteurs le duc d'Epernon et la marquise de Verneuil. Le » Roi, la Reine et tous ceux auxquels elle s'adressa, pour » découvrir ce qu'elle sçavoit, ne voulurent point l'entendre, » et la traiterent de folle. Le Mardi 25 Janvier 1611, (car » ce procès ne fut consommé que bien avant dans l'année sui-» vante) les Chambres furent assemblées sur le fait de la » Coman, où furent décernées quelques prises de corps et » ajournemens personnels. La Villiers-Hotman, la présidente » Saint-André et la Charlotte du Tillet, sa sœur, y compa-» rurent. La Coman parloit bien et de bon sens, résolue, » ferme et constante en ses réponses et accusations, munie » de raisons valables et preuves très-fortes, qui rendoient » ses Juges tout étonnés. Elle avoit été autrefois à la reine » Marguerite, à laquelle même elle s'adressa, pour la dé-» couverte de cette conjuration et menée d'importance, dont » la Reine régente bien avertie, dit que c'étoit une mauvaise » femme, qui accusoit tout le monde, ne sçavoit si enfin » elle ne l'accuseroit point elle-même...... Les reproches » qu'elle et la du Tillet se firent à la confrontation, sur leur » mauvaise vie, sont plaisans. Si la Coman ne se fût mêlée » que de ce métier-là, elle n'en eût été guères recherchée ; » mais l'autre est trop hasardeux ; car à se bander contre les » grands, il y a souvent perte de biens et de vie : c'est ce » qui me fait craindre pour elle ». Il est marqué à la marge, sur cette du Tillet : « Charlotte du Tillet, fille d'intrigue,

ration formée contre la personne du Roi. Ayant demandé à cette femme le nom des personnes qui

» de la confidence de la marquise de Verneuil; c'est par elle
» que la Demoiselle d'Escoman avoit été instruite des des-
» seins de Ravaillac ». . . . . . .
« Le Dimanche 30 Janvier, la marquise de Verneuil fut,
» sur les dépositions de la Coman, ouïe de M. le premier
» Président, depuis une heure après midi jusqu'à cinq ; et
» ce au logis dudit premier Président, où il l'avoit fait as-
» signer pour l'interroger là-dessus ». La marge porte encore : « Elle étoit accusée par la Demoiselle d'Escoman, et
» ne fut décrétée que d'un *assigné pour être ouï*, quoiqu'il
» s'agît de l'assassinat du Roi, et de crime de leze-majesté au
» premier chef.
» Le Samedi 5 Mars, la Cour assemblée sur le fait de la
» Coman, et autres prisonniers déférés par elle sur l'assas-
» sinat du feu Roi, donna son arrêt qu'on disoit être l'arrêt
» des Aréopagites, lesquels remettoient à cent ans le juge-
» ment d'une cause où ils trouvoient trop de difficultés. La
» Cour n'en trouvant pas peu en cette affaire, en remit le
» jugement en une saison plus commode ; ouvrant cependant
» les prisons aux accusés, et y retenant Mademoiselle de
» Coman seule, qui sembloit en devoir sortir plutôt que les
» autres ; mais le temps ne portoit pas de faire autrement ;
» et même le premier Président, qui assista au jugement,
» fut de cet avis, ayant égard et au repos de cet Etat et à la
» qualité des accusés, qui toutefois par cet arrêt ne demeure-
» rent déchargés, ce qui les fâcha fort ». La marge porte :
» Cet arrêt ordonne un plus amplement informé ; et cepen-
» dant qu'Etienne Sauvage, valet-de-chambre du sieur
» d'Entragues pere, et Jacques Gaudin, accusés et prison-
» niers en la Conciergerie, seront élargis. Il y eut arrêt dé-
» finitif, le 31 Juillet suivant, qui déclare la marquise de
» Verneuil, la Demoiselle du Tillet, Gaudin et Sauvage,
» purs et innocens de l'assassinat du Roi ; et condamne la
» Demoiselle d'Escoman à finir ses jours entre quatre mu-
» railles, tous ses biens acquis et confisqués, sans répara-
» tion pour la téméraire accusation : est encore ordonné
» que tous les procès, pour raison de ce, seront supprimés.
» Cette peine est douce, si la d'Escoman accusoit à faux » ;

y entroient, celle-ci lui avoit nommé la marquise de Verneuil même, M. N. et quelques autres ; ce

ibid. pag. 361. On travailloit à son jugement, dès le Samedi précédent 23, et les Juges se trouverent partis, neuf contre neuf : *pag.* 377.

Le Mercure François, *année* 1611, *pag.* 14 *et suiv.* porte sur l'affaire de la d'Escoman, un jugement de tout point contraire à celui de l'Etoile : et comme ce jugement est appuyé sur des preuves, on ne peut se dispenser de s'y rendre. Il y est donc prouvé que cette femme, décriée par sa vie libertine, enfermée à l'Hôtel-Dieu, et ensuite au Châtelet, qui rendit même une sentence de mort contr'elle, inventa cette calomnie pour s'ouvrir une entrée, et se faire un mérite auprès de la reine Marguerite ; qu'ayant accusé la marquise de Verneuil de lui avoir adressé Ravaillac, avec une lettre pour le faire parler à la du Tillet ; et celle-ci, d'avoir fait entrer ce meurtrier dans sa chambre, lorsqu'elles y étoient toutes deux ; elle fut convaincue sur ce fait seul, de plusieurs mensonges, entr'autres, de n'avoir jamais vu, et de ne pas même connoître Ravaillac : qu'elle n'en entendit en effet parler pour la premiere fois, que lorsqu'il fut conduit dans la Conciergerie où elle étoit aussi ; ce qu'il prouve par les propres paroles de cette femme ; que Gaudin, dans la confrontation, la couvrit de confusion ; enfin, qu'il n'y eut aucun de ceux auxquels elle fut confrontée, qui ne la convainquît clairement de fausseté, de fourbe et de calomnie.

L'auteur de l'Histoire de la mere et du fils, justifiant l'arrêt du Parlement, qui paroît si blâmable à l'Etoile : « Cette » auguste Compagnie, dit-il, l'eût fait mourir par le feu à » la vue de tout le monde, si la fausse accusation eût été » d'un autre genre ; mais où il s'agit de la vie des Rois, la » crainte qu'on a de fermer la porte aux avis qu'on peut » donner sur ce sujet, fait qu'on se dispense de la rigueur » des loix » : *tom.* 1, *pag.* 154. Voyez une piece qui vient d'être réimprimée dans le quatrieme tome des nouveaux Mémoires de l'Etoile, *pag.* 256, intitulée : *Interrogatoire et déclaration de Mademoiselle de Coman.* Il y est parlé de cette lettre à Mademoiselle de Gournai et au comte de Schomberg. « Elle sçut si bien pallier ses discours, et soutenir ses ac- » cusations d'une maniere si résolue, que l'on ne trouva

qui fit prendre le parti à cette Demoiselle, de faire passer cet avis jusqu'au Roi, en le faisant dire à la Reine, par celle de ses femmes-de-chambre qu'on appelloit Catherine. Mademoiselle de Gournai, en y faisant plus de réflexion, craignit que ce qu'elle faisoit ne suffît pas, et elle jetta les yeux sur M. de Schomberg, comme sur un homme qui pouvoit en entretenir directement sa Majesté. Schomberg, après m'avoir fait tout ce récit, me fit part de l'embarras où il se trouvoit, et me demanda mon conseil pour en sortir. La chose étoit trop de conséquence pour la mépriser et la tenir sous le silence ; d'un autre côté, la révéler à sa Majesté, c'étoit s'exposer à se faire autant d'ennemis implacables de tous ceux sur qui tomboit l'accusation, que ce Prince n'auroit pas manqué de nommer. Ma femme seule étoit présente à cette délibération.

Nous convînmes que Schomberg en parleroit au Roi, avec le plus de circonspection que faire se pourroit ; et que si sa Majesté demandoit à connoître les complices, il lui indiqueroit les deux femmes qui viennent d'être nommées, comme celles qui étoient le plus en état de l'en instruire. Ce que personne n'a ignoré de la suite de cette affaire, c'est que la femme, dont Mademoiselle de Gournai tenoit ce qu'elle dit à M. de Schomberg, a été

» pas assez de fondement pour la faire mourir ». *Mémoires de la rég. de Marie de Médicis*, tom. I., pag. 74.

interrogée, qu'elle a soutenu hautement sa déposition, et qu'elle est morte en y persistant. Voilà une anecdote qui ne sera pas oubliée de ceux qui cherchent à tirer des conséquences de l'affectation qu'on a remarquée à supprimer des pieces (*), par

(*) C'est un fait presqu'universellement connu, que cette suppression des pieces du procès de Ravaillac, par le parlement de Paris. A ce reproche qu'on fait à ses Juges, on joint celui de n'avoir point fait, ou du moins fort peu et de très-foibles informations, sur la mort de quelques personnes détenues pour ce sujet dans les prisons, qui a paru à plusieurs personnes n'être pas naturelle; d'avoir négligé d'ajourner et d'interroger beaucoup d'autres personnes, dont on pouvoit tirer de grandes lumieres; telles que la mere du parricide, qui sçavoit bien qu'il étoit parti d'Angoulême le jour de Pâques, sans avoir satisfait à son devoir paschal; plusieurs de ses parens, qu'il avoit nommés dans son interrogatoire; le curé de Saint-Severin, le P. de Sainte-Marie-Magdeleine des Feuillans, les Capucins d'Angoulême, qui lui avoient donné un cœur de coton, enfermé dans un reliquaire, avec du bois de la vraie Croix, du moins ils le lui faisoient accroire; et cela, disoient-ils, pour le guérir d'une fievre qu'il avoit; de n'avoir point entendu non plus le sieur Guilbaut, chanoine d'Angoulême, le P. Gilles Osieres, ancien gardien des Cordeliers de Paris, le Fevre, autre jeune Cordelier, plusieurs aumôniers du cardinal du Perron, que Ravaillac dit qu'il reconnoîtroit bien de visage, mais dont il ne sçavoit pas les noms; les nommés Beliard, Bréteau, Colletet, du Bois, de Limoges, &c. On s'est encore plaint que Ravaillac avoit été si peu soigneusement gardé dans sa prison, que pendant treize jours qu'elle dura, il ne se présenta presque personne pour le voir, auquel on ne le laissât parler. Une derniere plainte plus grave encore, si le fait étoit vrai, c'est qu'à la premiere tirade des chevaux, Ravaillac ayant demandé qu'on reçût sa déposition, il dicta un testament de mort, que le greffier Voisin écrivit si mal, que quoique cette piece existe encore aujourd'hui, dit-on, il n'y a point d'Ecrivains-Jurés, quelqu'habiles qu'ils soient, qui aient pu en déchiffrer un seul mot.

lesquelles le procès du détestable parricide se trouvoit instruit.

La cérémonie du couronnement de la Reine commença cependant à s'exécuter avec toute la magnificence qu'on attendoit de si grands préparatifs; elle devoit durer plusieurs jours, et être terminée par la principale de toutes, le Dimanche 16 Mai (*). Le Roi avoit la complaisance pour

Ce sont toutes ces considérations qui portent une infinité de personnes à juger que le Parlement n'en a ainsi usé, que par la crainte que la vérité ayant été découverte et rendue publique, il ne se mît lui-même dans la nécessité de poursuivre à toute rigueur, un trop grand nombre et de trop puissantes têtes. Ce seroit peine perdue, que de vouloir s'attacher à persuader le contraire à toutes ces personnes. Mais enfin, puisque par la suppression des pieces de ce procès, il ne reste plus aujourd'hui assez de lumieres pour pouvoir prononcer avec connoissance de cause sur un fait, lequel, même en son temps, n'a jamais pu être éclairci, on doit au moins convenir qu'il y a de la témérité dans tous les jugemens qu'on porte ainsi sur cette affaire, après un espace de cent trente années qui se sont écoulées depuis; et à Dieu ne plaise que je m'expose moi-même à encourir les reproches. Si, pour satisfaire aux loix prescrites à tout auteur de Mémoires, je me suis assujetti à joindre à mon texte, ici et à la fin de ce Livre, tout ce que j'ai pu ramasser dans les Historiens les plus dignes de foi sur ce fait particulier, ainsi que je l'ai pratiqué par rapport à tous les points historiques qu'on a vus dans cet ouvrage, ma justification, supposé pourtant qu'il en soit besoin dans une chose si simple, vient de ce que j'y expose le pour et le contre avec la même impartialité. Et pour répondre, d'un autre côté, à ceux qui pourroient se plaindre qu'après tous ces éclaircissemens, ils ne voient rien de décidé, ce n'est pas ma faute, s'il ne se présente sur toute cette matiere, que des conjectures, et même des conjectures qui souvent se détruisent l'une l'autre.

(*) La cérémonie du sacre, ou couronnement, se fit à

la Reine, d'assister à un spectacle qui lui perçoit le cœur ; mais aussi il comptoit qu'après cela rien ne le retiendroit plus ; et il avoit nommé pour le jour de son départ, le lendemain même de cette fête, Lundi 17 Mai. Pour moi, je n'aurois pas attendu jusqu'à ce jour pour partir, si dans le moment que je m'y préparois, une grande douleur que je sentis dans le cou et dans la gorge, causée par mon ancienne blessure, ne m'avoit obligé de me mettre entre les mains des médecins, qui jugerent à propos de me faire prendre le bain dans

___

Saint-Denis, le Jeudi 13 Mai, avec une magnificence et des apprêts dont on peut voir le détail dans le *Mercure François*, P. *Mathieu*, le vol. 9361 *des mss. r.* et les autres Historiens. Celle à laquelle on se préparoit pour le Dimanche suivant, étoit l'entrée de la Reine dans Paris, dont la pompe devoit encore surpasser celle du couronnement. « Henri IV disoit le Mardi : j'irai coucher à Saint-Denis Mercredi ; j'en reviendrai Jeudi ; je mettrai ordre à mes affaires Vendredi ; Samedi je courrai ; Dimanche se fera l'entrée de ma femme ; Lundi les noces de ma fille de Vendôme ; Mardi le festin, et le Mercredi à cheval ». *Math. ibid. pag.* 804. Cet historien, parlant de la cérémonie du couronnement, faite à Saint-Denis : « Henri IV s'étonna, dit-il, de ce que l'ambassadeur d'Espagne ne se découvroit point dans l'Eglise. Cigogne lui dit, que le feu roi d'Espagne ne faisoit que tirer son chapeau à l'élévation, et le remettoit incontinent, comme s'il eût salué un gentilhomme de cinq cent livres de rente. Et à cela le Roi dit : Si nous avions le ressentiment de la religion, tel que nous le devrions avoir, nous apporterions bien plus de révérence à ces mysteres, que nous ne faisons ; car il faut croire que depuis les paroles de la consécration prononcées, jusqu'à la communion, Jesus-Christ est toujours présent sur l'autel ».

ma chambre, trois matins de suite. Je ne portois aucune envie à tous ceux qui ayant pu demeurer pendant ce temps-là à Paris, couroient avec empressement voir la cérémonie qui s'y préparoit ; l'intérêt si vif que Henri avoit paru y prendre, me l'avoit rendue presqu'aussi odieuse qu'à lui-même. M. le comte de Soissons trouva qu'on y avoit manqué au cérémonial à son égard, et il prit ce prétexte pour se retirer de la cour mécontent (*).

La cérémonie ayant été suspendue, le Vendredi 14 Mai, jour bien malheureux! cet infortuné Prince avoit destiné d'en passer une partie à conférer avec moi : c'étoit la derniere fois qu'il pouvoit le faire avant son départ. Je sçais ce qu'il avoit à me dire. On avoit depuis peu fait courir malicieusement le bruit, que dans le temps qu'il paroissoit ainsi prêt à fondre sur la maison d'Autriche, avec l'appareil le plus formidable, il étoit, sous main, d'accord avec elle, non-seulement de ne pas passer

―――

(*) « On parloit diversement de cette retraite. Une chose
» est bien certaine, que sa Majesté, après lui avoir accordé
» tout plein de choses contre son gré, lui manda que ce qu'il
» lui avoit promis, il le tiendroit; mais qu'il s'assurât aussi
» de n'avoir plus de part en ses bonnes graces ; et que
» l'ayant contraint de lui accorder ce qu'il ne vouloit point,
» il ne le verroit jamais de bon cœur. Laquelle parole étant
» portée au Comte, il monta aussi-tôt à cheval, et avec
» Madame la Princesse sa femme, se retira dans une de ses
» maisons ». *Mém. pour servir à l'hist. de France*, année 1610.

plus avant, mais encore de trahir pour elle ses alliés, moyennant qu'elle consentît qu'il gardât pour lui-même Cleves et toute la succession qui avoit été le sujet de son armement. On y joignoit une seconde condition; c'étoit que l'Espagne lui remît entre les mains le prince et la princesse de Condé(*). Henri vouloit me rassurer contre un bruit si injurieux à sa réputation. On lui avoit encore fait entendre, que je n'avois tant fait de difficultés de prendre la charge des vivres, que parce que je m'étois toujours flatté qu'il se porteroit de lui-même, et sans que je l'en priasse, à ériger en ma faveur la charge de maréchal général de ses camps et armées, en grand office de la couronne, et à me revêtir de

(*) « Le Nonce se trouvant à la fin fort pressé de sa Majesté (qui lui demandoit ce qu'on pensoit à Rome et en Italie, de la guerre qu'il entreprenoit) il répondit, que les plus avisés avoient opinion que le principal sujet de ses armes, étoit Madame la princesse de Condé, qu'il vouloit ravoir. Lors le Roi, tout ému, en colere, et jurant : Non, ventre-saint-gris, mais un M...... Je la veux ravoir voirement, et je la raurai; personne ne m'en peut empêcher, non; pas même le lieutenant de Dieu en terre ». *Mém. pour servir à l'hist. de France, année* 1610. Ces paroles n'empêchent pas qu'on ne doive regarder comme une calomnie, ce bruit que quelques écrivains ont cru trop légérement, que le principal objet de Henri IV, en commençant une guerre si importante, étoit de se faire rendre par l'Espagne, le prince, ou plutôt la princesse de Condé; c'est ce qui n'a pas, ce me semble, besoin de preuve. C'est une seconde accusation, plus injuste et plus calomnieuse encore, que de dire que ce Prince étoit d'accord avec l'Espagne, de ne pas pousser plus loin son dessein, moyennant la cession qu'elle lui feroit des Etats en litige.

cette dignité. Il est absolument faux que j'aie jamais eu cette pensée. Les bontés et la confiance de ce grand Roi, plus marquées encore dans les derniers jours de sa vie, qu'elles ne l'avoient jamais été, me donnent la hardiesse d'avancer, que si cela eût été, il n'auroit pas voulu me mécontenter par le refus d'une faveur qui, quelque grande qu'elle fût, n'étoit pas la plus considérable de celles que de lui-même il m'avoit offertes. J'ose encore assurer qu'il m'en jugeoit capable. Ce qui est demeuré incertain pour moi, c'est de sçavoir s'il a eu réellement, sans m'en rien faire connoître, cette bonne volonté pour moi, et s'il n'en a point été détourné uniquement par l'adroite insinuation qu'on veut que mes ennemis lui aient faite, que ma résolution étoit prise de quitter tout-à-fait le soin des finances pour celui de la guerre, si-tôt que je me verrois élevé à cette éminente dignité.

C'étoit donc, comme je le présume, pour me faire de nouvelles instances au sujet des vivres, que Henri envoya le Vendredi, dès le matin, la Varenne, me dire que je le vinsse trouver aux Tuileries, où il avoit envie de se promener seul avec moi. La Varenne me trouva dans le bain; et voyant que je voulois en sortir pour faire ce que sa Majesté m'ordonnoit, il m'en empêcha, en me disant qu'il sçavoit, à n'en pouvoir douter,

que le Roi seroit venu lui-même à l'Arsenal, pour peu qu'il eût eu connoissance de l'état où j'étois, et qu'il me sçauroit fort mauvais gré d'avoir ainsi exposé ma santé, sans aucune nécessité. « Atten-
» dez, me dit-il, que j'aie eu le temps de lui
» parler, et de vous rapporter ce qu'il m'aura dit:
» je ne ferai qu'aller et venir ». Il ne mit effectivement qu'une demi-heure à son voyage; et voici ce qu'il me dit de la part de sa Majesté : « Mon-
» sieur, le Roi vous mande que vous acheviez de
» vous baigner, et vous défend de sortir d'au-
» jourd'hui, parce que M. du Laurens lui a assuré
» que cela préjudicieroit à votre santé; qu'il a un
» petit voyage à faire dans la ville, dont il vous
» parlera, mais que demain (*) sur les cinq heures
» du matin, il sera sans faute à l'Arsenal, pour
» résoudre toutes les affaires avec vous : car il
» veut partir Lundi, à quelque prix que ce soit,
» qu'il a trouvé que ce que vous lui avez dit au
» sujet de son passage et de tout le reste de son
» dessein est vrai, et qu'enfin rien ne peut l'en
» détourner, que le *défaut de votre personne, ou*
» *de la sienne* (ce sont les termes dont il se servit.)
» Il vous ordonne donc, continua la Varenne, de
» l'attendre demain, en robe de chambre et en

(*) Henri IV n'avoit en effet intention d'aller à l'Arsenal que le lendemain matin, il changea malheureusement d'avis l'après midi.

» bonnet de nuit, afin que vous ne vous trouviez
» pas incommodé de votre dernier bain : il m'a
» même dit que s'il vous trouve habillé, il se
» fâchera ». A quoi la Varenne ajouta encore de
sa part, qu'il avoit suivi mon avis, en faisant partir
la lettre écrite à l'Archiduc ; quoiqu'il ne vît dans
cette démarche, qu'une formalité assez inutile,
étant bien résolu, disoit ce Prince, de s'en faire
croire, d'une façon ou d'une autre. Mes domestiques m'ont dit qu'ils m'avoient tous remarqué,
après que la Varenne fut sorti de chez moi, un
fond de tristesse, dont ils ne comprirent point la
cause, comme en effet elle n'en avoit aucune.

Je venois d'entrer dans ma garde-robe, sur les quatre heures après midi, lorsque j'entendis Castenet,
et après lui mon épouse, jetter un grand cri, et dans
le même moment demander où j'étois, et toute
ma maison retentir de cette douloureuse exclamation : « Ah, mon Dieu ! tout est perdu : la France
» est détruite ». Je sortis précipitamment deshabillé comme j'étois. « Ah ! Monsieur, me cria-t-on
» de toutes parts, le Roi vient d'être dangereu-
» sement blessé d'un coup de couteau dans le côté ».
Il me fut impossible d'en douter : car je vis dans
le moment même arriver Saint-Michel (*), qui

(*) Saint-Michel étoit l'un des gentilshommes ordinaires
de sa Majesté qui avoit suivi ce Prince. Il avoit déjà mis

avoit

avoit presque été témoin du coup, et qui m'apportoit encore tout sanglant, le couteau qu'il s'étoit fait donner. « Ah ! m'écriai-je en levant les yeux
» et les mains au ciel, dans une confusion de sen-
» timens inexprimable ; voilà ce que ce pauvre
» Prince avoit toujours appréhendé : ô mon Dieu !
» ayez compassion de lui, de nous et de l'Etat;
» c'en est fait, s'il est mort : Dieu n'a permis un
» si cruel accident, que pour déployer toute sa
» colère contre la France. Qu'elle va tomber en
» d'étranges mains (*) »!

l'épée à la main pour tuer l'assassin, lorsque le duc d'Épernon lui cria, et aux valets-de-pied qui avoient la même pensée, qu'il y alloit de leur vie : qu'on s'assurât de sa personne ; mais qu'on se gardât bien de rien faire davantage. « Le Duc se ressouvenoit, dit l'historien de sa vie, du dé-
» plaisir qu'il avoit ressenti, et du blâme qu'on avoit donné
» avec raison, à ceux qui tuerent Jacques Clément », &c. pag. 238. P. Mathieu ajoute que Saint-Michel se contenta d'arracher le couteau des mains de Ravaillac : que le comte de Curson lui donna du pommeau de son épée à la gorge ; et que la Pierre, exempt des gardes, se saisit de lui et le mit entre les mains des valets-de-pied, qui le remirent à Montigny.

(*) Il semble que sur un fait aussi public et aussi récent, que l'est l'assassinat de Henri IV, les histoires et mémoires du temps devroient montrer une parfaite conformité. Cependant une partie des écrivains contemporains ne conviennent entr'eux, ni sur le nombre des personnes qui étoient dans le carrosse de ce Prince, lorsqu'il fut frappé, ni sur le nombre et la quantité des coups qu'il reçut, ni sur plusieurs autres circonstances moins essentielles. Je trouve que pour faire ce récit d'une maniere également fidele et complette, il faut rapprocher et joindre ensemble MM. de Péréfixe, Mathieu, de l'Etoile, le continuateur de M. de Thou, et le Mercure François, *année* 1610.

Tome V. G

« La nuit de cette triste journée, le Roi ne put jamais pren-
» dre aucun repos, et fut en continuelle inquiétude. Le
» matin, s'étant levé, dit qu'il n'avoit pas dormi, et qu'il
» étoit tout mal-fait; sur quoi M. de Vendôme supplia sa
» Majesté de se vouloir bien garder, même ce jour, auquel
» on disoit qu'il ne devoit pas sortir, parce qu'il lui étoit
» fatal. Je vois bien, lui répondit le Roi, que vous avez
» consulté l'almanach, et oui parler de ce fou de la Brosse,
» de mon cousin le comte de Soissons : c'est un vieux fou;
» et vous êtes encore bien jeune et guères sage; et sur ce,
» le duc de Vendôme fut avertir la Reine, qui pria le Roi
» de ne pas sortir du Louvre, le reste du jour : à quoi il
» fit la même réponse ». *P. de l'Etoile.*

« Sa Majesté alla ensuite ouir la Messe aux Feuillans, où
» ce misérable le suivit, en intention de le tuer, et a con-
» fessé depuis, que sans la survenue de M. de Vendôme,
» qui l'empêcha, il eût fait son coup là-dedans ». *Ibid.*

« Fut remarqué que le Roi avoit beaucoup plus de dé-
» votion que de coutume, et plus longuement se recom-
» manda à Dieu ce jour même. La nuit qu'on pensoit qu'il
» dormoit, il se mit sur son lit à prier Dieu à deux genoux,
» et dès qu'il fut levé, s'étant retiré pour cet effet en son
» cabinet, pour ce qu'on voyoit qu'il y demeuroit plus
» long-temps qu'il n'avoit accoutumé, fut interrompu ; de
» quoi il se fâcha, et dit : ces gens-ci empêcheront-ils toujours
» mon bien » ? *Ibid.*

« Après le dîner, le Roi s'est mis sur son lit pour dormir ;
» mais ne pouvant recevoir de sommeil, il s'est levé triste,
» inquiet et rêveur, et a promené dans sa chambre quelque
» temps, et s'est jetté de rechef sur son lit ; mais ne pou-
» vant dormir encore, il s'est levé, et a demandé à l'exempt
» des gardes, quelle heure il est. L'exempt lui a répondu
» qu'il étoit quatre heures, et a dit : Sire, je vois votre
» Majesté triste et toute pensive, il vaudroit mieux prendre
» un peu l'air, cela la réjouiroit. C'est bien dit : eh bien,
» faites apprêter mon carrosse, j'irai à l'Arsenal voir le duc
» de Sully qui est indisposé, et qui se baigne aujourd'hui ».
Ibid.

Mathieu rapportant ses discours avant et après son dîner :
« Il ne se pouvoit, dit-il, tenir en place, et beaucoup moins
» couvrir ses irrésolutions ; en la diverse agitation desquelles,
» il dit à la Reine, qu'il ne sçavoit que faire : qu'il étoit en

» peine d'aller en l'Arsenal, parce qu'il se mettroit en colere.
» La Reine lui dit sur cela, Monsieur, n'y allez point,
» envoyez-y; vous êtes en bonne humeur, et vous irez vous
» fâcher.... Il vint à la fenêtre, et portant la main sur
» son front, dit ces paroles : mon Dieu ! j'ai quelque chose
» là-dedans qui me trouble fort..... Je ne sçais ce que
» j'ai, je ne puis sortir d'ici..... Ravaillac entendant qu'il
» demandoit si son carrosse étoit en bas, dit entre ses dents:
» *je te tiens, tu es perdu* ». P. *Mathieu.*

« Etant prêt d'y monter, arriva M. de Vitry, qui lui
» demanda s'il plaisoit à sa Majesté qu'il l'accompagnât. Non,
» lui répondit le Roi : allez seulement où je vous ai com-
» mandé, et m'en rapportez réponse. Pour le moins, Sire,
» repliqua Vitry, que je vous laisse mes gardes. Non, dit le
» Roi : je ne veux ni de vous, ni de vos gardes; je ne veux
» personne autour de moi. Entrant dans le carrosse, et pen-
» sant, comme il est à présupposer, aux mauvaises prophé-
» ties de ce jour, qu'on lui avoit voulu mettre en la tête,
» demanda à l'un des siens, le quantieme du mois il étoit ;
» c'est le 13; Sire, non, dit un autre, c'est le 14. Il est vrai,
» dit le Roi, tu sçais mieux ton almanach que ne fait pas
» l'autre ; et se prenant à rire, entre le 13 et le 14, dit-il : et
» sur ces mots, fait aller le carrosse ». *L'Etoile.*

« Il dit au cocher : mettez-moi hors de céans. Quand il fut
» devant l'hôtel de Longueville, il renvoya tous ceux qui
» le suivoient. On lui demanda encore une fois, où iroit le
» carrosse. Il dit : à la croix du Tiroir ; et quand il y fut,
» il dit : au cimetiere S. Innocent..... Ravaillac demeura
» longuement au Louvre, assis sur les pierres de la porte,
» où les laquais attendent leurs maîtres. Il pensoit faire son
» coup entre les deux portes; le lieu où il étoit lui donnoit
» quelque avantage ; mais il trouva que le duc d'Epernon étoit
» en la place où il jugeoit que le Roi se devoit mettre ».
Mathieu.

Ce Prince étoit dans le fond du carrosse, dont il voulut,
pour son malheur, qu'on levât tous les mantelets, parce
qu'il faisoit beau temps, et qu'il prenoit plaisir à voir, en
passant, les préparatifs qu'on faisoit par toute la ville pour
l'entrée de la Reine. Il avoit à côté de lui à sa droite, le
duc d'Epernon ; les maréchaux de Lavardin et de Roquelaure
étoient à la portiere droite ; le duc de Montbazon et le
marquis de la Force, proche de lui, à la portiere gauche ;

et sur le devant, le marquis de Mirebeau et du Plessis-Liancourt, son premier écuyer. Vitry, capitaine de ses gardes, étoit allé par son ordre au palais, pour hâter les préparatifs de l'entrée de la Reine, et il avoit fait demeurer ses gardes au Louvre, de maniere qu'il n'étoit suivi que d'un petit nombre de gentilshommes à cheval, et de ses valets-de-pied. *Péréfixe, Mathieu, l'Etoile, N. Rigaud. Ibid.*

Le carrosse entrant de la rue Saint-Honoré dans celle de la Ferronnerie, qui étoit alors fort étroite, et encore rétrécie par les boutiques adossées au mur du cimetiere des Innocens; un embarras, formé par la rencontre d'une charette chargée de vin, qui se présenta à droite, et d'une autre chargée de foin, qui venoit à gauche, l'obligea de s'arrêter dans le coin de cette rue, vis-à-vis l'étude d'un notaire nommé Poutrain. Les valets-de-pied entrerent dans les charniers, pour rejoindre plus facilement le carrosse au bout de la rue; il n'en resta que deux à la suite du carrosse, dont l'un s'avança pour dissiper l'embarras, et l'autre prit ce moment pour renouer sa jarretiere. *Ibid.*

Ravaillac, qui avoit suivi le carrosse depuis le Louvre, voyant qu'il étoit arrêté, et qu'il n'y avoit personne à l'entour, s'avança du côté où il avoit remarqué qu'étoit le Roi, le manteau pendant sur l'épaule gauche, et lui servant à cacher le couteau qu'il tenoit dans sa main. Il se glissa entre les boutiques et le carrosse, ainsi que faisoient ceux qui cherchoient à passer, et s'appuyant d'un pied sur un des rais de la roue, de l'autre sur une borne, il tira un couteau tranchant des deux côtés, et en porta un coup au Roi, un peu au-dessus du cœur, entre la troisieme et la quatrieme côte, dans le temps que ce Prince étoit tourné vers le duc d'Epernon, lisant une lettre; ou, selon d'autres, penché vers le maréchal de Lavardin, auquel il parloit à l'oreille. Se sentant frappé, Henri s'écria: *Je suis blessé*; mais dans l'instant même, l'assassin, qui s'étoit apperçu que la pointe du couteau avoit été repoussée par l'os de la côte, redoubla d'une si grande vîtesse, qu'aucun de ceux qui étoient dans le carrosse, n'eut le temps de s'y opposer, ni même de l'appercevoir. Henri en haussant le bras, ne donna que plus de prise à ce second coup, qui porta droit dans le cœur, selon Péréfixe et l'Etoile, et selon Rigault et le Mercure François, proche l'oreille du cœur, dans la veine-cave, qui en fut coupée; ce qui faisant jetter à ce malheureux Prince, le sang à gros bouillons, par la bouche et par l'ouverture de sa blessure, lui ôta la vie, sans qu'il pût faire autre chose, que pousser un grand soupir ; ou, comme le dit Mathieu, proférer d'une voix éteinte, ce peu de mots : *Ce n'est rien*. Le meurtrier passa jusqu'à frapper un troisieme coup, que le duc d'Epernon reçut dans sa manche. *Ibid.*

L'opinion de l'auteur du Mercure François, est que Henri IV expira du premier coup : « Le premier coup, » dit-il, porta entre la cinquieme et sixieme côte, perça » la veine intérieure, vers l'oreille du cœur, et parvint jus- » qu'à la veine-cave, qui se trouvant percée, fit à l'instant » perdre la parole et la vie à ce grand Monarque ; quant au » second, il ne pénétra pas avant, et n'effleura guères que » la peau ». *Mercure François.*

L'écrivain qui nous a donné la vie du duc d'Epernon, pense d'une façon bien plus singuliere. Il avance sans aucune preuve, que le duc d'Epernon qui vit porter le second coup, avança le bras pour le parer, et même qu'il le reçut en partie dans la manche de son habit, qui en fut percée. Il a sans doute voulu faire honneur à son héros par ce trait ; mais je ne sçais s'il y pensoit bien, lorsqu'il ajoute tout de suite, que l'assassin, après ce second coup, eut le temps d'en porter un troisieme, mortel comme le second, et que le Roi reçut à plein. Comment, si le duc d'Epernon apperçut assez le premier de ces deux coups, pour le détourner en partie, lui et les autres ne purent-ils pas empêcher le coup suivant ? Cet historien est donc dans le cas d'avoir beaucoup trop prouvé ; et si n'est-ce qu'heureusement pour lui, il est très-facile de le convaincre d'erreur, son rapport même pourroit devenir une accusation contre le duc d'Epernon. *Vie du duc d'Epernon*, 2 part. pag. 238.

« Chose surprenante ! Nul des Seigneurs qui étoient dans » le carrosse, n'a vu frapper le Roi, et si ce monstre d'enfer » eût jetté son couteau, on n'eût sçu à qui s'en prendre ; » mais il s'est tenu là comme pour se faire voir, et pour se » glorifier du plus grand des assassinats ». Péréfixe dit la même chose, et ce sentiment est plus conforme au caractere dont on nous représente Ravaillac, que ce que dit le continuateur de M. de Thou, que ce fut l'agitation et le trouble de son esprit qui l'empêcherent de s'enfuir, de se cacher, ou de laisser tomber le poignard. « Il confessa, dit au con-

« traire Mathieu, qu'il donna dans le corps du Roi comme
» dans une botte de foin ». *L'Etoile. Ibid.*

« Les six Seigneurs qui étoient dans le carrosse, en des-
» cendirent incontinent ; les uns s'empressant à se saisir du
» parricide, et les autres autour du Roi ; mais un d'entr'eux
» voyant qu'il ne parloit point, et que le sang lui sortoit par
» la bouche, s'écria : *le Roi est mort*. A cette parole il se
» fit un grand tumulte, et le peuple qui étoit dans les rues,
» se jettoit dans les boutiques les plus proches, les uns sur
» les autres, avec pareille frayeur que si la ville eût été prise
» d'ennemis. Un des Seigneurs (le duc d'Epernon), sou-
» dain s'avisa de dire que le Roi n'étoit que blessé, et qu'il
» lui avoit pris une foiblesse. On demande du vin, et tan-
» dis que quelques habitans se diligentent d'en aller querir,
» on abat les portieres du carrosse, et on dit au peuple que
» le Roi n'étoit que blessé, et qu'ils le remenoient vîtement
» au Louvre pour le faire panser ». *Mercure François. Ibid.*

« Je courus lors comme un insensé, et pris le premier
» cheval que je trouvai, et m'en vins à toute bride au Lou-
» vre. Je rencontrai devant l'hôtel de Longueville, M. de
» Belancourt qui revenoit du Louvre, et me dit : *il est
» mort.* Je courus jusqu'aux barrieres, que les Gardes-Fran-
» çoises avoient occupées, et celles Suisses, les piques bais-
» sées, et passâmes, M. le Grand et moi, sous les barrieres,
» et puis courûmes au cabinet du Roi, où nous le vîmes
» étendu sur son lit, et M. de Vic, conseiller d'Etat, assis
» sur le même lit, qui lui avoit mis sa croix de l'Ordre sur
» la bouche, et lui faisoit souvenir de Dieu. Milon, son
» premier Médecin, étoit à la ruelle, pleurant, et des Chi-
» rurgiens qui vouloient le panser ; mais il étoit déjà passé,
» bien vîmes-nous une chose, qu'il fit un soupir, ce qui en
» effet n'étoit qu'un vent qui sortoit. Alors le premier Mé-
» decin cria : *ah ! c'en est fait, il est passé.* M. le Grand,
» en arrivant, se mit à genoux à la ruelle du lit, et lui te-
» noit une main qu'il baisoit, et moi, je m'étois jetté à ses
» pieds, que je tenois embrassés, pleurant amèrement. M. de
» Guise arriva lors aussi, qui le vint embrasser ». *Mém. de
Bassompierre, tom. I, pag.* 297.

« La Reine reçut dans son cabinet cette triste nouvelle,
» et toute émue, en sortit incontinent pour aller voir celui
» qu'elle honoroit le plus en ce monde, privé de vie. Mais

» M. le Chancelier, qui étoit lors au Conseil, où pareil
» avis étoit venu, étant monté vers elle, la rencontra à la
» sortie, et l'arrêta. Elle, dès qu'elle le vit, lui dit : *hélas!*
» *le Roi est mort*. Lui, sans faire semblant d'aucune émo-
» tion, lui répartit : *Votre Majesté m'excusera, les Rois*
» *ne meurent point en France.* Puis l'ayant priée de ren-
» trer dans son cabinet, il lui dit : il faut regarder que nos
» pleurs ne rendent nos affaires déplorables ; il les faut ré-
» server à un autre temps. Il y en a qui pleurent, et pour
» vous et pour eux ; c'est à votre Majesté de travailler pour
» eux et pour vous ; nous avons besoin de remedes, et non
» de larmes ». *Mercure François. Ibid.*

« A cinq heures du soir, il n'y avoit qu'au Louvre qu'on
» sçût certainement la mort du Roi, dans le quartier même
» de la Ferronnerie, où il avoit été tué, on croyoit qu'il
» avoit été blessé seulement. Ce bruit parvint aux Augustins
» avant la fin de l'audience ; le bruit, le murmure qui aug-
» mentoient chaque instant, par les gens qui se rendoient
» dans la cour, qui est devant la salle de la grand'chambre,
» parvint bientôt jusqu'aux oreilles de M. de Blancmesnil,
» deuxieme Président de la grand'chambre, et actuellement
» tenant l'audience en icelle. A ce bruit il se leva, comme pour
» recueillir les avis sur la cause qui se plaidoit ; mais au lieu
» de parler de la cause, il remontre à la chambre l'impor-
» tance de ce bruit, qui ne pouvoit être, sans qu'il fût arrivé
» quelque funeste accident, les dispose à lever le siege et rom-
» pre l'audience ; ce qui fut exécuté...... On envoya querir
» sur le champ MM. les gens du Roi. Dès qu'ils furent arri-
» vés, ils furent députés pour aller au Louvre, pour appren-
» dre l'état des affaires et la volonté du Roi...... D'un autre
» côté, les Princes, Ducs et grands Seigneurs qui étoient à
» Paris, s'étoient rendus en hâte au Louvre pour servir le
» Roi. Le sieur de Vitry eut ordre d'assembler tous les enfans
» du Roi en une chambre, et sur-tout le Roi à présent
» régnant, et que personne n'eût à approcher d'eux. Les
» ducs de Guise et d'Epernon furent chargés de faire monter
» à cheval le plus de noblesse qu'il se pourroit, et aller par
» toute la ville dire que le Roi n'étoit point mort, mais
» seulement blessé. Le Jay, lieutenant-civil, et Sanguin,
» prévôt des marchands, eurent ordre de faire fermer les
» portes de la ville, de s'emparer des clefs, de prendre tous
» leurs officiers, d'empêcher toutes émotions et attroupe-

» mens... Les gardes qui étoient dans les fauxbourgs, eurent
» ordre de se venir placer sur le Pont-Neuf, dans la rue
» Dauphine et aux environs des Augustins, afin d'investir
» le Parlement, et le contraindre, s'il falloit, de déclarer
» la Reine régente..... Les gens du Roi revenus du Louvre,
» trouverent aux Augustins M. le premier Président, qui
» s'y étoit fait porter en une chaise ; auquel, et aux chambres
» assemblées, ayant confirmé la mort de sa Majesté, ils com-
» mencerent à délibérer sur la requisition faite par les gens
» du Roi. Lors sont entrés dans la grand'chambre, M. de Guise
» et M. d'Epernon, envoyés par la Reine, pour voir ce qui
» se passeroit, &c. ». *L'Etoile, Pérefixe. Ibid.*

« Vers les neuf heures du soir du même jour, un grand
» nombre de Seigneurs alloient par la ville, et disoient en
» passant : voici le Roi qui vient ; il se porte bien, Dieu
» merci. Comme il étoit nuit, le peuple croyant que le Roi
» étoit en cette compagnie, se mit à crier à force : *vive le*
» *Roi*. Ce cri s'étant communiqué d'un quartier à l'autre,
» toute la ville retentit de *vive le Roi*. Il n'y avoit que les
» quartiers du Louvre et des Augustins où l'on sçût la vé-
» rité ». *Ibid.*

« Le soir on pansa le corps du Roi, et lava avec la même
» cérémonie, que s'il eût été en vie. M. du Maine lui donna
» sa chemise, M. le Grand servit, et l'on me commanda
» de servir, et représenter la place de M. de Bouillon ».
Mém. de Bassompierre. Ibid.

« Le Samedi 15 du mois de Mai, le corps du Roi fut ouvert
» en présence de vingt-six médecins ou chirurgiens, qui lui
» trouverent toutes les parties si bien conditionnées, qu'il
» auroit pu vivre encore trente ans, selon le cours de la
» nature..... Son cœur étoit petit, mais gros et serré, et
» merveilleusement sain ». *L'Etoile. Ibid.*

« C'étoit le plus épais estomac, au rapport des médecins
» et chirurgiens, que l'on ait vu. Il avoit le poumon gauche
» un peu attaché aux côtes ». *Bassompierre. Ibid.*

« Ses entrailles furent envoyées dès l'heure même à Saint-
» Denis, sans aucune cérémonie. Les PP. Jésuites demanderent
» le cœur, et le porterent à leur église de la Fleche. Le corps
» embaumé dans un cercueil, couvert d'une bierre de bois,
» avec un drap d'or par-dessus, fut mis dans la chambre du
» Roi, sous un dais, avec deux autels aux deux côtés, sur
» lesquels on dit la Messe dix-huit jours durant, puis il

» fut conduit à Saint-Denis », &c. *Péréfixe. Ibid.*

Voyez dans les mêmes historiens, plusieurs autres détails intéressans, tant sur ce qui se passa dans le Parlement, et en différens endroits de Paris, que sur les cérémonies funebres observées en cette occasion. Consultez aussi sur ce dernier article les mss. r. *vol.* 9261.

Les mémoires du temps nous présentent ici une infinité de remarques et d'anecdotes curieuses sur l'assassinat de Henri IV, que nous ne pouvons nous dispenser d'ajouter au texte de nos Mémoires. Leur nombre seul et leur diversité m'embarrassent : car pour ce qui est des personnes auxquelles elles ont rapport, qui sont les Jésuites, le duc d'Epernon et plusieurs des principaux Seigneurs du royaume, la marquise de Verneuil et le parti qu'on suppose qu'elle conduisoit, les officiers de la maison de la Reine, &c. bien loin que tout cela puisse faire tort à leur mémoire, on conviendra sans peine que leur intérêt demande qu'on ne supprime ni ne déguise aucun de ces traits : puisque toute l'application et la malignité de leurs ennemis n'ayant pu venir à bout d'en vérifier clairement un seul, il en résulte que ce sont autant de calomnies inventées par des gens oisifs et méchans.

Une seule remarque générale et applicable à tous, suffit pour en convaincre, c'est que Ravaillac n'a jamais accusé ni même donné lieu de soupçonner aucune de ces personnes : qu'il a toujours soutenu au contraire, que personne n'a eu connoissance de son dessein, et qu'il ne l'avoit formé, que parce qu'il avoit entendu dire que le Roi vouloit faire la guerre au Pape. C'est sur quoi il ne varia jamais. Il parla à la question, comme il avoit fait sur la sellette. Les plus violentes douleurs ne le firent point changer de langage. Il protesta, il le répéta sur l'échafaud, qu'il n'avoit eu ni confident, ni complice. « Il se retourna (Ravaillac prêt à expirer)
» vers son confesseur, et le pria de lui donner l'absolution,
» parce qu'il n'en pouvoit plus : ce que le confesseur lui
» ayant refusé, disant que cela leur étoit défendu pour le
» crime de leze-majesté au premier chef, tel qu'étoit le sien,
» s'il ne vouloit révéler ses complices ; donnez-la moi, dit
» Ravaillac, à condition qu'au cas que ce que je vous ai
» protesté n'avoir de complices, soit vrai : je le veux, ré-
» pondit le confesseur, à cette condition voirement, et
» qu'au cas qu'il ne soit ainsi, votre ame au sortir de cette
» vie s'en va droit à tous les diables ; je l'accepte et la reçois,

» dit Ravaillac, à cette condition, et ce fut la derniere pa-
» role qu'il dit à MM. de Fillesac et Gamache, tous deux
» hommes de bien, et des plus suffisans de la Sorbonne ».
Paroles très-remarquables, venant de celui de tous ces écrivains, qui s'est montré le plus libre et le plus envenimé. *Mém. pour servir à l'Histoire de France, pag.* 323.

Je commence après cette remarque décisive, par ce qui regarde les Jésuites, ceux de tous qui ont été le moins ménagés, et que notre auteur va attaquer les premiers, au commencement du livre suivant, quoiqu'il ne les nomme pas : et je crois être encore obligé de rapporter avant tout, un aveu singulier dans un homme, grand critique, qui fait profession de ne pas craindre la société, et de n'épargner personne : « J'ai eu la curiosité, dit-il, de lire ce que les
» Jésuites ont répondu aux accusations de leurs ennemis ; ce
» qu'on leur a répliqué ; ce qu'ils ont répliqué eux-mêmes,
» et il m'a paru qu'en plusieurs choses, leurs accusateurs
» demeuroient en reste. Cela me fait croire qu'on leur impute beaucoup de choses, dont on n'a aucunes preuves,
» mais que l'on croit facilement à l'instigation des préjugés.
» On ne trouve en effet rien de solide ni de prouvé dans la
» déclamation de Morizot et d'une infinité d'autres écrivains
» anonymes ». *Bayle, lettres choisies, tom.* 1, *lettre* 230.

Entrons dans le détail, par la discussion des paroles attribuées à un Jésuite, parlant à Ravaillac : *Mon ami, n'accusez pas les gens de bien.* « Le P. Cotton même y alla, qui lui
» dit qu'il regardât bien *d'accuser des innocens ;* parole qui
» ne tomba pas à terre : puis il eût bien voulu persuader,
» s'il eût pu, qu'il eût été huguenot ; lui disant que jamais
» on ne lui persuaderoit qu'il pût tomber en l'esprit d'un
» catholique Romain, de perpétuer un si mauvais acte ; mais
» celui-ci se moqua dudit P. Cotton, bien que Jésuite, comme
» des autres, lesquels il renvoyoit plaisamment : vous seriez
» bien étonnés, disoit-il à qui lui demandoit des nouvelles,
» si je disois que ce fût vous qui me l'auriez fait faire : il ne
» le dit pas au P. Cotton ; car en lui, tout méchant qu'il
» étoit, restoit encore quelque scrupule de conscience, pour
» ne point scandaliser les freres de la société ». *Journal du regne de Henri IV, année* 1610.

Pierre Mathieu, dans l'histoire particuliere qu'il a composée de la mort de Henri IV, *art.* 4, *pag.* 116, dit : « que
» la Reine jugeant que si ce misérable Ravaillac pouvoit être

» conduit au repentir de son crime, il diroit plus librement
» ce qui l'auroit induit à le commettre, trouva bon qu'il
» fût visité par des docteurs et religieux, qui missent son
» ame en telle disposition, qu'elle appréhendât plus les tour-
» mens éternels que les temporels ». Le P. Cotton pouvoit
être du nombre de ces religieux; mais l'auteur ne le nomme
pas en particulier, et ne fait nulle mention des paroles qu'on
lui attribue; il ne dit pas que ce Pere, en abordant Ravaillac,
l'ait appelé *mon ami*. Le P. d'Orléans d'ailleurs ne dit pas
un seul mot de ce fait, dans la vie du P. Cotton, où il
étoit naturel d'en parler; et où il est entré dans un aussi
grand détail, par rapport à ce Pere, que Mathieu a traité
toutes les circonstances de la mort de Henri IV.

« On remarqua deux choses, dit Mézerai, dont le lecteur
» tirera telle conséquence qu'il lui plaira : l'une, que lors-
» qu'on l'eut pris (Ravaillac), on vit venir sept ou huit
» hommes, l'épée à la main, qui disoient tout haut qu'il
» falloit le tuer; mais ils se cacherent aussi-tôt dans la fou-
» le; l'autre, qu'on ne le mit pas d'abord en prison, mais
» entre les mains de Montigny, et qu'on le garda deux jours
» dans l'hôtel de Retz, avec si peu de soin, que toutes sor-
» tes de gens lui parloient; entr'autres, un Religieux qui
» avoit de grandes obligations au Roi, l'ayant abordé, et
» l'appellant, *mon ami*, lui dit qu'il se donnât de garde d'ac-
» cuser les gens de bien ». Mézerai a pris apparemment la
premiere de ces remarques de P. Mathieu, qui dit que ce
fut le baron de Courtaumer, qui mettant l'épée à la main
contre ce gros de dix ou douze hommes, les obligea de se
perdre dans la presse. Mais je ne vois pas quelle conséquence
il y a à tirer du premier des deux faits, rapportés par Mézerai; sinon, que des hommes transportés de colere et de
douleur, à cause de la mort du meilleur des Rois, ont pu
d'abord vouloir faire périr l'assassin sous leurs coups. Pour
le second fait, après ce que nous en venons de dire dans la
remarque supérieure, il doit du moins paroître bien hasar-
dé; supposé que par le Religieux qui avoit de grandes obligations au Roi, l'auteur ait voulu faire entendre le P. Cotton. Enfin, si ce Pere a vu en effet Ravaillac, s'il lui a dit:
mon ami, n'accusez pas les gens de bien; que conclure d'une
expression de douceur et de charité, qui ne présente par
elle-même, ni directement, ni indirectement, rien d'odieux
à l'esprit? *Abr. Hist. Chron. tom. 3, pag. 1450.*

Voici ce qu'on trouve encore en différens endroits, à cette occasion, contre les Jésuites. « Le P. d'Aubigny, qui avoit » confessé Ravaillac, fut interrogé particulièrement par le » premier Président, sur le secret de la confession ; mais il » n'en put tirer autre chose, sinon, que Dieu, qui avoit » donné aux uns le don des langues, et aux autres le don » de prophétie, de révélation, &c. lui avoit donné le don » d'oubliance des confessions; au surplus, ajouta-t-il, nous » sommes religieux, qui ne sçavons ce que c'est que le monde, » qui ne nous mêlons et n'entendons rien aux affaires d'icelui. » Je trouve au contraire, repliqua le premier Président, » que vous en sçavez assez, et ne vous en mêlez que trop, » et si vous n'en eussiez pas été plus que vous dites, tout » se fût mieux passé ». *Mém. pour l'hist. de Fr. ibid. pag.* 320 *et* 321.

Ce qu'on vient de lire touchant le P. d'Aubigny, est sans doute le plus fort de tous les traits qu'on a avancés contre les Jésuites. On sçait que Ravaillac ayant déposé qu'il connoissoit ce Jésuite ; qu'il avoit assisté à sa Messe ; qu'il lui avoit fait part des visions de son imagination troublée, &c. il fut confronté avec ce Pere, qui soutint en face à Ravaillac, qu'il ne l'avoit jamais vu, et que ce qu'il avançoit, étoient de purs mensonges. Le Mercure François, beaucoup plus croyable que tous les écrivains que nous venons de citer, parce qu'il parle de toute cette affaire avec tant de détail et de netteté, qu'on diroit qu'il a entre les mains toutes les pieces du procès : le Mercure François, dis-je, après avoir rapporté les circonstances de cette confrontation, ajoute : «Le P. d'Au-» bigny dit à Ravaillac, qu'il étoit fort méchant, et qu'après » avoir fait un si méchant acte, il ne devoit accuser personne » à faux : ains se contenter de ses péchés, sans être cause » de cent mille autres qui arriveroient. Ravaillac admonesté » s'il veut reprocher le P. d'Aubigny, le faire présentement, » a dit que non, et qu'il le tenoit pour homme de bien, » bon religieux, et le vouloit croire. Pareillement ledit d'Au-» bigny averti reprocher, et de l'ordonnance qu'il n'y seroit » plus reçu, si présentement il ne le faisoit, a dit qu'il ne » vouloit alléguer d'autres reproches, sinon que c'étoit un » méchant, qui mentoit impudemment ». *Mercure François, année* 1610.

Le silence de Ravaillac, après de semblables paroles, peut passer pour une conviction de la calomnie. Il faudroit voir ce morceau entier du procès de Ravaillac, dans le livre même. Mathieu dit que ce fut Servin, avocat du Roi, qui interrogea le P. d'Aubigny. Selon cet historien, le P. d'Aubigny répondit en effet : « que depuis que par la disposition » de ses supérieurs, il avoit quitté les prédications pour » s'adonner aux confessions, Dieu lui avoit fait cette singu- » liere grace, d'effacer incontinent de sa mémoire, tout ce » qu'on lui disoit sous le sceau de la confession ». Mais c'est tout ce que cet écrivain en rapporte, sans faire nulle mention de replique maligne de la part de l'avocat du Roi, quelqu'ennemi qu'il fût des Jésuites, et il mérite sans doute d'être cru, plutôt que les Mémoires pour l'histoire de France, parce qu'il étoit contemporain, et qu'il s'intéressoit très-particuliérement à la mémoire de Henri IV, qui l'avoit honoré de ses bonnes graces. Pasquier, grand ennemi des Jésuites, en ne les accusant de rien, montre assez qu'il les croit innocens. *Histoire de Henri IV. Ibid. Lettres de Nicolas Pasquier.*

« Le Dimanche 23 Mai, le P. Portugais, Cordelier, avec » quelques Curés de Paris, entr'autres ceux de S. Barthelemi » et de S. Paul, en paroles couvertes, et toutefois intelli- » gibles, taxerent les Jésuites, comme complices de l'assas- » sinat du Roi, les arguant par leurs propres écrits et li- » vres, nommément ceux de Mariana et de Becanus...... » Il fut aussi proposé, dit encore sur ce sujet le même au- » teur, de défendre les chaires publiques aux Jésuites. On » se contenta de faire brûler le livre de Mariana; comme il » fut ce jour, Mardi 8 Juin, par la main du bourreau, » devant l'Eglise de Notre-Dame. Ce livre soutient » apertement le fait de frere Clément, et a été imprimé » en deux façons; l'un, en petit *in-folio*, l'autre *in-* » *octavo*. Dans le premier, il appelle ce frere, *Æternum* » *Galliæ decus ;* lesquels trois mots sont ôtés du second que » j'ai ». *Mém. pour l'hist. de Fr. Ibid. pag.* 325.

Si tous les auteurs qui avoient écrit dans les principes de Mariana et Becanus, devoient être taxés d'avoir contribué à la mort du Roi, « il falloit faire le procès à Jean Petit, doc- » teur de Sorbonne, dont le concile de Constance avoit ré- » prouvé les sentimens; au célebre Jean Gerson, à Jacques » Almain, à Richer, à Jean Boucher, de la même maison » et société. Ignore-t-on que la Sorbonne s'assembla extraor- » dinairement pour procéder à l'apothéose de Jacques Clé-

» ment, assassin de Henri III, et que parmi tant de Doc-
» teurs qui se trouverent à cette assemblée, il n'y eut que
» le maître Jean Poitevin, qui s'y opposa? Une haine fu-
» rieuse éteignoit dans ces malheureux temps les lumieres les
» plus naturelles : et quelque révoltante que soit la doctrine
» qui enseigne qu'il est quelquefois permis de tuer les Rois,
» quelqu'opposée qu'elle soit à l'Ecriture et à la raison,
» elle étoit à la honte de la raison et de la religion, la doc-
» trine dominante. Mariana, Jésuite Espagnol, dans un
» livre intitulé : *de Rege et Regis institutione*, tient en effet
» qu'il est quelquefois permis de tuer les tyrans; quoiqu'il
» enseigne d'ailleurs, qu'un Prince légitime ne peut être tué
» par aucun particulier, de son autorité privée. Les ennemis
» des Jésuites avançoient, que Ravaillac y avoit pris ses pre-
» mieres leçons, qu'il n'avoit que trop pratiquées. Il est
» cependant certain qu'il n'avoit jamais lu le livre, qu'il ne
» connoissoit guères, et qu'il ne sçavoit pas assez de latin
» pour l'entendre; mais la passion ne fait pas tous ces raison-
» nemens. Pour empêcher que la témérité de quelques écri-
» vains ne suscitât dans la suite une pareille affaire à tout le
» corps des Jésuites, le pere Aquaviva défendit dès le 8 Juil-
» let, sous peine d'excommunication et de suspension des
» ministeres sacrés, à tous les sujets de la Compagnie, de
» rien dire ou écrire qui pût autoriser en aucune façon et
» sous aucun prétexte, le parricide des Rois, que la loi de
» Dieu, dit-il, ordonne d'honorer et de respecter, comme
» personnes sacrées, que la main du Seigneur a placées sur
» le trône ». *Mém. Chron. et Dogm. tom.* I, *pag.* 115 *et suiv.*

Ce qui est dit ici de Mariana, convient également à Becan, et je ne vois, à bien parler, qu'une seule de ces accusations, dans le cas d'avoir été faite avec quelque vraisemblance ; c'est celle que l'on tire du livre de ce Jésuite Espagnol, condamné par le Parlement, comme étant capable d'armer les sujets contre leurs Souverains. Mais que conclure enfin contre les Jésuites de France, et sur un fait, du livre d'un étranger déjà condamné comme très-pernicieux, dès l'année 1606, par les Jésuites eux-mêmes?

« Le P. Cotton étant entré en conférence, sous la permis-
» sion de la Reine, qui desiroit l'accorder avec l'abbé du Bois,
» ennemi déclaré de lui et des Jésuites, y étant demeurés
» cinq heures entieres au logis de M. le Lieutenant-civil,

» sans se pouvoir accorder : finalement ledit P. Cotton, pour
» le surprendre, lui auroit demandé s'il pensoit que les Jé-
» suites eussent fait mourir le feu Roi, et s'il croyoit qu'il
» l'eût tué. Non, lui répondit l'abbé du Bois; car si je le
» croyois, je vous sauterois, dit-il, tout à cette heure (ju-
» rant une bonne mort-dieu d'Abbé) à la gorge, et vous
» étranglerois, et vous jetterois par ces fenêtres. Puis il lui
» demanda si les Jésuites n'étoient point Catholiques; comme
» le diable, dit-il ». *Journal du regne de Henri IV*, par
l'Etoile, pag. 233.

« Il y eut prise ce jour (Mardi 25 Mai), entre M. de Lo-
» menie et le P. Cotton, en plein conseil; auquel Lomenie
» dit que c'étoit lui voirement qui avoit tué le Roi, et la so-
» ciété de ses Jésuites. Et sur ce que ceux du Conseil lui di-
» rent qu'il apportât un peu plus de modération, dit que le
» regret qu'il avoit de la mort de son trop bon maître, lui
» pouvoit bien causer un peu de passion en paroles, mais
» qu'il ne parloit qu'en présence de la Reine. En même temps
» Béringhen en eut à de Lorme, premier médecin de la
» Reine, qui soutenoit les Jésuites, et lui en dit autant ».
Ibid. pag. 260.

Est-il étonnant que dans la vivacité et la colere, dans des momens où on se laisse aller à ses inimitiés, à ses préventions, à ses préjugés, on se répande en paroles piquantes, en invectives, qu'on ne sçauroit prouver ? On avance bien des discours qu'on ne croit point et qu'on désavoue intérieurement, quand on est de sens rassis.

Jean du Bois, abbé de Beaulieu, ayant été obligé peu de temps après, de sortir du royaume, fut arrêté à Rome, et mis à l'inquisition, à la poursuite, soit des Jésuites, soit du procureur-général des Célestins ; car il avoit d'abord été Célestin, et l'on veut qu'il soit sorti de cet ordre sans rendre compte des deniers qu'il avoit eus entre les mains. Ensuite il avoit porté les armes et servi avec distinction Henri III, qui l'appelloit *l'empereur des Moines*. Après cela il reprit l'habit ecclésiastique, et se rendit célebre par ses prédications. Quoi qu'il en soit, il fut détenu dans les prisons jusqu'en 1626, qui est l'année où il mourut, peu de jours après que le Pape Grégoire XV lui eut rendu la liberté. *Mém. pour l'hist. de France, Mercure François et Moréri.*

L'Etoile fait tenir à la Varenne un discours bien singulier aux Jésuites, à son retour de la Fleche, où il les avoit accom-

pagnés lors de la cérémonie du transport du cœur de Henri IV, en l'Eglise de ces Peres; et après leur avoir donné à dîner à tous, au nombre de vingt-quatre. « Au reste, leur
» dit-il à la suite d'autres paroles déjà très-fortes, je ne
» vous celerai point qu'il court ici un bruit mauvais et
» sourd, qui est venu à mes oreilles, et qu'on m'a voulu
» faire croire, qu'il y avoit aucuns d'entre vous, fauteurs
» et complices de ce malheureux coup et assassinat du feu
» Roi. Je n'en ai rien cru; mais si tant est que j'en décou-
» vrisse quelque chose, je vous déclare que je vous enverrai
» tous prendre les uns après les autres, et vous ferai étran-
» gler dans mon écurie. Voilà la harangue de la Varenne
» aux Jésuites: mais il est bien temps, disoit-on, de fer-
» mer l'étable, quand les chevaux s'en sont allés ». *Ibid.*
pag. 176.

Comme ce discours de la Varenne ne se trouve point dans les bons auteurs de son temps, on doit le regarder comme un de ces contes faits en l'air, qui ne sont propres qu'à amuser la populace, et à satisfaire les préventions d'un ennemi, pour qui tout ce qui est conforme à sa passion, devient raison et vérité.

Le même auteur, en parlant du Prévôt de la maréchaussée de Pluviers, dit qu'il avoit deux fils Jésuites, et veut encore qu'on en tire contre ces Peres, des conséquences de complicité. Mais il est évident qu'on ne peut, ni plus mal raisonner, ni plus mal conclure que fait cet écrivain, dans le fait du prévôt de Pluviers. Les Jésuites se fussent-ils entendus avec ce Prévôt, parce qu'il avoit deux fils Jésuites, il ne s'ensuivroit pas qu'ils eussent contribué au crime de Ravaillac, à moins qu'on ne prouvât, ce qui est impossible, que le Prévôt s'étoit pendu, de peur de tomber entre les mains de la Justice, pour avoir travaillé de concert avec les Jésuites à inspirer à Ravaillac son détestable attentat. Mais cette insigne calomnie se trouve solidement réfutée par le Mercure François. Après avoir remarqué que tout ce qui est avancé contr'eux sur ce sujet, est tiré de l'Anti-Cotton, du remerciement des Beurrieres, et semblables écrits : « Ils
» se devroient, dit-il, accorder en leurs satyres, puisqu'ils
» sortent d'une même boutique. De ces deux livres-ci, le
» premier n'a été imprimé qu'à la mi-Septembre, et l'autre
» sur la fin d'Octobre, et toutefois on a cru que ce Prévôt
» s'étoit pendu, parce qu'on lui avoit trouvé des coins, et

qu'il

» qu'il étoit faux-monnoyeur, et pour d'autres péchés
» prévôtables, dont il ne pouvoit éviter la mort, et
» non pour l'accusation susdite, que l'on tient lui avoir
» été suscitée par ses ennemis ». &c. *Merc. Fr. ann.* 1610.

Cette remarque, qu'on n'alléguoit rien en ce temps-là contre les Jésuites, qui ne fût pris dans des libelles très-méprisables, pourroit seule servir d'une excellente réponse à toutes les autres calomnies de cette nature, et l'on n'en doutera point après un mot qui est peut-être échappé à l'un des plus furieux adversaires qu'ait eus cette société. « L'anti-
» Jésuite, dit-il, paroissoit lors, et hors les injures, il n'y
» faut rien chercher. L'auteur est Bonestat, jeune homme;
» le facteur de la Guillemot en fut prisonnier. Parut aussi
» le Catholicon de Saumur, marchandise mêlée ». *Lettre. Ibid.*

« La Barilliere, qui est un peu libre en paroles, ayant
» rencontré ces jours passés deux Jésuites : Messieurs, leur
» dit-il, je crois que vous êtes Jésuites : il y a là un marchand
» de Châtelleraut, qui a de bons couteaux, et de toutes
» sortes ; je ne sçais s'il n'y en auroit point quelqu'un qui
» vous fût propre ». Ce n'est point là une preuve, mais un bon mot qui peut plaire, moins parce qu'il est vrai, que par le tour de malignité et de plaisanterie qui peut le faire goûter. *Mém. pour l'hist. de Fr. Ibid. pag.* 353.

« Divray, greffier de la Cour, dit le lendemain à un de
» mes amis, que comme on reconduisoit cette Demoiselle
» (la Coman, dont il a été parlé ci-dessus), de devant
» Messieurs, elle lui dit : j'ai révélé en confession aux Jé-
» suites, tout ce que je sçavois de cette menée ; mais ils m'ont
» conjurée de n'en point parler ». Comment le discours de la Coman n'a-t-il pas eu de suite par rapport aux Jésuites ? Pourquoi les bons auteurs du temps, qui sont entrés dans le plus grand détail, n'en parlent-ils point ? *Ibid. pag.* 358.

Il n'est pas plus difficile de réfuter les citations suivantes, contre les différentes personnes que nous avons annoncées. Elles portent même leur réfutation avec elles, en ce qu'elles comprennent dans une même accusation des personnes, non-seulement sans liaison d'amitié ni d'intérêt entr'elles, mais encore ennemies déclarées, et connues pour telles ; je veux dire la Reine, la marquise de Verneuil et leurs partisans. Nous croyons par cette raison pouvoir nous abstenir de joindre à chaque citation, des réflexions qui grossiroient inutile-

Tome V. H

ment ces notes, et que tout lecteur judicieux fera de lui-même.

« Le Dimanche de devant le Vendredi que le Roi fut tué, qui étoit le 9 Mai, ce soldat (méchant garnement, qui avoit été Prêtre, dit l'auteur quelques lignes auparavant) rencontra au-delà de la porte S. Antoine, sur le chemin de Charenton, la veuve du capitaine Saint-Mathieu, Huguenot. L'ayant reconnue, et elle lui, l'accosta, et après quelques propos, lui demanda si elle étoit toujours à Paris. Elle lui dit qu'oui. Et qu'y faites-vous tant, va dire l'autre ? Que j'y fais, dit-elle ; j'y ai prou d'affaires....... Ma foi ! dit-il, il n'y a ni procès, ni affaires que je ne quittasse-là, si j'étois que de vous ; je voudrois pour le bien que je vous veux, que vous en fussiez bien dehors. Pourquoi, dit-elle ? Pour ce, dit-il, que devant qu'il soit huit jours, il y a danger qu'il ne tombe un si grand esclandre à Paris, que bien heureux sera celui qui en sera bien loin ; et de moi, je vous conseille en ami d'en sortir plutôt que plutard, et m'en croyez hardiment. Etant parvenus à l'entrée du Temple, où la prêche n'étoit pas encore commencée, le soldat lui commence à dire qu'il ne vouloit pas ouir leur prêche, mais bien voir, dit-il, en riant, la disposition de vos gardes, qui sont une multitude de pauvres, arrangés en haie des deux côtés, à l'entrée du Temple. Les ayant regardés, il dit à cette femme : voilà tous ces gros marauds et gueux, que nous avons accoutumés de voir à Paris, à l'entrée de nos Eglises. Voyez-vous pas, lui dit-il, ces soldats mêlés parmi ? Il n'y en a un seul que je ne connoisse de ceux-là : ce sont tous voleurs ; mais entre les autres, j'en remarque quatre que voilà, destinés pour quatre mauvais coups : mais le plus méchant et le plus déterminé de tous, je ne le vois point ici, et m'étonne qu'il n'y est ; et là-dessus prend congé de cette femme. Le Vendredi venu, auquel jour le Roi fut assassiné, cette femme commence à penser aux discours de son soldat, et le Dimanche d'après, ne sçachant si elle devoit aller à Charenton, ou quoi; ayant sçu que d'autres avoient jà fait la planche, s'enhardit d'y aller après eux. Sur le chemin elle rencontra encore son soldat, auquel tout étonné elle dit : je crois que vous êtes prophete ; je vous croirai une autre fois : mais pour ce coup, graces à Dieu, nous en avons été quittes pour la peur. Ce n'est

» encore rien que cela, lui dit l'autre, la partie n'est pas
» achevée; il y a d'autres coups qui suivent cestui-ci, aussi
» mauvais et plus dangereux, et pourtant si me voulez
» croire, comme vous dites, vous ne serez que sage de
» sortir de là où vous êtes, plutôt que plutard. . . . . .
» En avertit incontinent les Ministres, entr'autres, M. Du-
» rand, qui tout aussi-tôt lui donna entrée, par le moyen
» d'un de ses amis, à M. Défunctis; lequel l'ayant ouïe là-
» dessus, ayant appris d'elle la demeure du compagnon, et
» l'heure qu'on lui pourroit parler, s'y transporta à dix
» heures du soir, si à point, qu'il n'eut autre peine, sinon
» à lui commander de le suivre; ce qu'il fit, et le logea en
» maison de sûreté. Cette histoire étant bien véritable,
» comme elle est, a fait espérer à beaucoup la découverte
» enfin d'une si malheureuse et abominable entreprise; si les
» lâches procédures qu'on y tient, au grand regret de tous
» les gens de bien, n'en empêchent les fruits et les effets :
» car il semble, à en ouïr parler, que nous craignons de
» nous montrer trop exacts et sévères à la recherche d'un
» crime le plus méchant et barbare, et qui plus importe
» à cet Etat qu'aucun autre qui ait été perpétré en Europe,
» depuis plus de mille ans en ça ». *Journal de l'Etoile*, pag.
150 *et suiv.*

« Le Mardi 18, la Cour assemblée, délibéra sur les for-
» mes et procédures qu'on devoit tenir au procès et condam-
» nation de ce détestable parricide et assassin de son Roi,
» François Ravaillac, et sur-tout des questions et tortures
» les plus extraordinaires et cruelles, où il étoit besoin d'ap-
» pliquer ce misérable. . . . . Fut délibéré en cette assemblée,
» de se servir en ce fait extraordinaire d'extraordinaires ques-
» tions, même étrangères . . . Fut proposée, entre les autres,
» celle de Geneve, qu'on nomme *la Barathe*, ou *la Beur-
» riere*, qui est une question si pressante et si cruelle, qu'on
» dit qu'il n'y a jamais eu personne à qui on l'ait donnée,
» qui n'ait été contraint de parler. Sur quoi les opinions se
» trouverent fort diverses; les uns, qui étoient les meil-
» leurs et plus anciens, l'approuvant; les autres nageant
» entre deux eaux, sujets à changer d'opinions, et à reve-
» nir, ne firent rien qui vaille. . . . . Ainsi la plupart d'en-
» tr'eux, qui ne se connoissoient qu'à courir après le sac et
» l'argent, ayant opiné *in mitiorem* (*seu deteriorem.*) l'em-
» porterent ce jour-là à la pluralité des voix ». *Ibid.* pag. 154.

« Suivant ledit arrêt, pour la révélation de ses complices,
» il fut appliqué à la question des brodequins. Ce qui s'y
» passa est sous le secret de la Cour ». *Merc. Fr. année* 1610,
fol. 454.

« Un garnement ayant loué tout haut Ravaillac, dénigré
» publiquement le feu Roi, et dit que c'étoit une belle dé-
» pêche, fut pris et amené à Paris. Les informations,
» comme celles du maçon, furent mises pardevers M. le
» Chancelier, et sont demeurées au sac; on n'a depuis ouï
» parler ni de l'un, ni de l'autre, pour en faire justice ».
Mém. pour l'hist. de Fr. tom. 2, *pag.* 354.

« Cet assassin étant parvenu au lieu du supplice, se voyant
» prêt d'être démembré, et qu'un certain homme qui étoit
» près de l'échafaud, étoit descendu de son cheval pour le
» mettre en la place d'un qui étoit recru, afin de le mieux
» tirer : on m'a bien trompé, va-t-il dire, quand on m'a
» voulu persuader que le coup que je ferois, seroit bien
» reçu du peuple, puisqu'il fournit lui-même les chevaux
» pour me déchirer. Preuve, ajoute l'auteur, en marge,
» qu'il avoit été excité par quelqu'un à faire ce coup exé-
» crable, et qu'il avoit des complices ». *Ibid. pag.* 322.

« Voici ce qui regarde le fait du prévôt de Pluviers. Le pré-
» vôt de Pluviers ou Petiviers, ville en Beauce, éloignée de
» Paris de deux journées, accusé d'avoir dit le même jour que
» le Roi fut tué : *aujourd'hui le Roi est tué, ou blessé*,
» étant amené prisonnier à Paris, fut trouvé mort et étran-
» glé dans la prison, avec les cordons de son caleçon. Il
» fut pendu par les pieds, le 18 Juin, en place de Greve ».
Merc. Fr. ann. 1610, *fol.* 493.

L'Etoile, après avoir dit la même chose, y joint les traits
suivans. « Cet homme mal famé et renommé par-tout,
» (et qui avoit deux fils Jésuites, *quod notandum*) reconnu
» de tous pour un très-mauvais serviteur du Roi (mais
» très-bon de la maison d'Entragues et de la marquise
» de Verneuil), au reste tenu au pays pour un larron
» et un concussionnaire, fut déféré et accusé, par bonne vé-
» rification de témoins, d'avoir dit dans Pluviers, jouant
» ou regardant jouer dans un jardin à la courte-boule, à
» l'heure même que le Roi fut tué : *le Roi vient d'être tué, et
» est mort à cette heure, n'en doutez point.* Et quelques
» jours auparavant, avoit tenu le même ou semblable lan-
» gage : à quoi on n'avoit autrement pris garde ; jusqu'à

» ce que la fortune avenue, fit croire que le paillard sçavoit
» l'entreprise, et qu'il étoit des complices de ce malheureux
» assassin ; tellement qu'étant veillé, guetté et couru en
» toute diligence, fut finalement attrapé, et conduit pri-
» sonnier à Paris, en la Conciergerie du Palais, où on fut
» tout ébahi que peu après on le trouva mort ; et disoit-on
» qu'il s'étoit étranglé avec les cordons de ses caleçons. La
» cour du Parlement, tout mort qu'il étoit, ne laissa pas
» de lui faire son procès doublement criminel, et pour s'être
» rendu coupable du crime de leze-majesté ; mais au bout,
» un homme mort ne parle point, (qui étoit ce qu'on de-
» mandoit :) car s'il eût parlé, il en eût trop dit pour l'hon-
» neur et profit de beaucoup, qu'on ne vouloit point fâcher.
» C'est pourquoi on a eu opinion de ces pieds-plats de Beau-
» cerons, qui par-tout à Pluviers et aux environs, vont di-
» sant : mon Dieu ! que la mort de ce méchant homme
» avenue vient bien à point pour M. d'Entragues, la mar-
» quise de Verneuil sa fille, et tous ceux de sa maison ! On
» trouva à ce misérable un outil et instrument de faux-mon-
» noyeur, qu'ils appellent une jument, duquel on pensoit
» que cet homme, qui avoit le bruit de s'en mêler, s'ai-
» doit ; mais on trouva que c'étoit un engin propre à rompre
» des treillis et barreaux de fer, voire des plus forts, comme
» sont ceux de la Bastille, pour en tirer le comte d'Auver-
» gne ». *Journal du regne de Henri IV, pag.* 183.

« La Reine envoya querir le médecin Duret, qui étoit
» l'homme du monde que le Roi aimoit le moins, qu'il ne
» vouloit pas voir, et duquel il avoit même défendu à la
» Reine de se servir, le retint pour son médecin, et le fit
» de son Conseil avec bon appointement : le tout en faveur
» de Conehine, qu'on disoit porter fort constamment la
» mort du Roi ». Et à la marge est écrit : « On étoit per-
» suadé que lui et sa femme avoient beaucoup contribué à
» la mort du Roi ». *Mém. pour l'hist. de Fr. tom.* 3, *pag.* 309.

« Le Dimanche 30 Janvier, la marquise de Verneuil fut,
» sur les dépositions de la Coman, ouïe de M. le premier
» Président, depuis une heure après-midi jusqu'à cinq, et
» au logis dudit premier Président, où il l'avoit fait assigner
» pour l'interroger là-dessus ». La marge porte : « Hen-
» riette de Balzac d'Entragues, marquise de Verneuil, maî-
» tresse du roi Henri IV. Elle étoit accusée par la Demoi-
» selle d'Escoman, et ne fut décrétée que d'un *assigné pour*

» *être oui*, quoiqu'il s'agît de l'assassinat du Roi et du crime
» de leze-majesté au premier chef ». *Ibid. pag.* 358.

« Le lendemain, la Reine lui envoya (au premier Pré-
» sident) un gentilhomme, pour le prier de lui mander ce
» qu'il lui sembloit de ce procès, auquel le bon-homme
» répondit : *Vous direz à la Reine, que Dieu m'a réservé à
» vivre en ce siecle, pour y voir et entendre des choses si étran-
» ges, que je n'eusse jamais cru les pouvoir voir, ni ouir de
» mon vivant.* Un de ses amis et des miens, lui disant que
» beaucoup avoient opinion que cette Demoiselle accusant
» tant de gens, et même des plus grands du royaume, elle
» en parloit à la volée et sans preuve; ce bon-homme le-
» vant les yeux au ciel, et ses deux bras en haut : *il n'y en
» a que trop*, dit-il, *il n'y en a que trop* ». *Ibid.*

« M. d'Epernon en même temps, qui avoit le plus d'intérêt
» en cette affaire, et qui poursuivoit animeusement contre
» cette Demoiselle pour la faire mourir, allant ordinaire-
» ment pour cela au conseil à M. Séguier, vint voir le pre-
» mier Président pour en apprendre des nouvelles; mais ce
» personnage, avec sa gravité ordinaire, et maintien assez
» rébarbatif, principalement à l'endroit de ceux qui ne lui
» plaisoient pas, le rebuta fort, lui disant : *je ne suis pas
» votre rapporteur, mais votre juge.* Et comme ledit Sieur
» lui eut expliqué que c'étoit comme ami qu'il le lui de-
» mandoit : *je n'ai point d'amis*, répondit-il : *je vous ferai
» justice ; contentez-vous de cela.* M. d'Epernon s'en étant
» retourné mal-content, en fit sa plainte à la Reine, qui lui
» dépêcha aussi-tôt un des siens, avec charge de lui dire,
» qu'elle avoit entendu dire qu'il traitoit mal M. d'Epernon,
» et qu'elle le prioit de le vouloir à l'avenir traiter plus dou-
» cement, comme un Seigneur de la qualité et mérite qu'il
» étoit. A quoi le premier Président fit réponse : *il y a
» cinquante ans que je suis juge, et trente que j'ai cet honneur
» d'être le chef de la cour souveraine des Pairs de ce royaume,
» et je n'ai jamais vu ni Seigneur, ni Duc, ni Pair, ni
» homme de quelque grande qualité qu'il fût, accusé d'un
» crime de leze-majesté, comme est M. d'Epernon, qui vint
» voir ses juges tout botté et éperonné, avec une épée à son
» côté. Ne faillez de dire cela à la Reine.* C'est parler en
» premier Président cela ; que je n'eusse enregistré ici, si
» je ne l'eusse sçu certainement ».

« Si l'on me demande, dit M. de Péréfixe, qui furent les

» démons et les furies qui lui inspirerent une si damnable
» pensée, et qui le pousserent à effectuer sa méchante dis-
» position; l'histoire répond qu'elle n'en sçait rien, et qu'en
» une chose si importante, il n'est pas important de faire
» passer du soupçon et des conjectures pour des vérités assu-
» rées. Les juges mêmes qui l'interrogerent, n'oserent en
» ouvrir la bouche, et n'en parlerent jamais que des épau-
» les ». *Pérefixe, histoire de Henri-le-Grand, part. 3. pag. 410.*

Le continuateur de l'Histoire latine de M. de Thou, dit qu'il a eu sur ce sujet deux opinions différentes; selon lui, les uns étoient persuadés que l'assassinat de Henri IV, étoit l'ouvrage de quelques grands du royaume, qu'il ne nomme point; lesquels immolerent ce Prince à leurs anciens ressentimens; les autres crurent que l'Espagne fit faire ce coup par les partisans qu'elle avoit dans le royaume; et cet écrivain ajoute que cette derniere opinion étoit celle du président de Thou, et des plus sages têtes du Parlement. Il parle encore avec beaucoup d'autres, de lettres écrites de Bruxelles, Anvers, Malines et Bolduc, avant le 15 Mai, qui marquoient que c'étoit le bruit commun dans ces provinces, que Henri IV avoit été tué. *Nic. Rigalt. ann.* 1610, *tom.* 6, *pag.* 492.

L'endroit de l'Etoile, *pag.* 150, que je viens de citer, supposé qu'on pût faire quelque fonds sur cette autorité, donneroit lieu à une troisieme opinion, qui est que ce complot, ou plutôt tous ces différens complots, devoient aboutir à une révolte et même à une espece de Saint-Barthelemi dans Paris, et qu'elle ne manqua à s'exécuter, que parce que les conjurés voyant le Roi mort, ce qui étoit leur grand et principal objet, regarderent comme inutile de pousser les choses plus loin.

Je ne sçaurois me dispenser de parler ici de quelques pieces qu'on trouve dans le quatrieme tome du Journal de l'Etoile, nouvellement imprimé, sous le titre de *pieces justificatives*. Les unes regardent l'affaire et le procès de la Demoiselle de Coman; elles n'ajoutent rien, ou fort peu de chose, à ce que nous en avons dit : voici les autres.

La premiere est un manuscrit que l'auteur prétend avoir été trouvé dans le cabinet du duc d'Aumale (Charles de Lorraine, second fils de Claude), mort dans les Pays-Bas, environ en l'année 1631. Ce manuscrit, qui charge beaucoup les Jésuites et le comte d'Auvergne, quoiqu'il fût alors en prison, porte que le duc d'Epernon, qui étoit dans le carrosse de sa Majesté, « voyant frapper le Roi à la mort, » ce sont ses paroles, lui donna un coup de couteau dans le » côté, pour plutôt abréger le cours de sa vie. Le duc de » Montbazon, ajoute-t-il, vit bien donner le coup de cou- » teau par d'Epernon; mais il n'avoit garde d'en dire au- » cune chose, comme adhérant à cet assassinat ».

La seconde de ces pieces est intitulée : *Rencontre du duc d'Epernon et de François Ravaillac*. On y avance que ce Duc s'étant fait présenter à Angoulême, Ravaillac et deux autres de ses complices, lui et le P. Cotton les exhorterent à poignarder Henri IV, apportant pour raison, que ce Prince étoit l'ennemi du Pape, du roi d'Espagne et de la Religion catholique, qu'il avoit entrepris d'abolir en Europe : qu'après qu'ils s'y furent engagés par serment, en recevant la communion de la main du P. Cotton, on donna deux cent écus à chacun d'eux; qu'ils prirent ensuite le chemin de Paris, où ayant été fort long-temps sans trouver l'occasion d'exécuter leur entreprise, ils se firent encore donner par d'Epernon cent écus chacun; qu'enfin au moment du parricide, « comme le duc d'Epernon eut avisé ledit Ravaillac, il com- » mença à amuser le Roi de discours, et alors le perfide » Ravaillac se jetta sur le Roi, et lui bailla un coup de » couteau; mais ledit Duc voyant que ce n'étoit rien, et que » le Roi s'écria qu'il étoit blessé, il lui fit signe qu'il redou- » blât : alors ce misérable du second coup tua le Roi, en lui » perçant le cœur ». Toutes ces imputations, qui ne partent que de libelles méprisables, ont moins encore besoin que les précédentes, qu'on s'arrête à en démontrer la fausseté. Voyez la lettre de Pasquier à M. de Monac, où il justifie le duc d'Epernon, *pag.* 436.

Les autres pieces regardent le fait de Pierre du Jardin, connu sous le nom de capitaine de la Garde, dont nous n'avons point eu occasion de parler : voici ce qu'elles nous en apprennent. Du Jardin étoit de Rouen. Il servit d'abord dans le régiment des Gardes; puis dans la cavalerie légere. De-là il passa en Provence, où il fut employé par le duc de Guise, pour le service de sa Majesté. Le maréchal de Biron le connut lorsqu'il étoit chevau-léger sous M. de Lesdiguieres, et se l'attacha à cause de sa bravoure. Après la paix de Savoie, il se mit au service de la république de Venise, jusqu'à son accommodement avec le Pape; après quoi il alla servir en Allemagne, sous le duc de Mercœur. Il revint à Venise, d'où, après quelque séjour à Florence et à Rome, il vint à Naples. Ayant eu en cette ville occasion de connoître un ligueur réfugié, nommé la Bruyere, il fut présenté par lui à un Jésuite nommé le P. Alagon, oncle du duc de Lerme, favori du roi d'Espagne. Ce Jésuite voulant se servir d'un aussi brave homme, pour le dessein projetté d'ôter la vie à Henri IV, le lia avec Hébert, ce secretaire du maréchal de Biron, dont il a été parlé dans ces Mémoires; avec Louis d'Aix, dont il a aussi été fait mention dans l'article de la réduction de Marseille, et avec un autre Provençal nommé Roux, tous François réfugiés.

Dans une de leurs parties de plaisir, on leur présenta Ravaillac, qui ne leur cacha rien de ses desseins, et dit qu'il apportoit une lettre du duc d'Epernon pour le vice-roi de Naples. La Garde se voyant suffisamment instruit, alla faire part de tout ce qu'il avoit découvert à Zamet, ambassadeur de France à Venise, qui le manda incontinent à M. de Breves, notre ambassadeur à Rome, et à Zamet son frere, à Paris. De Breves donna à la Garde des lettres pour M. de Villeroy, avec lesquelles il revint en France à la suite du duc de Nevers, qui le présenta à sa Majesté à Fontainebleau. Henri IV ordonna à cet officier d'accompagner le grand-maréchal de Pologne en Allemagne, pour le bien de son service; après lui avoir dit qu'il avoit pris des mesures qui rendroient inutile le dessein de ses ennemis sur sa personne. La Garde, repassant en France, chargé de nouvelles fort importantes de la part du grand-maréchal de Pologne, apprit à Francfort la mort du Roi, et se retira malade à Metz, d'où il suivit le maréchal de la Châtre à l'expédition de Julliers. Comme il revenoit en France, après la paix, il fut attaqué près le village de Fize, par des gens armés qui le percerent de coups, et le laisserent pour mort dans un fossé. Il gagna comme il put Mezieres, où étoit le duc de Nevers, qui le fit conduire à Paris; où, sur une requête qu'il présenta au Roi, obtint un office de Contrôleur-général des bierres; mais lorsqu'il s'y attendoit le moins, on se saisit de lui, et on le mit en prison. Avant qu'on eût prononcé son arrêt, qui ne pouvoit manquer de lui être favorable, parce que les juges ne trouverent rien qui le chargeât, un Exempt vint le tirer de prison, lui mit entre les mains un brevet de six cent livres de pension, et ses provisions de Contrôleur des bierres à Paris. Il paroît qu'il se retira à Rouen, et qu'il y mourut.

Un autre écrivain encore plus moderne, qui a rétabli les cinq interrogatoires de Ravaillac, sur le vol. 192 des mss. de la bibl. du Roi (car le Mercure François ne rapporte les quatre derniers qu'en abrégé et d'une maniere toute historique, et ne dit rien du tout du premier) a cru y trouver des preuves que le criminel a cherché à tromper ses juges, et qu'il ne dit pas tout ; que ses juges, de leur côté, semblent craindre de lui demander comment il a connu le duc d'Epernon. Il ne doute point encore que Ravaillac n'ait été véritablement en Italie, quoiqu'il l'ait toujours nié fortement. Les pieces du procès de la Coman et du capitaine La Garde, lui paroissent suffisantes pour établir que le complot du parricide avoit été formé à Naples dès l'année 1608; et qu'on y travailloit dans le même temps en Italie, en Espagne, en Flandre et en France. A quoi il ajoute, que le duc d'Epernon et la marquise de Verneuil se donnerent à ce sujet différens rendez-vous à Saint-Jean-en-Greve ; qu'on entendit de leur propre bouche quelque chose de leur projet, et qu'on le rapporta à Henri IV lui-même ; mais que ce Prince, soit par aveuglement, soit par excès de bonté, négligea cet avis.

Ceux qui ont remarqué que le duc de Sully avoue en quelqu'endroit, qu'il ne dit pas tout ce qu'il sçait à cet égard, trouveront dans ces paroles matiere à bien des soupçons. Mais dans la vérité, rien de tout cela n'est assez clair, ni assez positif, pour qu'on puisse, sur de pareils indices, accuser nommément telle ou telle personne; et encore une fois, il n'y a rien de mieux à faire aujourd'hui, que de tirer absolument le rideau sur ce mystere d'iniquité, et de livrer à l'oubli pour jamais, s'il étoit possible, tout ce point de notre histoire. On devroit encore prendre ce parti, quand même il seroit vrai, comme quelques personnes en sont persuadées, qu'il y a un petit nombre de cabinets dans Paris, qui peuvent fournir de nouveaux éclaircissemens. Ceux qui pourroient avoir chez eux ces sortes de pieces, sont très-louables de les cacher avec le plus grand soin, et devroient même se résoudre à les brûler.

Je n'ai point cité dans tout ceci Vittorio Siri. Ce n'est pas qu'il n'ait parlé, et de l'assassinat de Henri IV, et du procès de Ravaillac, *Mem. Recond. tom.* 2, *pag.* 246-276; mais il le fait si négligemment, en homme si mal instruit, ou même si partial contre les maximes du gouvernement et la personne de Henri-le-Grand, que son témoignage ne sçauroit être d'un grand poids. Je remarque seulement que son sentiment est, que Ravaillac n'a eu absolument aucun complice.

Fin du vingt-septieme Livre.

LIVRE VINGT-HUITIEME.

Suite *des Mémoires de l'année 1610. Remarques sur l'assassinat de Henri IV. Particularités et traits sur sa personne, sa vie, son caractere, ses bonnes et mauvaises qualités. Ses dix souhaits. Situation du duc de Sully, après cette mort; il espere encore que le Roi n'est que blessé, et il se décide à courir au Louvre. Chagrin général dans Paris. Avis différens que l'on donne à Sully. Sa rencontre avec Vitry. Raisons qu'il a de se défier du nouveau Conseil; il se renferme à la Bastille; il va au Louvre; réception gracieuse que lui fait la Régente. Il assiste à la cérémonie du lit de Justice. Nouveaux Conseils public et particulier de Marie de Médicis, où l'on change de politique et de maxime de gouvernement; plainte de Sully à cet égard; il n'est point écouté. Retour de M. le comte de Soissons; démêlés entre lui et Sully. Conseils sur l'armement de Henri IV; sur le duc de Savoie, &c. où Sully fait d'inutiles représentations. Il songe à se défaire de ses charges, et à se retirer; sa famille l'en empêche. Il députe Arnaud à Conchine, qui reçoit mal cette politesse. Il s'unit au prince de Condé; sages conseils qu'il lui donne, malgré lesquels ce Prince se joint à ses ennemis. Autres intrigues de Cour, et différends de Sully*

Année 1610. *Liv. XXVIII.* 125
avec *les Ministres et courtisans. Suite et fin de l'affaire de Cleves.*

ON ne verra point ici le détail d'un forfait si exécrable : il pénetre mon cœur d'une douleur, qui s'y renouvelle à chaque moment, et qui s'y conservera jusqu'à mon dernier soupir : je ne comprends pas même de quelle trempe peuvent l'avoir ceux qui parlent encore aujourd'hui, ou qui entendent parler froidement du plus grand des malheurs qui aient pu arriver à ce royaume. Mais la vive horreur dont ce sentiment est accompagné, fait que je détourne les yeux, autant que je le puis, de dessus cet objet déplorable, et que ma bouche refuse de prononcer le nom (*) du monstre abo-

---

(*) François Ravaillac étoit natif d'Angoulême, où il exerçoit la profession de maître d'école, et étoit alors âgé de 31 à 32 ans. Mathieu le croit un peu attaqué de folie. Dans le sens qu'on attache communément à ce mot, je ne vois point dans tous ses discours, pendant sa prison et son supplice, qu'il ait donné sujet de l'en taxer ; mais seulement d'effronterie, de fureur et d'égarement de raison. Il fut conduit le Jeudi 27 Mai, devant l'Eglise de Notre-Dame, où il fit amende-honorable, et de-là à la Greve, où il fut tenaillé aux mamelles, bras, cuisses, &c. tenant le couteau dans sa main droite, ses plaies arrosées de plomb fondu, d'huile et de poix-résine bouillante ; enfin tiré à quatre chevaux, ses membres consumés au feu, et ses cendres jettées au vent. Le peuple furieux vouloit à tous momens se jetter sur lui pour le déchirer, et refusa de chanter le *Salve*. Il étoit assez grand et gros, et d'une construction si robuste, que les chevaux ne purent jamais le démembrer, et que l'exécuteur fut obligé de le couper en quartiers, que la populace traîna par la ville, &c. Voyez les historiens ci-des-

minable qui a causé tous nos maux, lorsqu'intérieurement j'implore la vengeance divine contre lui, et contre ceux qui ont armé son bras. Le cri public les désigne, de maniere à fixer tous les doutes sur ce détestable complot. Je ne sçaurois pourtant m'empêcher de me récrier avec tout le monde, sur une particularité que personne n'a ignorée : c'est qu'après que le parricide eut commis son crime, il fut si peu sévérement gardé, et même si peu observé dans la maison (*) où on le mit d'abord, que pendant plus de quatre heures, on laissa à toutes sortes de personnes la liberté de s'approcher de lui, et de lui parler, et que certaines gens, qu'il n'est pas besoin de nommer ici, userent si imprudemment de cette liberté, qu'ils oserent lui dire, en l'appellant *leur ami*, qu'il se donnât bien de garde, je rapporte les paroles dont ils se servirent, *d'accuser les gens de bien, les innocens et les bons Catholiques*, parce que ce seroit un crime irrémis-

---

sus. Pasquier dit qu'il étoit parent, par les femmes, de Poltrot, qui assassina le duc de Guise. *Ibid. pag.* 32. Je ne vois pas qu'il y ait aucune apparence dans ce que rapporte Gui-Patin, *lettre* 122, que Ravaillac avoit un frere qui mourut en Hollande, et qui déclara en mourant, que si son frere avoit manqué son coup, il auroit entrepris la même chose, pour venger, dit-il, l'injure que Henri IV leur avoit faite, en débauchant leur sœur, et en la méprisant après.

(*) Dans l'hôtel de Retz. L'Etoile dit qu'il fut mené le lendemain de l'hôtel d'Epernon à la Conciergerie.

sible, et digne de la damnation éternelle. Quelques personnes vraiment scandalisées de ce qu'elles voyoient, commencerent à parler si haut contre une pareille négligence, qu'on se crut obligé de garder dans la suite le meurtrier avec plus de soin.

Quoi qu'il en soit, telle fut la fin tragique d'un Prince, auquel il semble que la nature avoit voulu accorder avec profusion tous ses avantages, excepté celui d'une mort, telle qu'il devoit l'avoir. J'ai déjà marqué qu'il avoit le corps, la taille et tous les membres formés avec cette proportion qui constitue non-seulement ce qu'on appelle un homme bien fait, mais encore l'homme fort, adroit, vigoureux et sain (1), qu'il avoit le teint animé, et tous les traits du visage vifs et agréables (2),

(1) « Henri IV, dit le Grain, étoit de stature médiocre, » tenant toutefois plus du grand que du petit, le front lar- » ge, le nez aquilin et royal, la bouche bien faite, la » levre vermeille, » &c. *Décade de Henri-le-Grand*, liv. 1. Morizot, plus mal instruit, dit au contraire qu'il étoit de taille petite et quarrée. Le même assure qu'il s'habilloit presque en hiver comme en été. *Chap. 46.*

(2) D'Aubigné nous apprend qu'il avoit la vue extrêmement perçante et l'ouïe monstrueuse, pour me servir de son expression, et il en rapporte une preuve sensible. « Le » Roi, dit-il, étant couché à la Garnache, en une grande » chambre royale, et son lit, outre les rideaux ordinaires, » bordé d'un tour de lit de grosse bure, Frontenac et moi » à l'autre coin de la chambre, en un lit qui étoit fait de » même, comme nous drapions notre maître, ayant mes » levres sur son oreille, et ménageant ma voix, lui répon- » doit souvent, *que dis-tu?* le Roi répartit : sourd que » vous êtes, n'entendez-vous pas qu'il dit que je veux faire

ce qui faisoit une physionomie douce et heureuse, assortie à des manieres si familieres et si engageantes, que ce qu'il y mêloit quelquefois de majesté, n'en ôtoit jamais tout-à-fait cet air de facilité et d'enjouement (*). Je n'apprendrois non plus rien de nouveau sur la trempe de son cœur et sur le caractere de son esprit, en disant qu'il étoit né sensible et compatissant, droit,

» plusieurs gendres de ma sœur? Nous en fûmes quittes » pour dire qu'il dormît, et que nous en avions bien d'au- » tres à dire à ses dépens ». *Tom.* 3, *liv.* 3, *chap.* 21. Une réponse assez semblable à celle-ci, est celle que le duc de Bellegarde fit à ce Prince, étant tous deux couchés dans la même chambre, peu de temps après la mort de Henri III. Henri IV réveilla Bellegarde trois ou quatre fois pendant la nuit, pour lui proposer de se défaire de quelques-unes de ses charges, en faveur des personnes qu'il lui nommoit. « Je » le veux bien, Sire, lui dit enfin le grand-Ecuyer; mais au » nom de Dieu, ne vous réveillez plus ». Ce ton de raillerie et de plaisanterie avoit passé, comme il arrive toujours, du maître aux courtisans; et Siri le reproche avec assez de raison, à Henri IV, comme un défaut dans un Roi, soit à cause des querelles que la raillerie ne manque jamais d'occasionner parmi les grands, soit parce qu'elle diminue toujours du respect que l'on doit au maître, et il en rapporte des exemples. *Mém. Recond. tom.* 1, *pag.* 590.

(*) L'histoire de Henri IV fournit une infinité de traits de cet enjouement et de cet air affable et populaire, qui ont peut-être plus contribué que ses grandes qualités, à le faire aimer du peuple. « Le Roi, disent les Mém. pour » l'histoire de France, *tom.* 2, *pag.* 277, passant pour » aller au Louvre, et ayant rencontré une pauvre femme » qui conduisoit une vache, s'y arrêta, et lui demanda com- » bien sa vache. Cette femme lui en ayant dit le prix : » ventre-saint-gris! dit le Roi, elle ne vaut pas tant; je » vous en donnerai cela. Vous n'êtes pas, répartit la fem- » me, marchand de vaches, je le vois bien. Hé! pourquoi

vrai,

vrai, généreux (*), intelligent, pénétrant ; en un mot, doué de toutes les qualités qu'on a eu fréquemment sujet d'admirer dans ces Mémoires.

Il aimoit tous ses sujets comme un père, tout l'Etat comme un chef de famille ; et cette disposition le ramenoit toujours, et du sein même des plaisirs, au projet de rendre son peuple heureux, et son royaume florissant : de-là, cette fécondité à imaginer, et cette attention à perfectionner une infinité d'utiles réglemens. J'en ai spécifié une bonne partie ; j'acheverai en disant qu'on ne peut imaginer ni états, ni conditions, ni fonctions, ni professions sur lesquelles ses réflexions ne se fussent portées, et de maniere que les change-

» ne le serois-je pas ? ma commere, repliqua le Roi,
» qui étoit accompagné de force noblesse ; voyez-vous
» pas tous ces veaux qui me suivent » ? Son jardinier de Fontainebleau se plaignant un jour à lui, qu'il ne pouvoit rien faire venir dans ce terrain-là : « Mon ami, lui dit
» Henri IV, en regardant le duc d'Epernon, semez-y des
» Gascons, car ils prennent par-tout ». Comme on lui présenta un homme extraordinairement grand mangeur, il lui dit : « Ventre-saint-gris ! si j'avois six hommes comme toi
» dans mon royaume, je les ferois pendre ; de tels coquins
» l'auroient bientôt affamé ». On rapporte encore que s'étant un jour vanté à l'ambassadeur d'Espagne, qu'il iroit déjeûner à Milan, entendre la Messe à Rome, et dîner à Naples ; cet Ambassadeur lui répondit : « Sire, si votre
» Majesté va si vite, elle pourra bien être à Vêpres en Si-
» cile ». Il ne se fâchoit point des réparties qu'on pouvoit lui faire dans ce goût-là. Mathieu dit qu'aucun de ses courtisans n'entendoit aussi-bien que lui, à rendre un conte d'une maniere plaisante.

(*) « Quant à ses ennemis, il en a toujours parlé avec

mens qu'il projettoit d'y faire, ne pussent être renversés après la mort de leur auteur, comme

» respect, quelque jeune et offensé qu'il ait été. Il ne nomma
» pas un de ses ennemis, qu'il ne dît, *Monsieur* ». *Décade
de le Grain*, *liv.* 8. « Il n'y auroit pas assez de forêts dans
» mon royaume, dit-il, pour dresser des gibets, s'il falloit
» pendre tous ceux qui ont écrit et prêché contre moi.
» Quand on lui eut fait lire les calomnies contre la feue
» Reine sa mere, il haussa les épaules, et dit : ô le mé-
» chant ! mais il est revenu en France, sous la foi de
» mon passe-port, et je ne veux point qu'il ait de mal ».
Mercure François, *année* 1610, *pag.* 482. Il n'avoit pas
la même indulgence pour les offenses qui ne le regardoient
pas. « Le jour des Rois, comme le Roi s'acheminoit pour
» aller à la communion, M. de Roquelaure, qui avoit épié
» cette occasion comme la plus propre pour la grace qu'il
» vouloit demander pour Saint-Chamand (François de Hau-
» tefort,) son parent, lequel avoit fait donner les étri-
» vieres au lieutenant-général de Tulles (Pierre de Fenis,
» sieur du Teil,) sans aucun sujet, et dont sa Majesté
» avoit ordonné qu'on fit une justice exemplaire, s'appro-
» cha du Roi, et le supplia de vouloir bien pardonner à
» Saint-Chamand, pour l'amour de celui qu'il alloit rece-
» voir, et qui ne pardonnoit qu'à ceux qui pardonnoient ;
» auquel sa Majesté répondit, en le regardant : allez, et
» me laissez en paix : je m'étonne comme vous osez me
» faire cette requête, lorsque je vais protester à Dieu de
» faire justice, et lui demander pardon de ne l'avoir pas
» faite ». *Mém. pour l'hist. de Fr. tom.* 2, *pag.* 262. Il
répondit à M. le Grand, qui l'importunoit en faveur du fils
du comte de la Martiniere, condamné à mort pour avoir
tué sa sœur : « qu'après qu'on lui auroit rompu les os des
» bras et des jambes, il lui en donneroit les cendres ». Et
à un autre Seigneur : « que s'il eût été pere de ce misérable,
» il n'en eût pas voulu faire la requête ». Il fit encore à un
autre une plaisante réponse, mais chrétienne et remarquable. « Ventre-saint-gris, lui dit-il, se prenant à gratter
» sa tête, j'ai assez de péchés sur ma tête, sans y mettre
» encore celui-là ». *L'Étoile*, 2 *part. pag.* 115. Quelqu'un
voulant l'engager à punir l'auteur de *l'Isle des Hermaphro-*

il n'est que trop souvent arrivé dans cette monarchie. Il vouloit, disoit-il, que la gloire disposât de ses dernieres années, et les rendît tous ensemble utiles aux hommes, et agréables à Dieu. Les idées des grandes, rares et belles choses, se trouvoient placées comme d'elles-mêmes dans son esprit ; ce qui lui faisoit regarder l'adversité comme un simple obstacle passager, et la prospérité comme son état naturel. Il avoit fait dessécher des marais, pour s'essayer à un plus grand ouvrage qu'il alloit entreprendre : c'étoit de joindre les deux mers et les grands fleuves par des canaux. Le temps est tout ce qui lui a manqué pour ses glorieuses entreprises.

Il disoit souvent qu'il demandoit à Dieu dix choses, d'où est venu le mot des *dix souhaits de Henri IV*. Il n'eut pas le bonheur de les obtenir toutes : les voici. 1°. La grace et les biens spirituels. 2°. De conserver jusqu'à la mort, l'usage de toutes les facultés de son esprit, et de tous les membres de son corps. 3°. De voir la religion qu'il avoit autrefois professée, dans une situation fixe et tranquille. 4°. D'être délivré de sa femme (c'est de la premiere que cela doit s'entendre,) et d'en retrouver une selon son humeur, qui lui donnât des Princes, qu'il eût le temps d'élever et

---

dites : « je ferois conscience, dit-il, de fâcher un homme, » pour avoir dit la vérité ».

d'instruire lui-même. 5º. De rendre à la France son ancienne splendeur. 6º. De conquérir sur l'Espagne, soit la Navarre, soit la Flandre et l'Artois. 7º. De gagner une bataille en personne contre le roi d'Espagne, et une autre contre le Grand-Seigneur; c'est sur quoi il portoit envie au prince dom Juan d'Autriche. 8º. De faire rentrer dans son devoir, sans être obligé d'avoir recours à des remedes violens, la faction huguenotte, qui avoit pour chefs les ducs de Bouillon, de la Trémouille, &c. Et il y joignoit pour neuvieme souhait, de voir ces deux hommes, et le duc d'Epernon, réduits à implorer sa clémence. Il fut long-temps sans vouloir déclarer le dixieme, qui regardoit l'accomplissement de ses grands desseins. Les deux objets principaux qu'il s'y proposoit, firent qu'il le partagea en deux. L'un avoit rapport à la religion; et c'étoit de réduire du moins aux trois principales, ce nombre prodigieux de religions, qui remplissent et divisent l'Europe, puisqu'il étoit impossible de réunir tout le monde sous une seule. L'autre étoit purement politique, et regardoit le nombre, le partage et l'égalité des puissances, dont il avoit intention de composer cette espece de grande république, suivant le plan que j'en tracerai bientôt.

Je démentirois tout ce que j'ai dit jusqu'à présent, si après avoir loué ce Prince sur une infinité de qualités vraiment louables, je ne convenois pas qu'elles ont été balancées par des défauts, et même assez grands. Je n'ai dissimulé ni sa passion pour les femmes, ni son attachement au jeu, ni sa douceur, souvent poussée jusqu'à la foiblesse, ni son penchant pour tous les plaisirs. Je n'ai déguisé ni les fautes qu'ils lui firent commettre, ni les folles dépenses qu'ils lui firent faire, ni tout le temps qu'ils lui firent perdre. Mais j'ai remarqué en même-temps, pour donner à la vérité ce qu'on lui doit des deux côtés, que ses ennemis ont outrément exagéré tous ces objets: que s'il fut, si l'on veut, l'esclave des femmes, jamais pourtant elles ne déciderent, ni du choix de ses Ministres, ni du sort de ses serviteurs, ni des délibérations de son Conseil. Il faut en dire autant de tout le reste; et pour tout comprendre en un mot, il suffit de voir ce qu'il a fait, pour convenir qu'il n'y a aucune comparaison à faire dans sa personne entre le bien et le mal, et que puisque l'honneur et la gloire ont toujours eu le pouvoir de l'arracher au plaisir, on doit les reconnoître pour ses grandes, ses véritables passions.

Je trouve une lettre, qu'il me fit écrire par Loménie, parce qu'il s'étoit, disoit-il, légérement blessé au pouce: elle est écrite de Chantilly, du 8 Avril, mais sans date d'année; on ne sera pas fâché, je crois, de l'entendre parler lui-même sur cette matiere. Ce qui lui fit naître le dessein de la traiter, comme il me le dit lui-même au commencement de cette lettre, ce sont tous les discours du public, qu'il se plaisoit à se faire rapporter, en s'entretenant tous les jours familiérement avec Roquelaure, Frontenac, la Riviere, du Laurens, d'Arambure, Morlas-Salette, la Varenne, Bonnieres, du Jon, Béringhen, l'Oserai, Armagnac, Jacquinot, Perroton et quelques autres, qui souvent s'acquittoient assez exactement de l'ordre qu'il leur donnoit, de ne lui rien cacher de ce qu'ils entendoient dire contre lui.

Il rapporte donc d'abord, que ses ennemis et ses envieux l'accusent de négliger et même de mépriser, ce sont ses termes, les grands et les plus qualifiés de son royaume, et de consommer en folles et inutiles dépenses l'argent qui, selon eux, auroit été mieux employé à leur accorder des gratifications (*). « Les uns, dit-il, me blâment d'ai-
» mer trop les bâtimens et les riches ouvrages ;
» les autres, la chasse, les chiens et les oiseaux ;
» d'autres, les cartes, les dés, et autres sortes

(*) « On dit, dit-il, que je suis chiche ; mais je fais
» trois choses bien éloignées d'avarice ; car je fais la guerre,
» l'amour, et je bâtis ». *Le Grain, liv.* 8. « Aucuns l'ont
» estimé un peu bien ménager ; mais ce sont ceux qui n'ont
» pas sçu les grandes nécessités où il s'étoit trouvé, jusqu'à
» avoir pu dire, lors du siege de Dieppe, qu'il étoit Roi
» sans royaume, mari sans femme, et faisoit la guerre sans
» argent ». *Mercure François, année* 1610, *pag.* 185.

» de jeux ; d'autres, les Dames, la table, les
» assemblées, la comédie, la danse, les courses
» de bagues, et autres divertissemens dans ce
» genre (*), où, disent-ils, on me voit encore
» aussi gai avec ma barbe grise, et tirant autant
» de vanité d'avoir fait une belle course, donné
» deux ou trois dedans, disent-ils en riant, et ga-
» gné une bague de quelque belle Dame, que je
» pouvois faire en ma jeunesse, et que le
» jeune homme le plus vain de la cour. Je ne
» nierai pas, poursuit-il, que dans tout cela il n'y
» ait quelque chose de vrai ; mais il me semble
» aussi que n'y faisant rien avec excès, ce doit
» être plutôt un sujet de louange que de blâme
» pour moi ; et en tout cas, on doit me passer
» quelque chose dans des divertissemens qui n'ap-
» portent ni dommage, ni incommodité à mes
» peuples, par forme de compensation de tant de
» travaux, de peines, de fatigues et de dangers
» par où j'ai passé depuis mon enfance jusqu'à

_____

(*) « Dans les festins et dans les carrousels, il vouloit
» paroître aussi bon compagnon et aussi adroit que pas un
» autre. Il étoit de belle humeur, le verre à la main ;
» quoiqu'il fût assez sobre, sa gaieté et ses bons mots fai-
» soient la plus douce partie de la bonne chére. Il ne té-
» moignoit pas moins d'adresse et de valeur aux combats à
» la barriere, aux courses de bagues, et à toutes les ga-
» lanteries que les plus jeunes Seigneurs : il se plaisoit
» même au bal, et il dansoit quelquefois ; mais, à dire
» vrai, avec plus d'enjouement que de bonne grace ». *Pérefixe*, pag. 380.

» cinquante ans.... Je vous ai ouï dire, ajoute ce
» Prince, lorsque quelqu'un blâmoit vos actions,
» que l'Ecriture n'ordonne pas absolument de
» n'avoir ni péchés, ni défauts, parce que ce
» sont des infirmités attachées à la nature hu-
» maine ; mais seulement de ne pas s'en laisser
» dominer, ni les laisser regner sur nos volon-
» tés ; c'est à quoi je me suis étudié, ne pou-
» vant faire mieux (*). Vous sçavez par beaucoup
» de choses qui se sont passées avec mes maî-
» tresses (ce que tout le monde regarde comme celle
» de toutes les passions qui a le plus d'empire
» sur moi,) si je ne vous ai pas souvent soutenu
» contr'elles, jusqu'à leur dire, lorsqu'elles fai-
» soient les acariâtres, que j'aimerois mieux avoir
» perdu dix maîtresses comme elles, qu'un ser-
» viteur comme vous ; c'est ce que vous me verrez
» encore faire, je vous en donne ma parole, lorsque
» les occasions se présenteront d'exécuter les glo-
» rieux desseins que vous sçavez que j'ai depuis long-

(*) « Je demande, disoit ce Prince, tous les jours trois
» graces à Dieu ; l'une, qu'il lui plaise de pardonner à mes
» ennemis ; l'autre, de me donner victoire sur mes passions,
» et notamment sur la sensualité ; la troisieme, de bien
» user de l'autorité qu'il m'a donnée, et de n'en abuser ja-
» mais. Je voudrois bien faire ce qu'ils disent, ajoutoit-il,
» parlant des remontrances que lui faisoient quelquefois les
» Prélats et autres ecclésiastiques ; mais ils ne pensent pas
» que je sçache tout ce qu'ils font ». *Mathieu*, *tom.* 2.
pag. 838.

» temps dans l'esprit : je vous ferai bien voir alors
» que je sçais quitter maîtresses, chiens, oiseaux,
» jeux, bâtimens et festins, plutôt que de manquer
» à acquérir de l'honneur et de la gloire. Je mets
» ma principale, après mon devoir envers Dieu,
» ma femme, mes enfans, mes fideles serviteurs et
» mes peuples, que j'aime comme mes enfans (*),
» à être tenu pour Prince plein de foi et de pa-
» role », &c.

Mais il est temps de reprendre le désagréable récit de ce qui arriva après la mort de ce bon Prince, quelque triste qu'il soit pour moi ; ces Mémoires ne doivent finir que là où j'ai cessé de prendre part aux affaires du gouvernement.

Dans le cruel abattement où me jettoit la nouvelle de la mort du Roi, mon cher maître, je pensai qu'il se pouvoit bien faire que, quoique blessé à mort, il lui restât encore quelque peu de vie ; et mon esprit embrassant avidement cette foible lueur d'espérance et de consolation : « Qu'on
» me donne mes habits et mes bottes, dis-je à
» ceux qui étoient autour de moi ; qu'on me fasse
» seller de bons chevaux, car je n'irai point en
» carrosse ; et que tous mes gentilshommes se

(*) « Je n'ai que deux yeux et deux pieds, disoit en-
» core ce bon Prince, en quoi suis-je donc différent du reste
» de mes sujets, sinon en ce que j'ai la force de la justice
» en ma disposition » ? *Ibid.*

» tiennent prêts pour m'accompagner : je veux
» aller voir ce qui en est ». Je n'avois dans ce
moment que deux ou trois de mes domestiques
auprès de moi, tous les autres voyant que mon indisposition m'empêcheroit de sortir de tout le reste
du jour, et même de m'habiller, s'étoient dispersés en différens endroits; mais le bruit de la blessure du Roi, qui ne tarda pas à être répandu dans
tous les quartiers de la ville, les avoit presque tous
ramenés avant que je fusse à cheval ; et avec eux,
un si grand nombre d'autres personnes qui m'étoient
particuliérement attachées, qu'avant que je fusse
vis-à-vis la maison de Beaumarchais, j'avois
déjà plus de cent chevaux à ma suite; et en peu
de momens ma troupe se trouva encore grossie
de plus de moitié, parce qu'à mesure que je
m'avançois, je rencontrois quelques-uns des fideles serviteurs du Roi, qui venoient me trouver
pour sçavoir de moi le parti qu'ils avoient à prendre dans cette triste conjoncture. La consternation
et le deuil public (*) furent une preuve combien ce

(*) La description qu'en fait Péréfixe, *pag.* 415, est
tout-à-fait touchante. « Quand le bruit de cet accident si
» tragique, dit-il, fut épandu par tout Paris, et qu'on sçut
» assurément que le Roi, qu'on ne croyoit que blessé,
» étoit mort; ce mélange d'espérance et de crainte, qui
» tenoit cette grande ville en suspens, éclata tout d'un coup
» en de hauts cris et en de furieux gémissemens. Les
» uns devenoient immobiles et pâmés de douleur; les au-
» tres couroient les rues tout éperdus; plusieurs embras-

Prince étoit tendrement aimé dans sa capitale. C'étoit quelque chose de véritablement touchant, que de voir en combien de manieres et par combien de démonstrations sensibles, les bourgeois et toute la populace de cette grande ville exprimoient leur affection et leurs regrets ; des gémissemens, des pleurs, un morne silence, des cris douloureux, lever les bras vers le ciel, joindre les mains, hausser les épaules, se frapper la poitrine ; voilà le spectacle qui s'offrit par-tout à mes yeux. Quelques-uns m'envisageoient tristement, et me disoient : « Ah ! Monsieur, nous sommes tous perdus, si notre bon Roi est mort ».

» soient leurs amis, sans leur dire autre chose, sinon :
» *eh ! quel malheur !* Quelques-uns s'enfermoient dans leurs
» maisons ; d'autres se jettoient par terre. On voyoit des
» femmes échevelées, qui hurloient et se lamentoient. Les
» peres disoient à leurs enfans : que deviendrez-vous, mes
» enfans ? vous avez perdu votre pere. Ceux qui avoient
» plus d'appréhension pour l'avenir, et qui se souvenoient
» des horribles calamités des guerres passées, plaignoient
» les malheurs de la France, et disoient que ce funeste coup,
» qui avoit percé le cœur du Roi, coupoit la gorge à tous
» les François. On raconte qu'il y en eut plusieurs qui en furent
» si vivement touchés, qu'ils en moururent, quelques-
» uns tout sur le champ, et les autres peu de jours après.
» Enfin il ne sembloit pas que ce fût le deuil d'un homme
» seul, mais de la moitié de tous les hommes. On eût dit
» que chacun avoit perdu toute sa famille, tout son bien
» et toutes ses espérances, par la mort de ce grand Roi.
» Tous les Rois et Princes, ajoute l'historien Mathieu, dé-
» plorerent sa mort. Le roi d'Espagne, pressé de la vérité
» et de la douleur, dit : que le plus grand capitaine du
» monde étoit mort..... Les Vénitiens disoient : *notre*
» *Roi est mort* ». Ibid. pag. 834.

En passant dans la rue de la Pourpointerie, un homme que je n'appercevois point, et qu'à peine je remarquai, passa à côté de moi, et me mit entre les mains un billet, que je donnai à lire à trois ou quatre de ceux qui étoient les plus proches de moi. Il contenoit ce peu de mots : « Monsieur, » où allez-vous ? c'en est fait, je l'ai vu mort. Si » vous entrez dans le Louvre, vous n'en réchap- » perez pas non plus que lui ». Ce billet me donnant l'affreuse certitude que je cherchois, je ne pus m'empêcher de fondre en larmes ; il me fut bientôt confirmé de mille endroits. Du Jon, que je rencontrai vers S. Innocent, me dit : « Monsieur, » notre mal est sans remede, Dieu en a disposé, » je le sçais pour l'avoir vu ; pensez à vous ; car » cet étrange coup aura de terribles suites ». A l'entrée de la rue S. Honoré, vers la Croix du Trahoir, on me jetta encore un billet tout semblable au précédent. Je continuois pourtant malgré tout cela mon chemin vers le Louvre, et j'avois bien alors trois cent chevaux, lorsque je trouvai Vitry au carrefour des Quatre-Coins. Il vint m'embrasser en poussant des cris lamentables, qu'il n'étoit pas en son pouvoir de retenir : je n'ai jamais vu un homme aussi affligé, qu'il me parut l'être. « Ah ! Monsieur, s'écria-t-il, on nous a tué » notre bon maître ; c'est fait de la France, il » faut mourir ; pour moi, je suis bien assuré de

» n'avoir pas encore beaucoup de temps à vivre,
» et je vais sortir de France, pour n'y rentrer
» jamais ; il faut dire adieu à tout le bon ordre
» que vous y aviez établi. Mais, Monsieur, me
» dit-il ensuite, où allez-vous avec tant de gens ?
» on ne vous laissera pas approcher du Louvre,
» ni entrer dedans, avec plus de deux ou trois per-
» sonnes ; de cette maniere, je ne vous le conseille
» pas, et pour cause (*). Il y a de la suite dans

(*) On sent par la maniere dont s'exprime par-tout ici M. le duc de Sully, qu'il se croit obligé de se justifier sur une faute qu'on l'accuse d'avoir faite en cette occasion. Voici comme en parle le maréchal de Bassompierre : « En
» sortant pour aller vers la rue S. Antoine, nous rencon-
» trâmes M. de Sully avec quelques quarante chevaux ; le-
» quel étant proche de nous, commença d'une façon éplou-
» rée à nous dire : Messieurs, si le service que vous aviez
» voué au Roi, qu'à notre grand malheur nous venons de
» perdre, vous est aussi avant en l'ame qu'il le doit être à
» tous bons François, jurez tout présentement de conserver
» la même fidélité que vous lui avez rendue, au Roi son
» fils et successeur, et que vous emploierez votre sang et
» votre vie, pour venger sa mort. Monsieur, lui répon-
» dis-je, c'est nous qui faisons faire ce serment aux autres ;
» et nous n'avons pas besoin d'exhortateur en une chose à
» quoi nous sommes si obligés. Je ne sçais si ma réponse le
» surprit, ou s'il se repentit d'être venu si avant hors de
» son fort ; il partit en même temps, et nous tourna le
» visage, et alla s'enfermer dans la Bastille, envoyant en
» même temps enlever tout le pain qu'il put trouver aux
» halles et chez les Boulangers. Il dépêcha aussi en dili-
» gence vers M. de Rohan son gendre, pour lui faire tour-
» ner tête avec 6000 Suisses qui étoient en Champagne, et
» dont il étoit colonel-général, et marcher droit à Paris ; ce
» qui fut depuis un des prétextes que l'on prit pour l'éloigner
» des affaires, joint à ce qu'il ne put jamais être persuadé

» ce dessein, ou je suis bien trompé; car j'ai vu
» des personnes qui sentent si peu la perte qu'ils

» par MM. de Praslin et de Créquy, qui le vinrent semondre
» de se présenter au Roi, comme tous les autres grands; et
» n'y vint que le lendemain, que M. de Guise l'y amena
» avec peine; après quoi, il contremanda son gendre avec
» ses Suisses, qui étoient déjà avancés une journée vers
» Paris ». *Tom.* 1, *pag.* 300. L'Etoile se contente de dire :
« M. de Sully, plus mort que vif, vint trouver la Reine,
» qui lui fit bon accueil, le continua en toutes ses charges,
» et le renvoya à l'Arsenal pour y exercer sa charge ». *Mém.
hist. de Fr. pag.* 309. Mais son commentateur paroît du
même avis que Bassompierre, dont il cite à la marge l'endroit que nous venons de rapporter. L'auteur de l'histoire de
la mere et du fils invective fort à ce sujet contre M. de Sully,
sans pourtant faire mention, ni de l'enlevement du pain,
ni de la députation vers les Suisses. Il n'accuse ce Ministre
que de s'être laissé aller avec trop de foiblesse à la crainte
que pouvoient lui donner les ennemis qu'il avoit auprès de
la Reine. « Quelques-uns de ses amis, dit-il, n'oublierent
» rien de ce qu'ils purent, pour le conjurer de satisfaire à
» son devoir, passant par-dessus ses appréhensions et craintes; mais comme les esprits les plus audacieux sont souvent les moins hardis et les moins assurés, il fut d'abord
» impossible de lui donner la résolution nécessaire à cet effet.... Il fut long-temps sans pouvoir s'assurer. Sur le
» soir, Saint-Gerant, qu'il avoit obligé, et qui témoignoit
» être fort de ses amis, l'étant venu trouver, il le fit enfin
» résoudre à quitter son Arsenal, et aller au Louvre. Comme
» il fut à la Croix du Trahoir, ses appréhensions le saisirent
» de nouveau, et si pressamment, sur quelques avis qu'il
» reçut en ce lieu, qu'il s'en retourna avec cinquante ou soixante
» chevaux qui l'accompagnoient, à la Bastille, dont il étoit
» capitaine, et pria le sieur de Saint-Gerant d'aller faire ses
» excuses à la Reine, et l'assurer de sa fidélité et de son service ». *Tom.* 1, *pag.* 49.

A s'en tenir à cet exposé, tout désavantageux qu'il est au
duc de Sully, il n'y auroit lieu tout au plus qu'à le blâmer
d'avoir porté trop loin la précaution contre une entreprise sur
sa personne, qu'on suppose chimérique; mais l'historien

» ont faite, qu'ils ne sçauroient cacher qu'ils n'ont
» point dans le cœur la tristesse qu'ils y devroient
» avoir; cela m'a pensé faire crever de dépit : et
» si vous l'aviez vu, vous penseriez comme moi.
» Je suis d'avis, ajouta-t-il, que vous vous en
» retourniez ; il y a assez d'affaires à quoi vous

Mathieu, le mieux informé de tous ces écrivains, nous apprendra que cette crainte du Ministre n'étoit pas aussi mal fondée, que ses ennemis ont voulu le faire croire. Voici comme il traite cet article. « On avoit donné à la Reine
» quelqu'ombrage du duc de Sully, et on la conseilloit de s'as-
» surer de lui, parce qu'il avoit en main la Bastille, l'artillerie
» et l'argent du Roi. Il s'étoit baigné ce jour-là ; et étant
» averti de ce malheureux accident, monta à cheval pour
» aller au Louvre, et étant à la Croix du Trahoir, suivi
» de quarante gentilshommes, il eut quelques avis qui le
» firent rebrousser. La Reine, pour le faire venir, lui en-
» voya le duc de Guise, qui le trouva vers la grande allée
» du jardin, du côté de la Bastille, et lui dit le comman-
» dement de la Reine. Il pria de l'excuser, parce qu'il étoit
» averti qu'on lui dressoit quelque partie... La résolution
» qu'il prit (avec le duc de Guise, le comte de Béthune et
» quelques autres amis,) fut qu'il acheveroit le reste du jour,
» et que le lendemain il iroit voir la Reine ; et le duc de Guise
» lui promit de le venir prendre, et l'assura qu'il perdroit la
» vie et celle de tous ses amis, premier que de souffrir qu'aucun
» déplaisir lui fût fait. Il retourna vers la Reine, et lui fit agréer
» les considérations qui retenoient le duc de Sully, sous la pa-
» role qu'il avoit donnée de la venir voir le lendemain. Incon-
» tinent après, le duc de Sully entra avec bon nombre de
» gentilshommes, à la Bastille, où il avoit fait porter tout
» le pain qu'il avoit trouvé chez les Boulangers de Paris », &c.
Hist. de Louis XIII. pag. 2 et 3. Ajoutez à cela ce que dit le duc de Sully, des avis qu'il recevoit de toutes parts, que ce coup pouvoit avoir de terribles suites, à quoi l'on ne s'attendoit point ; on trouvera peut-être qu'il n'y a eu que de la prudence dans ce Ministre, à en user ainsi, pour la tranquillité publique, et pour sa sûreté particuliere.

» avez à pourvoir, sans aller au Louvre ».

Ce concert de discours, de billets et d'avis, me frappa à la fin. Je m'arrêtai tout court; et après avoir tenu conseil avec Vitry, et dix ou douze des principaux de la troupe, je crus qu'il étoit plus sage de m'en retourner chez moi; et je me contentai d'envoyer offrir à la Reine mon obéissance et mes services. Je la fis assurer en même temps, qu'en attendant qu'elle me fît part de ses commandemens, j'allois toujours commencer par veiller avec plus de soin qu'auparavant, sur la Bastille, l'Arsenal, les troupes, l'artillerie, et sur les affaires, soit de mon gouvernement, soit de mes autres emplois.

Je ne faisois qu'entrer dans la rue S. Antoine, et le gentilhomme que j'avois chargé de ce message, ne pouvoit encore s'en être acquitté, lorsque j'en vis arriver un de la part de cette Princesse, qui me prioit de venir le plus promptement que je pourrois au Louvre, et d'amener peu de gens avec moi; qu'elle avoit des choses de grande importance à me communiquer, et que je m'en reviendrois aussi-tôt. Cette proposition d'aller seul au Louvre me livrer entre les mains de mes ennemis, dont il étoit rempli, n'étoit guères propre à me faire revenir de mes soupçons : ajoutez qu'on vint me dire en ce moment, qu'un exempt des Gardes et quelques archers avoient

été

été vus aux premieres portes de la Bastille, qu'on en avoit envoyé d'autres au Temple, où étoient les poudres, et chez les trésoriers de l'épargne, pour y arrêter tous les deniers. Je tirai un si mauvais augure de ce que tout cela s'étoit fait sans m'en donner avis, que je ne balançai point sur la réponse que j'avois à faire à la Reine. Je lui fis dire par son gentilhomme, que j'étois persuadé que lorsqu'elle auroit entendu celui que j'avois eu l'honneur de lui députer, elle entreroit dans mes raisons, et changeroit de sentiment, qu'ainsi j'attendrois la réponse qu'il devoit m'apporter de sa part, à l'Arsenal et à la Bastille, d'où je ne m'éloignerois point.

La Reine ne s'en tint pas là. Elle me députa coup sur coup MM. de Montbazon, de Praslin, de Schomberg, la Varenne, et après tous ceux-là, mon frere. Je ne sçavois que penser des instances réitérées, en les voyant arriver tous à un quart-d'heure l'un de l'autre; ma défiance en augmenta. Je résolus de n'aller point au Louvre de tout le reste du jour. Assurément l'état dans lequel j'étois, pouvoit tout seul me servir d'une bonne excuse. L'effort que j'avois fait, après le bain que j'avois pris le matin, et après un repas très-léger, l'état de mon esprit, plus cruel encore que celui de mon corps, tout cela m'avoit causé une sueur dont j'étois pénétré, et une lassitude si grande, que je ne pouvois plus me soutenir ; ce qui m'obligea, lorsque je fus arrivé à mon appartement de la Bastille où je me rendis, de changer de chemise et de me mettre au lit, où je demeurai jusqu'au lendemain ; MM. le Connétable et d'Epernon m'y envoyerent visiter, et offrir leurs services. La maniere dont ils me donnerent le conseil d'aller voir la Reine, me faisant croire que je pouvois le faire sans risquer ; et cette Princesse m'en ayant encore pressé par de nouveaux couriers qu'elle m'envoya toute l'après-midi, je passai enfin par-dessus la condition qu'on y mettoit toujours, que ce seroit avec peu de personnes à ma suite, et je résolus d'y aller le lendemain.

Trois cent personnes à cheval attendoient, dès le matin, le moment de ma sortie, pour m'accompagner, comme la veille. C'étoient ou des parens, ou des amis, ou des gens qui n'étant ni l'un, ni l'autre, paroissoient attachés à moi par l'apparence d'une nouvelle faveur, peut-être par la honte de s'en détacher trop tôt. Je les remerciai tous, et leur fis entendre les raisons que j'avois de ne me faire escorter d'aucune personne tant soit peu remarquable, et de me restreindre au petit nombre qui composoit mon train ordinaire. Ce fut donc avec mes seuls domestiques, au nombre d'environ vingt, que j'arrivai au Louvre. En y entrant, je n'apperçus de marques d'une douleur sincere, que dans ceux qui étoient attachés par quelqu'emploi à la personne du Roi. Pour ceux-ci, officiers et subalternes, ils paroissoient tous sentir vivement la perte publique. A mesure que je passois les différentes portes, je les voyois s'avancer vers moi, les larmes aux yeux, pour m'embrasser ou gémir en ma présence : « Hélas! » Monsieur, s'écrioient-ils, nous avons tout perdu » en perdant notre bon maître ». Et ils me conjuroient avec une véritable effusion de cœur, de ne point abandonner les enfans, après avoir, disoient-ils, si bien servi le pere.

Mais il s'en falloit de beaucoup, je suis obligé de le dire, que l'intérieur du palais, et ce qu'on appelle la Cour, me présentât le même objet. Je ne vis, ou que des visages composés, qui m'affligerent d'autant plus, qu'ils s'efforçoient inutilement de me paroître affligés, ou que des visages si gais, qu'ils me firent joindre l'indignation à la douleur. Lorsque je me trouvai en présence de la Reine, le peu de constance dont je m'étois armé, m'abandonna si absolument, que j'éclatois en cris et en sanglots. Elle ne retrouva plus elle-même cette force avec laquelle elle s'étoit préparée à me recevoir, et nous fîmes ensemble une scene qui dut paroître bien touchante. Elle me fit apporter le Roi, dont les embrassemens et les caresses furent un nouvel assaut, auquel mon cœur eut bien

de la peine à ne pas succomber. Je ne me souviens plus ni de ce que me dit ce jeune Prince, ni de ce que je lui dis moi-même en ce moment. Je sçais seulement qu'on eut beaucoup de peine à me l'arracher d'entre les bras, tant je le tenois étroitement serré : « Mon fils, lui disoit la Reine
» sa mere, pendant ce temps-là, c'est M. de
» Sully ; il le faut bien aimer, car c'est un des
» meilleurs et des plus fideles serviteurs du Roi
» votre pere ; et je le prie qu'il continue à vous
» servir de même ». Nous tînmes quelques autres discours, cette Princesse et moi, sans pouvoir trouver le moment d'essuyer nos larmes. Elle a dit depuis, que j'étois, avec une autre personne de la cour, celui dont la vue l'avoit le plus attendrie.

Une réception si remplie de marques de distinction et de confiance, mit tous les Princes, les Seigneurs et les membres du Conseil, qui étoient aux côtés de la Reine, dans la nécessité d'enchérir les uns sur les autres en protestations d'amitié, de service et d'attachement. Ils ne me trompoient pas assurément ; car je connoissois leur intérieur, comme eux-mêmes. Je sçavois déjà que dans le projet qu'ils avoient formé, de profiter de la conjoncture présente pour augmenter en biens et en dignités, aux dépens même de la gloire de l'Etat, de l'honneur du Roi et de l'utilité publique, je devois m'attendre à être en butte à tous leurs coups, parce qu'ils s'attendoient eux-mêmes à ne trouver d'obstacle que dans la fermeté de mon esprit, et dans la sévérité de mes réglemens. Ils en avoient assez d'exemples pour ne pas douter que le seul parti qui leur restât à prendre, étoit de chercher à m'ôter tout-à-fait l'administration des affaires. Ainsi lorsqu'on fit jouer dans la suite les grandes batteries pour me mettre mal dans l'esprit de la Reine, supposé qu'on n'eût pas déjà commencé, lorsque les Jésuites et leurs adhérens firent agir le Nonce, pour prononcer l'arrêt de mon éloignement, lorsque mes confreres dans le conseil et les finances, mirent en œuvre Conchine et sa femme, pour insinuer aux deux Princes du sang, qu'ils n'auroient jamais de véritable autorité, tant que je serois à la tête des affaires; mais qu'elles ne pouvoient m'être ôtées que pour tomber entre leurs mains; lorsqu'on eut fait goûter à tous les autres, que dépendre de Conchine, étoit être véritablement maître; enfin, lorsque je vis tout le monde travailler avec une égale ardeur à préparer ma chûte, il n'arriva rien que je n'eusse prévu et prédit.

Le premier acte du Parlement, si-tôt qu'il eut vu le Roi mort, ayant été de déférer la régence à la Reine-mere, on jugea nécessaire que le Roi y allât en personne tenir son lit de justice et confirmer cette nomination (*). La matinée du lendemain de la mort du Roi ayant été choisie pour cette cérémonie, je fus encore prié dès la pointe du jour, de la part de la Reine, d'y accompagner sa Majesté. J'apportai toutes sortes d'excuses pour m'en dispenser; je feignis même de me trouver si mal, qu'il m'étoit impossible de me lever de tout ce jour-là : je sentois une extrême répugnance pour ce qu'on exigeoit de moi. Il fallut pourtant encore avoir cette complaisance ; la Reine m'en ayant fait faire instances sur instances. Ne trouvant que de nouveaux sujets d'amertume et de serrement de cœur, dans le son des tambours et des instrumens, et jugeant qu'un visage baigné de pleurs, figuroit mal avec les cris de joie et d'allégresse dont tout retentissoit, je perçai la foule, et vins des premiers dans la salle des Augustins, où se tenoit le Parlement.

Deux ou trois Cardinaux ayant voulu comme moi, éviter la presse, s'étoient rendus avant les autres dans la salle, où ils allerent s'asseoir sur le banc destiné aux Ecclésiastiques, au côté gauche

___

(*) Voyez l'ordre et le détail de cette cérémonie dans le *Mercure François* et les historiens, *année* 1610. Dans le conseil qui fut assemblé pour sçavoir si la Reine devoit aller au Parlement, le duc de Sully se contenta de dire simplement : « que n'y ayant point de loi qui défendît à la Reine d'aller au » Parlement, il étoit indifférent d'y aller ou de demeurer ». *Mathieu*, ibid. pag. 4.

du trône préparé pour sa Majesté, dont ils prirent le haut bout. Les évêques de Langres, de Beauvais et de Noyon survenant ensuite, ces Messieurs, dont la chimere est que leur qualité de pairs leur donne droit de précéder dans le Parlement Princes et Cardinaux, n'eurent garde de se ranger au-dessous de ceux-ci, qu'ils voyoient placés, ils passerent au côté droit, et se mirent au plus haut du banc. Je les y trouvai en arrivant, et leur dis fort doucement, qu'ils n'étoient pas à leur place, et que je leur conseillois, comme leur ami, de passer du côté gauche, parce qu'ils ne devoient pas s'attendre que quantité de Pairs laïcs, qui alloient entrer dans le moment, leur laissassent tranquillement la main droite. Ils commencerent à vouloir m'étourdir de leur distinction ordinaire de pairies de premiere érection et de pairies ecclésiastiques, qui, selon eux, les mettent beaucoup au-dessus des nouveaux Ducs. La contestation ne fut pas longue de ma part; je leur dis seulement, qu'ils alloient bientôt trouver à qui parler: ce qui ne manqua pas. La décision qu'on fut obligé de porter sur l'heure, les condamna à laisser le banc droit aux Pairs laïcs, et à passer à celui des clercs, du côté gauche, où les Cardinaux n'étant pas plus d'humeur de leur céder, ils aimerent mieux sortir tout-à-fait, et ne point assister à la cérémonie. Je n'y pris pas plus de part qu'eux, quoique présent. La Reine dut être fort contente (*) ; tout lui fut accordé, sans même recueillir les suffrages.

Je ne fus pas long-temps sans m'appercevoir que quoiqu'on affectât à l'extérieur de ne négliger aucune des formalités qui s'observent ordinairement dans l'établissement d'une légitime régence, quoiqu'on voulût faire passer le changement qu'on commençoit à laisser appercevoir dans l'administration, pour l'effet commun et nécessaire d'une mutation de gouvernement ; enfin que quoiqu'on s'étudiât à faire entendre que ce gouvernement n'avoit pour objet, que de donner plus de force et de lustre à l'autorité d'un Roi enfant, ceux qui faisoient agir la Reine, ne songeoient pourtant réellement qu'à travailler sous ce masque pour leur compte. Toutes ces apparences de régularité s'évanouissoient lorsqu'on les regardoit d'un peu près, et ne laissoient plus voir que des manquemens réels à l'ordre et à la forme qui effrayoient le petit nombre de personnes bien intentionnées. Je crus être dans l'obligation, et en quelque sorte encore en droit de faire sentir que je voyois l'abus, et que je ne l'approuvois pas ; mais le temps des libres remontrances, que le deuil du premier jour de la mort du Roi, et l'embarras du second avoient

───────────

(*) Voyez sur l'ordre de cette cérémonie, les historiens ci-dessus.

laissé subsister, étoit déjà presque passé dès le troisieme. On secoua en aussi peu de temps le joug de la contrainte, des dehors composés, et d'une montre de douleur dont le cœur avoit trop à souffrir. La stupidité, au défaut de véritable sujet de joie, produisit cet effet dans quelques-uns; dans quelques autres, ce fut la légéreté; dans d'autres, le simple mouvement des affaires publiques ou particulieres, et sur-tout la crainte de déplaire à des personnes dont l'exemple est fait pour donner le ton à toute la cour.

Voici donc quelle fut après les trois premiers jours, la face de ce nouveau monde. A s'arrêter au simple dehors, et à tout ce qui est fait pour attirer les yeux, rien n'auroit paru changé au Louvre. La pompe lugubre y paroissoit avoir raffiné sur tout. Les tentures, dont les murailles, les planchers et les plafonds étoient couverts, les meubles et tous les autres instrumens d'un deuil public, auroient pu faire regarder les appartemens de parade de ce palais, comme le séjour même de la tristesse et le domicile de la mort. La chose commençoit à paroître un peu plus douteuse, lorsqu'on passoit de-là à envisager le maintien des personnes destinées à faire les honneurs de cette triste cérémonie; car si parmi eux l'on voyoit encore pousser de sinceres gémissemens, et verser de véritables larmes, il n'y avoit que trop d'ailleurs de quoi former et faire sentir le contraste. Mais si de-là on descendoit dans les appartemens de dessous, qu'on appelloit *les entre-sols*, c'est en ces endroits qu'on pouvoit prendre une véritable idée de la disposition des cœurs et des esprits. La magnificence, bannie de tout le reste du palais, en avoit fait son asyle. L'or, la pourpre, la broderie, les ornemens somptueux, en faisoient un lieu de délices : le luxe y étoit dans toute sa profusion. Je ne pouvois y entrer, moi et un petit nombre de vrais François, sans sentir déchirer mon cœur du plus violent dépit, de voir quels objets on substituoit ainsi à celui de la perte publique. J'ai honte de dire que tout l'artifice dont on usoit, pour dérober aux yeux du public ce spectacle d'insensibilité et d'ingratitude, ne se déceloit que trop souvent par les éclats de rire, par les épanchemens de joie, les chants d'allégresse qu'on entendoit partir de ces endroits ; aussi n'étoient-ils remplis que de gens heureux, ou qui croyoient l'être. C'est là que résidoit la vraie cour, et que se tenoient les conseils, soit généraux, qu'on donnoit encore à la coutume et à l'apparence, soit cachés, où l'on sçavoit bien détruire tout ce qui pouvoit encore être pris de bonnes résolutions dans les premiers.

La Reine ne faisoit entrer dans ces conseils secrets, qui se tenoient aux heures les plus indues, que Conchine et sa femme, le nonce du Pape, l'ambassadeur d'Espagne, le Chancelier et le chevalier de Sillery, le duc d'Epernon, Villeroy, Jeannin et Arnaud, qui, pour être à moi, n'en étoit pas moins aussi-bien que Jeannin, tout entier à Conchine; le médecin Duret, qui pourtant perdit bientôt cette faveur; Dollé et le P. Cotton. On n'est pas embarrassé de sçavoir ce qui se traitoit alors; l'union des couronnes de France et d'Espagne, le renoncement aux plus anciennes alliances de la couronne avec les Princes étrangers, l'abolition de tous les édits de pacification, la destruction des Protestans, l'expulsion de tous ceux de cette religion qui étoient en place, la disgrace de tous ceux qui ne voudroient pas plier sous le joug des nouveaux favoris, la dissipation des trésors amassés par le feu Roi, pour s'attacher les avares et les ambitieux, et pour combler de biens et d'autorité ceux qu'on alloit faire monter aux premiers rangs; c'est-à-dire, mille projets aussi pernicieux au Roi et à l'Etat, qu'avantageux à nos plus mortels ennemis, étoient le grand objet des délibérations de ces nouveaux Conseillers.

Quant au conseil public, qu'on étoit exact à tenir tous les jours, on y appelloit les prince de Conty et comte de Soissons, (le prince de Condé n'étoit pas encore de retour,) le cardinal de Joyeuse, le Connétable, les ducs de Mayenne, de Guise et de Bouillon, lorsque celui-ci fut arrivé, le maréchal de Brissac, Château-neuf, Pontcarré, de Vic (*), Caumartin et moi. Une partie de tous ces Messieurs parloient assez hautement de changer de systême politique ; mais ce qu'on agitoit le plus ordinairement dans ce Conseil, c'étoient les moyens d'augmenter les revenus royaux, de diminuer la taille et les autres impôts, d'augmenter les pensions des grands, et de leur procurer différens avantages. La forte poitrine du président Jeannin le faisoit entendre par-dessus tous les autres : on eût dit que cet homme avoit été gagé pour promettre des monts d'or à tout le monde. Quelques personnes, qui avoient encore retenu de la sincérité de l'ancien Conseil, de ne sçavoir ni déguiser, ni flatter, voulurent se joindre à moi, pour faire sentir la grossiere contradiction qu'il y avoit à prétendre à augmenter les dépenses, en diminuant les revenus.

Je ne voulus point avoir à me reprocher que des principes si faux prissent cours par mon silence : je les combattis d'abord méthodiquement ; et je me flatte que si l'avantage avoit dû rester

---

(*) Dominique de Vic, Vice-amiral, &c. dont il a été parlé ci-devant. Il mourut cette année à Paris, au retour d'un voyage à Calais, dont il étoit gouverneur ; et l'on assure que ce fut un effet de la douleur dont il fut saisi, en revoyant l'endroit où il avoit vu apporter le corps de Henri IV, après son assassinat. *Merc. de Fr. année* 1610, *pag.* 529.

du côté de la raison, nous l'aurions emporté; mais nous comprîmes bientôt que l'ignorance n'étoit que le moindre des vices que nous avions ici à combattre. C'étoit par les plus magnifiques promesses, dont pourtant celles qui regardoient le soulagement du peuple, demeurerent sans exécution, que le nouveau gouvernement cherchoit à gagner les cœurs, à faire oublier, et même à rendre méprisable la sage économie, à laquelle on devoit la gloire du dernier regne. A l'égard de Jeannin, il avoit son objet particulier. Dans l'envie qu'il avoit de disposer des finances, que pouvoit-il faire de mieux pour s'élever à cette charge, que de donner à entendre que tout le monde trouveroit dans le nouvel administrateur des finances, toute la commodité, que les grands se plaignoient de ne pas rencontrer dans celui qui l'avoit précédé? On dira qu'il n'avoit aucun des talens nécessaires pour cet emploi, qu'il obtint en effet ; mais il eut assez d'habileté pour s'y enrichir, lui, ses parens et alliés, et sur-tout Castille (*). Il falloit que l'argent coûtât bien peu à ce dernier, puisque les meubles, qui dans toutes les autres maisons, ne sont que de fer ou de bois, étoient d'argent dans la sienne : il ne le cédoit en ce point qu'au seul Conchine.

(*) Pierre de Castille fut contrôleur-général et intendant des finances.

J'achevai de me confirmer dans la pensée que je présentois des remedes à des malades volontaires, en voyant que ma liberté, qu'on avoit d'abord soufferte comme une espece de défaut d'habitude, commençoit à paroître si importune, que je lisois sans peine sur les visages, la peine qu'on avoit à se taire, et qu'on s'affranchit bientôt de ce petit reste d'égards. Dès-lors je me regardai comme un homme qui alloit bientôt être quelque chose de plus qu'inutile; et je formai très-sérieusement le dessein de travailler peu à peu à me dégager d'une place où je ne pouvois soutenir ma réputation qu'avec des risques infinis, ou la démentir qu'en me déshonorant tout-à-fait. De quel poids eût été la voix d'un homme seul, qui n'a que des choses dures à dire, pour l'emporter auprès de la Reine, sur le langage si affectueux, si attrayant, si complaisant des flatteurs et des nouveaux favoris? C'est une chose si rare, qu'un Ministre se soutienne auprès de son maître par les seuls sentimens d'une vénération mêlée de crainte (ce qui doit pourtant être, si l'on suppose que ce Ministre est honnête homme,) qu'on ne doit pas attendre ce miracle deux fois de suite. Aussi, lorsque mes parens, mes amis et mes domestiques, à qui leur affection pour moi faisoit voir les choses d'un autre œil, s'unissoient pour m'engager à continuer des soins, qu'ils m'assuroient pouvoir encore être utiles ; ou même qu'ils me représentoient qu'il y avoit peut-être encore quelque chose de bon à faire sur le nouveau plan, ma réponse la plus ordinaire étoit, que le coup que Dieu avoit permis qui arrivât, étoit une déclaration si visible qu'il vouloit que la France fût enfin livrée à son mauvais destin, que c'étoit presque le tenter, que de chercher à en empêcher l'effet. Un de mes gens, ce même Arnaud dont j'ai parlé il n'y a qu'un moment, eut l'impudence de me dire, un jour qu'il me voyoit extrêmement affligé de cette pensée, qu'il lui sembloit que c'étoit à tort que je me désespérois ainsi sur l'avenir ; qu'il se pourroit faire dans la suite des épargnes, que les grandes dépenses du feu Roi, en bâtimens, chiens, oiseaux, jeu et maîtresses rendoient impossibles de son vivant. Ce discours me parut si criminel dans la bouche de celui qui me le tenoit, que dans le mouvement d'une violente colere, je le traitai d'ingrat, de méchant et d'effronté ; que je le menaçai de lui donner un soufflet, et lui défendis de paroître jamais devant moi. Je ne disois que trop vrai, lorsque je lui reprochai en ce moment que son lâche manege et ses conseils pernicieux alloient ouvrir la premiere voie à la dissipation et à la mauvaise administration.

M. le comte de Soissons n'étoit pas à Paris, dans

le temps que tout cela se passoit. Je ne sçais quel mécontentement, qu'il avoit eu pendant le couronnement de la Reine, sur la forme de l'habillement des enfans naturels (*) du Roi, lui avoit fourni un prétexte pour se retirer dans une de ses maisons, en sorte qu'il ne fut témoin de rien de ce qui se passa, soit à la mort du Roi, soit les jours suivans; et qu'il n'arriva à Paris qu'après la déclaration de la Régente, et tous les arrangemens pris. Ce fut un nouveau sujet pour lui de gronder et de se plaindre. Il trouva fort mauvais qu'on eût procédé à une action de l'importance de celle de la régence, sans l'en avoir averti, et même sans avoir attendu qu'il y fût présent : car il soutenoit que cette cérémonie n'avoit pu se faire sans lui. Comme il s'imagina qu'il n'y avoit qu'à parler haut pour se faire craindre, il y blâma plusieurs choses dans la forme : il dit, ce que personne n'avoit osé dire avant lui, qu'il n'y avoit eu qu'un fort petit nombre de présidens et de conseillers qui eussent eu part à la nomination de la Reine, dans la premiere séance du Parlement, et que dans celle du jour suivant, à laquelle avoient assisté le Roi, les Princes, Pairs, Cardinaux et autres

---

(*) Il s'agissoit de la robe de Madame la duchesse de Vendôme. Le Roi souhaitoit passionnément qu'elle la portât, comme les autres Princesses du sang, semée de fleurs de lis, et M. le comte de Soissons ne voulut jamais y consentir.

officiers de la couronne, de peur de trouver de l'opposition dans la voix des suffrages, qui doit seule avoir lieu en ces occasions, on s'étoit contenté d'une simple confirmation informe et précipitée de l'acte de la veille ; ce qu'il appelloit confirmer un acte nul. Il vit bien qu'il ne se feroit écouter, qu'autant qu'il sçauroit rendre son parti considérable, et il se contraignit pour cet effet, jusqu'à rechercher beaucoup de personnes à la cour, avec lesquelles il n'avoit aucune liaison. Deux choses l'empêcherent d'y réussir ; son humeur froide et dédaigneuse, et la préférence que les courtisans crurent devoir donner sur lui, à ceux qu'on voyoit en figure de disposer bientôt des trésors et des graces. Tous les Princes, et son propre frere, M. le prince de Conty, ne l'aimoient pas plus que les autres. Il se vit donc obligé de plier.

Je fus l'un de ceux dont M. le comte de Soissons voulut bien, pendant quelque temps, se dire l'ami (*) : mais il fit bientôt succéder à ce nom,

---

(*) « M. de Sully ne fut des derniers à rechercher les bonnes
» graces de ce Prince, qu'il sçavoit avoir offensé ; si que pour
» faire sa paix, il l'alla incontinent trouver ; et après plu-
» sieurs excuses et basses soumissions, qu'il n'eût faites vivant
» son maître, supplia son excellence de lui en vouloir par-
» donner la faute, qui n'étoit proprement sienne, mais du
» feu Roi, par le commandement duquel il avoit fait tout
» ce qu'il avoit fait ; de laquelle satisfaction le Comte se con-
» tenta, ou fit semblant de se contenter ; et l'ayant embrassé,

tous les procédés d'un ennemi véritable. Voici à quelle occasion cela arriva. M. le Comte étoit souvent revenu à la charge, du vivant du feu Roi, pour une affaire dont j'ai déjà touché quelque chose ; il s'agissoit d'engager sa Majesté à transiger avec lui sur certains droits, qu'il prétendoit devoir lui revenir en Piémont, du chef de sa femme, de la maison de Montaffié. Henri, extrêmement importuné sur cette affaire, me l'avoit remise à examiner ; et la profession que j'ai toujours faite d'être aussi sincere, qu'attaché aux intérêts du Roi, m'avoit obligé de lui représenter que ce marché ne lui convenoit point ; qu'il alloit s'engager dans des procès sans fin et sans nombre, contre le Pape, la Chambre apostolique, plusieurs Cardinaux, et le duc de Savoie ; lesquels avoient tous des prétentions sur ces biens, et qui, pour la plus grande partie, en étoient déjà en possession ; qu'il ne sortiroit de dix ans de ce labyrinthe, et qu'ayant sur-tout à ménager le Pape et le duc de Savoie, pour la réussite de ses grands desseins, il devoit éviter d'entrer dans une discussion, qui les rendroit ses ennemis. Il n'en fallut pas davantage pour que Henri n'y pensât plus.

M. le Comte ne vit pas plutôt ce Prince mort,

» se dit son ami comme devant, et Sully protesta être son.
» serviteur (comme il l'avoit toujours été) ». *Mém. hist. de*
» *Fr. pag.* 317.

qu'il reprit le dessein interrompu, auprès du nouveau Conseil. Dans une affaire, du genre de celles qu'on regarde assez communément comme affaire de faveur, il ne lui fut pas difficile de former une brigue, qui lui fit obtenir ce qu'il demandoit. J'ai quelque peine à rapporter les moyens dont on se servit. M. le Comte, aidé de Conchine, sçut contrefaire le seing et appliquer le sceau du feu Roi, et il donna de cette maniere la forme la plus authentique à un prétendu contrat de vente entre le feu Roi et lui, de tous les biens en question. Pour rendre la piece moins suspecte d'antidate, on jugea nécessaire que mon nom y parût, ce qui obligeoit à requérir ma signature ; et ce fut là la grande difficulté. On me représenta l'occasion présente, comme le moment qui alloit décider pour toujours, de l'amitié ou de la haine de M. le Comte pour moi. On allégua une infinité d'autres motifs, malgré lesquels je persistai non-seulement à refuser de signer, mais à soutenir à tous ceux qui m'en parloient, que cette affaire ayant été agitée, et ayant pris fin entre le roi Henri et moi, nul autre ne pouvoit mieux sçavoir que son intention avoit été directement contraire à ce qu'on vouloit me persuader aujourd'hui, et je tranchai le mot, qu'on ne me présentoit qu'un acte faussement signé et scellé de ce Prince. On désespéra de vaincre mon opiniâtreté ; et le parti qu'on prit, fut de refaire un second contrat, tout pareil à celui-ci; excepté que mon nom ne s'y trouva plus.

Nous en étions en ces termes, M. le Comte et moi, lorsqu'il se brouilla (*) ouvertement avec M. le prince de Conty son frere, et à cause de lui, avec toute la maison de Guise. La Reine m'envoya chercher; et me faisant part des expédiens qu'elle avoit imaginés pour accommoder leurs différends (ce qui se devoit faire, le Conseil étant assemblé,) elle me pria de paroître jusqu'à ce temps ne prendre parti ni pour l'un, ni pour l'autre; afin que j'en fusse plus propre à faire le personnage de médiateur, lorsque le moment en seroit venu, à quoi je souscrivis de bon cœur.

(*) Cette brouillerie vint de ce que les carrosses de ces deux Princes s'étoient heurtés en passant, et que leurs cochers s'étoient battus. M. le duc de Guise allant le lendemain trouver M. le prince de Conty, par ordre de la Reine, pour chercher à assoupir ce différend, passe pardevant l'hôtel de Soissons, avec vingt-cinq ou trente chevaux; il n'en fallut pas davantage pour le brouiller lui-même avec M. le Comte; et cette double querelle causa une telle rumeur dans Paris, que la Reine, craignant un soulevement général, donna ordre que tous les bourgeois se tinssent prêts à tendre les chaînes et à prendre les armes par toute la ville, au premier commandement, et qu'elle mit auprès de chacun de ces deux Princes, un capitaine des Gardes. C'est dans les Mémoires de Bassompierre, *tom.* 1, *pag.* 308 *et suiv.* qu'il faut voir toutes les particularités de ce démêlé, parce que lui-même contribua beaucoup à l'appaiser. Voyez aussi l'histoire de la mere et du fils, *tom.* 1, *pag.* 123, et le Mercure François, *année* 1611, où est rapporté un discours que M. de Sully tint à la Reine, en faveur du duc de Guise.

Comme nous étions tous assis dans le Conseil où cette affaire devoit se traiter, où j'avois même déjà opiné favorablement pour M. le Comte, ce Prince envoya Brissac dire tout bas à la Reine, qu'ayant sçu qu'il devoit être question de lui dans le Conseil, il la supplioit de ne permettre à personne de ceux qu'il pouvoit tenir pour suspects, d'y délibérer, et qu'il me récusoit nommément (*), comme parent et ami de toute la maison de Guise. « Il ne devoit pas récuser M. de Sully, dit la » Reine, en prenant la parole tout haut; car » personne n'avoit opiné si fort que lui à son » avantage ». Je l'avoue, je fus vivement choqué de ce trait, et je ne pus m'empêcher de dire, en me levant : « Madame, je me récuse moi-» même, puisqu'il le desire, et je m'en vais » de ce pas m'offrir à M. son frere et à M. de » Guise; ce que je fis en effet ».

Un troisieme sujet de brouillerie avec M. le comte de Soissons, m'arriva comme le précédent, dans le Conseil, au sujet du gouvernement de Normandie, qu'il vouloit se faire accorder. La Reine m'en ayant demandé mon avis, je la sup-

---

(*) L'auteur de la vie du duc d'Epernon, nous apprend que M. le comte de Soissons porta la haine contre M. de Sully, jusqu'à solliciter ce Duc de permettre qu'il fît assassiner ce Ministre dans le Louvre même, et qu'il lui sçut fort mauvais gré de lui avoir refusé, pour exécuter ce coup, le secours des gardes dont il étoit commandant, *pag.* 249.

pû de me dispenser de le donner. Mon excuse n'ayant point été reçue, je dis qu'il m'étoit impossible de consentir d'ôter aux enfans du feu Roi, une charge dont ils étoient en possession, pour en revêtir quelque personne que ce pût être. Ce Prince n'étoit plus dès-lors aussi-bien avec Conchine qu'il l'avoit été ; il s'étoit même opposé à ce que ce favori obtînt la charge de premier gentilhomme de la chambre pour lui, et l'archevêché de Tours, pour son beau-frere (*). Cette occasion les raccommoda, parce qu'ils se prêterent tous deux la main, et qu'ils obtinrent par ce moyen ce qu'ils demandoient. C'est ainsi que tous ceux qui avoient quelques prétentions aux charges et aux emplois vacans, en userent dans la suite, et tout s'obtint bientôt aux conseils, par la brigue et la cabale. « Le temps des Rois » est passé, se disoit-on les uns aux autres ; celui » des Princes et des grands est venu. Il ne faut » que se faire bien valoir ».

(*) Etienne Galigaï, frere de Léonor Galigaï. Il étoit déjà abbé de Marmoutiers. « Il apprenoit, dit l'Etoile, à » lire depuis quatre ans, et n'y pouvoit encore mordre : on » l'appelloit *le magot de la cour*, à cause de sa laideur et de » sa mauvaise mine. Les Moines n'en vouloient point pour » leur Abbé, disant qu'ils avoient accoutumé d'être commandés par des Princes, et non par des menuisiers, comme » celui-ci, qu'on avoit vu manier le rabot. Mais il est constant, dit Amelot, que la famille de Galigaï est du corps » des nobles de Florence ». Il se retira en Italie, après la mort du maréchal d'Ancre et de sa femme.

Tout ce qu'il y avoit de personnes considérables à la Cour, furent appellées pour délibérer dans un conseil extraordinaire, sur ce qu'on devoit faire des grands armemens que le feu Roi venoit de faire avant de mourir, pour l'entreprise de Cleves. La diversité des opinions y fut infinie : il y en eut pour se désister de tout : il y en eut au contraire, (ce ne furent pas les plus nombreuses) pour tenir aux Princes Allemands intéressés dans cette affaire, tout ce que Henri-le-Grand leur avoit promis. Le plus grand nombre fut pour les tempéramens entre ces deux avis si contradictoires. Les uns vouloient qu'on s'en tînt aux seuls huit mille hommes d'infanterie et deux mille chevaux, que portoient les conventions générales de ce Prince avec ses alliés ; les autres, qu'on se contentât de leur entretenir les deux seuls régimens de cavalerie Françoise qu'ils avoient. Un tiers opinoit pour embarquer quelques fantassins à Calais ; ceux-ci, qu'on ne donnât aucuns secours en hommes, mais seulement en argent ; ceux-là, qu'on tînt notre armée entiere sur la frontiere sans agir, excepté le cas de besoin ; et d'autres, qu'on en licenciât le gros, et qu'on n'y fît demeurer que ce qui seroit nécessaire pour notre propre sûreté. Tout cela fut entremêlé d'ouvertures d'accord et de pacification entre les puissances contendantes, telles qu'on peut se les imaginer.

Il me parut que tout le monde attendoit avec quelque impatience quel alloit être mon sentiment, parce que j'avois été mêlé par le feu Roi dans cette affaire, plus qu'aucun de ceux à qui il en avoit fait part. Je commençai par faire une distinction, qui me parut juste, entre les troupes actuellement assemblées en corps d'armée, et celles qu'on ne faisoit encore que lever ; entre celles qui avoient été destinées pour la Champagne, et celles qu'on avoit envoyées en Dauphiné. Je conclus pour le premier, que la plus grande partie des desseins de Henri-le-Grand, devant, selon toutes les apparences, demeurer sans exécution, dans la situation où je voyois les choses, il falloit d'abord surseoir toutes les levées non commencées, arrêter celles qui se faisoient, payer et congédier celles qui étoient faites, et déjà en marche ; parce que tout cela ne pouvant manquer d'arriver tôt ou tard, ce seroit autant d'argent épargné au Roi, en frais d'allées et de renvois, et autant de peines et de vexations ôtées au peuple. La mort de celui que je regardois comme le grand mobile de toute cette entreprise, me paroissoit y opérer un changement si considérable, qu'en supposant même tous les esprits bien intentionnés, je crois que je n'aurois pas laissé d'être de cet avis. Mais je ne m'accommodois pas non plus du sentiment de ceux qui vouloient que nous trahissions des alliés avec lesquels nous étions engagés par les plus solemnelles promesses ; que nous les trompassions par d'apparentes démarches de médiation, ou par de si foibles secours, qu'ils ne leur servissent presque de rien.

C'est la réponse que je fis à la plupart de ces opinions ambiguës, qui demandoient qu'on fît et qu'on ne fît pas. Je fis voir qu'il importoit à la gloire du feu Roi, que si ses intentions ne s'accomplissoient pas sur de plus grandes vues, qui, en quelque maniere, donnoient encore lieu de douter s'il les avoit eues véritablement, elles eussent du moins tout leur effet, par rapport à ce qu'il avoit déclaré, promis et déjà commencé; qu'il ne falloit pas, pour l'intérêt de notre propre réputation auprès des étrangers, leur laisser croire, et que toute la force de la France résidoit dans un seul homme, et qu'on avoit si peu de respect pour sa mémoire. Je conclus donc, quant à ce point, qu'il falloit députer, sans perdre de temps, vers les princes d'Allemagne et le prince d'Orange, pour sçavoir d'eux si nos troupes leur étoient réellement nécessaires pour leur aider à réduire les Etats qu'on vouloit leur assurer ; je pensois qu'ils pouvoient s'en passer, s'ils n'avoient mis les armes à la main que pour ce seul objet ; et supposé qu'ils en eussent besoin, sçavoir combien ils en demandoient ; que sur leur réponse, le secours s'avanceroit sous la conduite d'un de nos bons officiers, en prenant sa route par-delà la Meuse, qui n'étoit ni le plus beau, ni le plus court, mais le plus sûr : ce qu'il ne falloit pas négliger; ou bien, qu'on licencieroit toute l'armée, à l'exception de trente mille piétons et six cent cavaliers, qui, appuyés de quatre canons seulement et de deux coulevrines, seroient un camp-volant, prêt à se porter là où il y auroit apparence de mouvement : ce qui me paroissoit suffire, dans cette supposition, à tenir tout en respect ; que jusqu'à ce temps-là, il falloit faire entrer en garnison les troupes de la Champagne, après leur avoir fait faire montre, et les avoir bien payées.

Je disois à-peu-près la même chose de l'armée de Dauphiné. Comme elle n'étoit là que pour prêter main-forte à M. le duc de Savoie, qui, par complaisance pour nous, s'étoit brouillé, ou vraisemblablement alloit l'être, avec ses voisins, il tomboit à notre charge, ou de le réconcilier avec le roi d'Espagne, ou de le mettre en état de n'en être pas accablé; et comme cela ne pouvoit être décidé qu'après l'envoi d'un autre député à ce Prince, peut-être même que long-temps après, je conseillois aussi de faire entrer cette armée dans des quartiers commodes, après une montre si exacte, qu'il n'y fût souffert aucun passe-volant, jusqu'à ce qu'on pût s'en servir, ou la congédier tout-à-fait.

Je fus écouté fort attentivement. Mes raisons me parurent avoir fait une impression générale, avec la différence, que les personnes de bon esprit ne craignirent pas de la marquer par des signes d'approbation, et même d'applaudissement : au lieu que tous les autres, non-seulement la cachèrent soigneusement, par vanité, par méchanceté, ou plutôt par jalousie, mais encore combattirent mes raisons avec feu. J'eus soin d'instruire de tout cela, Béthune, mon cousin, qui m'avoit écrit pour me demander conseil sur le changement, que le malheur public apportoit à ses fonctions de notre Ambassadeur auprès des Princes d'Allemagne. Je ne rapporte point sa lettre, ni la réponse que je lui fis, parce qu'elle ne contient rien d'essentiellement différent de ce qu'on vient de voir ; sinon, peut-être, que je discutois plus particuliérement avec lui les bons ou mauvais effets de chacun des avis que j'ai rapportés. C'étoit, par exemple, quelque chose qui méritoit bien d'être observé ; que si de façon ou d'autre il arrivoit qu'on fît entrer en Allemagne un corps de troupes, pour être joint à celui des Princes alliés, cette entrée seroit accompagnée de grands risques, ce corps fût-il de dix mille hommes, si les alliés n'avoient soin de la faciliter de leur côté, en s'avançant pour recevoir ces troupes, à dix ou douze lieues au moins de nos frontieres. L'embarquement proposé à Calais, si cette idée étoit suivie, avoit aussi des inconvéniens : il ne pouvoit donner à nos alliés que de l'infanterie seule, et au nombre de huit mille hommes au plus : encore falloit-il qu'on s'entendît bien des deux côtés. Je prévenois Béthune sur une chose, à quoi lui et ses correspondans avoient dû s'attendre ; c'est que tout avoit bien changé en France avec le maître, et je lui marquois mon étonnement de ce que les Princes alliés qui le mettoient en œuvre, exprimoient d'une maniere si peu intelligible et si peu pressante, leurs desirs, leurs conseils et leurs résolutions. Je laissois à sa discrétion à juger quel usage il devoit faire d'une lettre, où je devois prudemment lui laisser bien des choses à deviner. De conseil, je ne lui en donnois point d'autre, que de continuer à se comporter comme il avoit fait, jusqu'à ce qu'il reçût de nouveaux ordres, et je lui promettois de veiller à ses intérêts : ce fut le 24 Mai que je lui écrivis cette lettre.

Je fus encore appellé quelques jours après, à un autre conseil plus particulier sur cette matiere. M. de Jacop, ambassadeur du duc de Savoie, se doutant bien que les conclusions que prenoient les nouveaux membres du Conseil, n'étoient pas favorables à son maître, avoit pressé la Reine régente de lui faire déclarer au plutôt, et de la

maniere la plus formelle, ses intentions, afin que son Altesse prît là-dessus les arrangemens que son intérêt lui inspireroit. Il s'agissoit de voir ce qu'on déclareroit à cet Ambassadeur. Je ne trouvai, en arrivant le matin au Louvre, que M. le Connétable, le Chancelier et Villeroy, avec cette Princesse ; je faisois le quatrieme. Gêvres et Loménie en devoient être, mais Villeroy avoit persuadé à la Reine de les faire sortir, dont Gêvres fit des plaintes ameres. Je me doutai, aux gestes concertés de cette petite assemblée, et aux discours entortillés que commença à tenir l'un de ces Messieurs, qu'il y avoit quelque chose de plus que ce que je voyois. « Madame, dis-je à la Reine,
» avec ma franchise ordinaire, je ne sçais pas à
» quelle fin il vous a plu m'appeller. Il semble
» que ma présence empêche ces Messieurs de
» s'expliquer, ou qu'on soit ici pour se surprendre
» les uns les autres. Je vois bien qu'il est question
» de M. le duc de Savoie. On sçait que je n'ai
» jamais été trop bien avec lui ; j'avoue pourtant
» qu'aujourd'hui ses intérêts sont joints avec ceux
» de la France, et qu'il est même, du moins en
» espérance, allié à la famille royale, je l'affec-
» tionne, comme doit faire tout bon François.
» Je trouve que le Roi est obligé indispensable-
» ment de le protéger et de le défendre ; qu'il y
» va même de l'honneur et de la réputation de

» sa Majesté, aussi-bien que de notre gloire à
» tous, de ne point souffrir qu'il lui arrive le
» moindre dommage en sa personne et en ses
» Etats ».

Je vis la Reine sourire en m'entendant parler de la sorte, et dire un mot à l'oreille de Villeroy. Ensuite elle se tourna vers moi, et me dit : « M. de
» Sully, il est vrai, nous sommes ici pour parler
» des affaires de M. de Savoie ; mais il y en a
» d'autres, autant et plus importantes que celles-
» là, à quoi il faut pourvoir. Vous voyez les
» brouilleries qui se préparent dans cet Etat,
» pour la plupart des grands du royaume, que
» vous m'avez dit vous-même avoir une ambition
» et une cupidité insatiables : c'est à quoi je vous
» prie de bien penser, afin que nous en discou-
» rions dans le premier conseil.

» Aujourd'hui qu'il s'agit de M. de Savoie, nous
» en avions déjà parlé, ces Messieurs et moi, avant
» votre arrivée ; et nous avons trouvé que le meil-
» leur étoit de réconcilier la France et l'Espagne ;
» et qu'envoyant pour cet effet un Prince à Ma-
» drid, sur le sujet de la mort du Roi mon seigneur,
» il faut le faire accompagner d'une personne ins-
» truite et secrete, qui entame cette réconcilia-
» tion, et propose l'alliance des deux couronnes
» par un double mariage, que je sçais que les Es-
» pagnols desirent encore aussi fort qu'ils faisoient

» auparavant. Pendant qu'on traitera de cette af-
» faire, à quoi je ne prévois ni grande difficulté,
» ni beaucoup de longueur, il faudra entretenir
» le duc de Savoie dans ses premieres espérances,
» jusqu'au temps où on ne risquera rien à lui tout
» déclarer ».

Cette résolution me causa une peine que je témoignois par mon silence, et en haussant les épaules. La Reine s'en apperçut, et me pressa de dire mon avis; ce que je fis, en montrant qu'on ne pouvoit, sans s'exposer au reproche de mauvaise foi, abandonner un Prince, qui avoit rompu tous ses engagemens avec l'Espagne, et s'étoit même déclaré ouvertement contre cette couronne (*), sur les seules promesses, et à la persuasion du feu Roi; que le moins qu'on pouvoit faire pour lui,

(*) Par le traité de Brusol, qui venoit d'être conclu le 25 Avril : voyez-le dans les Mém. de Nevers, *tom.* 2, *pag.* 880. M. le duc de Savoie, abandonné par le nouveau conseil de France, n'évita le ressentiment de l'Espagne, que par une démarche des plus humiliantes, auxquelles une tête couronnée puisse être réduite. Son fils vint se jetter aux pieds du roi d'Espagne, en le suppliant de prendre le Duc son pere et toute sa maison sous sa protection royale. Il lui dit qu'il embrassoit ses genoux, qu'il avoit recours à sa clémence, et qu'il lui demandoit pardon avec toute sorte de soumission, des fautes qu'il avoit commises envers lui, &c. Siri se trompe assurément, si c'est par de pareils traits qu'il prétend nous faire admirer la politique du nouveau conseil. Il faut être aussi prévenu que l'est cet écrivain, contre la personne de Henri IV et contre le duc de Sully, et aussi grand partisan des Espagnols, pour approuver des procédés si éloignés de la droiture et de la générosité dont la France a toujours fait profession.

puisqu'on avoit pris d'autres vues, étoit de l'en avertir, et en même temps, de cacher soigneusement cette démarche au roi d'Espagne, et même de lui faire croire le contraire, jusqu'à ce que par des moyens efficaces d'une réconciliation générale, nous eussions au moins sauvé du danger ceux qui ne s'y trouvoient qu'à cause de nous. Comment ne pas se rendre à des raisons si justes, et pour le moins, ne pas suivre le tempérament que mes dernieres paroles avoient ouvert? On ne fit cependant ni l'un, ni l'autre. On dit que ce seroit s'engager dans un circuit de négociations trop long. Je repliquai avec toute la confiance que donne une si bonne cause. C'étoit un point déjà arrêté, qu'on sacrifieroit M. le duc de Savoie; et tout ce que j'entendis, me convainquit qu'il étoit même arrêté de longue main. Je tirai des indices aussi certains, au désavantage de nos autres alliés, de toutes les mines et signes d'intelligence que je surpris entre la Reine, le Chancelier et Villeroy. Mais bientôt les confidens et les nouveaux conseillers de la Reine ne s'embarrasserent plus de cacher leurs sentimens. Le gouvernement du feu Roi, si doux, si sage, si glorieux pour la France, fut blâmé presque hautement, et même méprisé et tourné en ridicule. En même temps qu'on traitoit ses desseins de chimeres, on le représentoit par d'autres endroits, comme un Prince foible,
lâche,

lâche et incapable de résolution. Il semble que ce n'étoit pas assez de laisser impunie la mort de ce grand Prince, si l'on n'y joignoit encore toutes sortes d'outrages à sa mémoire ; et malheureusement pour nous, le ciel qui se réservoit cette vengeance, ne l'a exercée qu'en laissant triompher l'envie et l'ingratitude.

Je revins chez moi, pénétré d'un vif chagrin de tout ce que j'avois vu et entendu. « Nous allons, » dis-je tristement et secrétement à Madame de Sully, dont je connoissois la discrétion, « tomber » sous la domination de l'Espagne et des Jésuites. » Les bons François, et sur-tout les Protestans, » doivent bien penser à eux ; car ils ne demeure- » ront pas long-temps en repos ». Cette pensée me tint dans une profonde rêverie pendant tout le dîner. Je fus abordé, comme je sortois de table, par M. l'évêque de Montpellier, qui me pria de passer un moment dans mon cabinet. Je l'y fis entrer, et l'en fis sortir au bout d'une demi-heure par une des portes d'en-bas, avec beaucoup de secret ; car il ne vouloit pas qu'on le reconnût ; et pour cela il eut soin que mes gens ne le vissent que par derriere, et de se couvrir le visage presqu'entier de son mouchoir. « Je viens d'apprendre » bien des nouvelles, dis-je à mon épouse, et à » trois ou quatre personnes auxquelles je me con- » fiois, c'est la suite de ce que je vous dis l'autre

» jour. Il s'est tenu un conseil secret chez le nonce
» Ubaldini, où étoient le Chancelier, Conchine,
» Villeroy, l'évêque de Beziers, et un homme
» dont on n'a pu me dire le nom, qu'on croit
» pourtant être au duc d'Epernon. On y a blâmé,
» on y a même parlé avec dérision des projets et
» de la personne du feu Roi. J'y ai été encore
» moins épargné. Il y a été décidé que l'on chan-
» geroit totalement de principes, de gouverne-
» ment et d'alliances politiques ; qu'on écriroit
» au Pape, avec lequel on s'engageroit à n'agir
» que par ses conseils ; qu'on s'uniroit intimement
» avec l'Espagne ; et que, lorsque cette union
» seroit bien cimentée, tous ceux qui s'y mon-
» troient contraires, principalement les Hugue-
» nots, seroient éloignés de toutes les affaires,
» et bannis de la cour. Si je suis sage, poursui-
» vis-je, j'imiterai le castor ; je me déferai dou-
» cement de toutes mes charges, j'en retirerai le
» plus d'argent que je pourrai, j'en emploierai
» une grande partie à acheter quelque bonne place
» dans une provinces des plus éloignées, et je gar-
» derai le surplus, pour m'en servir dans les be-
» soins qui me surviendront ».

Nous étions encore sur ce propos, lorsqu'entrerent le duc de Rohan, les deux Béthune, mon
frere et mon cousin, mon fils et deux ou trois
autres de mes plus particuliers amis, à qui je fis

part de la confidence qui venoit de m'être faite, et de ma résolution. Ils soutinrent que l'avis ne pouvoit être que faux; que j'allois prendre un travers qui me couvriroit pour jamais de la tache d'ingratitude envers l'Etat et les enfans du Roi mo nbienfaiteur; qu'il m'étoit encore facile de demeurer en possession de mes charges, et dans l'exercice de mes fonctions; qu'il y avoit de la lâcheté et de la bassesse à céder ainsi à ses ennemis au moindre choc. Je ne convins pas que les raisons qu'ils m'alléguoient, fussent bonnes; de leur côté, je ne pus les amener à se rendre aux miennes. « Vous voulez donc, leur dis-je enfin, » que je me sacrifie pour le public, pour ma fa- » mille et pour mes amis; car je vois bien que » votre intérêt a beaucoup de part à tout ce que » vous me dites. Je le ferai, puisque vous m'y » forcez; mais souvenez-vous de ce que je vous » dis aujourd'hui, que ce sera avec peu d'utilité » pour vous tous, et avec beaucoup de peines, » de chagrins, de pertes et même de honte pour » moi; et je vais dès-à-présent, ajoutai-je, vous » en faire voir un échantillon ».

En faisant réflexion à tout ce que les courtisans les plus distingués et les plus dédaigneux faisoient d'avances, et même de basses démarches pour avoir l'amitié de celui en faveur duquel la Reine commençoit à montrer toute la sienne, j'avois conclu en moi-même, qu'il seroit bien difficile, que conservant encore la même relation, et en quelque sorte la même bonne intelligence, du moins apparente, que j'avois toujours eue avec la cour, je pusse me dispenser de donner quelque signe d'amitié à ce nouveau favori. J'avois eu dessein, supposé que cette pensée me durât, d'y faire servir le jeune Arnaud, qui n'avoit déjà que trop de penchant à adorer le soleil levant. Je l'avois fait venir ce matin-là même, et je l'avois prévenu sur la commission qu'il ne tarderoit pas à recevoir de moi, d'aller trouver M. de Conchine (*), et de

---

(*) Concino Concini, Italien de basse naissance, et gentilhomme Florentin, selon d'autres; mieux connu sous le nom de maréchal d'Ancre, qu'il porta peu après. Il fut le principal favori de la Reine régente, et comblé par elle de biens et de dignités. On a dit qu'à son départ de Florence, un de ses amis lui demandant ce qu'il alloit faire en France, lui répondit : *ou fortune, ou périr*, et que l'un et l'autre lui arriva. Il fut tué dans le Louvre par Vitry, le 24 Août 1617, par ordre du roi Louis XIII, et à la sollicitation des grands. La haine qu'on lui portoit, l'a fait dépeindre avec les couleurs les plus noires; assez peu de personnes ont rendu justice aux bonnes qualités qu'il avoit. Mais peut-être que la justice divine avoit résolu de venger l'horrible assassinat de Henri-le-Grand, dans la personne de cet Italien, l'un de ceux qu'il est le plus difficile d'en laver, supposé que le parricide y ait été poussé par un mobile étranger. On fit aussi mourir sa femme, cette même Léonor Galigaï, dont il est assez souvent parlé dans ces Mémoires. On ne trouva point d'autres crimes à lui imputer, que celui d'avoir ensorcelé la Reine sa maîtresse. « Je » ne me suis jamais servi, répondit-elle à ses juges, d'autre » sortilege, que de mon esprit. Est-il surprenant que j'aie » gouverné la Reine, qui n'en a point du tout? Le cardinal » de Richelieu, ajoute Amelot, devoit le commencement de

lui faire des offres de services de ma part. Je lui avois même déjà dit de quelle maniere il falloit qu'il tournât son compliment; et le voici : Que je ne lui voulois aucun mal de ce que la fortune se préparoit à lui faire occuper auprès de la Reine la même place que j'avois tenue auprès du feu Roi; que je regardois cet événement comme un de ces coups que la Providence rend trop communs pour qu'on s'en étonne ; que la Régente ne faisoit même en cela que lui tenir compte avec justice de l'attachement que lui et sa femme avoient toujours eu pour elle, et des bons services qu'ils lui avoient rendus ; qu'en faisant choix de sa personne pour conduire les affaires, elle s'étoit sans doute attendue à donner au Roi son fils et à tout l'Etat, un serviteur aussi capable que fidele, deux qualités qui suffisoient toutes seules à rendre un homme, quel qu'il soit, véritablement digne de tous les bienfaits que la faveur lui assure ; qu'également persuadé, et des louables desseins de la Reine, et de la disposition où il étoit de la seconder en tout, je lui offrois avec cordialité tous les moyens qu'une longue expérience pouvoit m'avoir appris; qu'il trouveroit que cette offre

» sa fortune à cette femme. Ils avoient tous deux la magie de
» la parole ». C'est dans les histoires de la régence de Marie de Médicis, et dans celles de Louis XIII, qu'il faut chercher ce qui regarde cet article. On trouve aussi des anecdotes assez curieuses dans les Mémoires de Bassompierre.

n'étoit pas à refuser, s'il faisoit attention qu'outre le bien public qui en résulteroit, il y gagneroit pour lui-même de ne point acheter les faveurs dont il se verroit comblé dans la suite, par la jalousie des grands, la haine publique, le préjudice des affaires et la vexation du peuple; que je ne lui demandois pour prix d'entrer ainsi dans ces vues de grandeur et d'intérêt, que de les chercher dans les principes de gouvernement, qui avoient fait trouver au feu Roi le moyen de rendre son royaume paisible et florissant, dont l'un des principaux, et celui dont il me paroissoit avoir le plus de besoin présentement, étoit de ne pas accoutumer les gens d'affaires et tous ces éternels solliciteurs, à compter, pour obtenir leurs demandes, sur celui-là même qui doit se montrer le plus éloigné de les leur accorder ; qu'à ces conditions, il me verroit toujours disposé à m'unir avec lui, et que dès ce moment je lui offrois mon amitié, et lui demandois la sienne.

On dira peut-être, après avoir bien pesé la force de mon compliment, que je mettois à mes avances des correctifs qui devoient m'ôter la crainte de m'engager trop avant ; mais je crois que l'on conviendra pourtant, qu'il devoit satisfaire, et, si je puis le dire, flatter celui à qui je le faisois. Quoi qu'il en soit, il me parut tout-à-fait propre à produire l'effet dont je voulois persuader ceux qui combat-

toient si fortement ma résolution. « Allez, dis-je
» à Arnaud, après l'avoir appelé et instruit en
» présence de ces Messieurs, allez-vous-en trou-
» ver M. de Conchine de ma part, et lui parlez
» comme je vous l'ai dit ce matin : faites dili-
» gence, et revenez le plutôt que vous pourrez.
» Je serai bien trompé, si tous ces Messieurs,
» ajoutai-je, en parlant à eux-mêmes, qui ont
» une si bonne opinion de la Reine et de ses conseil-
» lers secrets, ne voient par la réponse qu'il fera,
» s'il y a quelque chose de bon à en attendre ».

Tout le monde demeura assemblé, en attendant cette réponse, qu'Arnaud nous rapporta au
bout d'une heure, et d'une maniere qui acheva
de me confirmer dans tous les soupçons que j'avois
déjà conçus contre lui. Il ne nous entretint d'abord
que de louanges de la personne de Conchine, de
son habileté, de son intelligence dans les matieres
d'Etat, de son crédit, de ses amis, et il trancha
fort court sur le sujet de son message, en disant
qu'il ne croyoit pas que j'eusse rien à espérer de
lui, à moins que je ne fusse d'humeur à complaire
à toutes ses volontés. « Je crois vous entendre,
lui dis-je avec un petit mouvement de colere,
dont je ne fus pas le maître (*); « mais que voulez-
» vous dire, avec un discours si vague ? Parlez-

(*) M. de Sully se grattoit la tête, quand on le fâchoit,
ou qu'on l'embarrassoit.

» nous plus clairement, et voyons tout ce que
» vous lui avez dit, et ce qu'il vous a répondu ».
Comme il se vit forcé d'obéir, il nous fit le détail suivant, en branlant la tête, et avec un sourire malin : qu'en entrant chez Conchine, il avoit rencontré le président Jeannin et Arnaud son frere, qui en sortoient ; qu'ils avoient paru inquiets de le voir dans cet endroit, quoiqu'ils ne lui eussent rien dit, ni lui à eux, en quoi je suis persuadé qu'il nous cachoit la vérité ; qu'un nommé Vincence, en l'introduisant dans la chambre de son maître, lui avoit dit : « N'êtes-vous pas à M. de
» Sully ? Plût à Dieu que nous suivissions ses
» conseils, plutôt que ceux des deux hommes
» qui viennent de partir d'ici, et beaucoup d'autres
» encore pires ! Nous n'irions pas si vîte que l'on
» veut nous porter ; mais aussi l'autorité de la
» Reine, et notre fortune se trouveroient établies
» d'une maniere plus louable, plus certaine et
» plus durable ». Que le nouveau favori lui ayant dit : « Hé bien ! M. Arnaud, me venez-vous
» visiter » ? Il lui avoit répondu, en lui faisant le compliment, et lui tenant tous les mêmes discours dont je l'avois chargé, et qu'il nous redit aussi.

Arnaud s'arrêta encore après cela, et nous dit en hésitant, qu'il n'avoit reçu qu'une réponse si courte et si seche, qu'il lui sembloit plus à propos de n'en rien dire du tout. Ce qui lui restoit

à nous apprendre, étoit précisément ce que je souhaitois d'entendre; et il nous le dit enfin, après s'en être fait presser fort long-temps. Conchine, sans proférer un seul mot de remerciement à tout ce qu'on venoit de lui dire d'obligeant, sans même montrer qu'il eût fait la moindre attention, répondit en assez mauvais françois, et d'un ton de voix aigre : « Comment ? M. Arnaud,
» M. de Sully pense donc encore gouverner les
» affaires de France, comme du temps du feu
» Roi ? C'est à quoi il ne doit nullement s'attendre.
» La Reine étant Reine, c'est à elle à disposer
» de tout ; et je ne lui conseille pas de rien en-
» treprendre, que selon sa volonté. Quant à ma
» femme et à moi, nous n'avons besoin de l'aide,
» ni de la faveur de personne. Sa Majesté nous
» aime, parce que nous l'avons bien servie : per-
» sonne ne sçauroit empêcher le bien qu'elle vou-
» dra nous faire. M. de Sully, s'il desire quelque
» chose, aura plus besoin lui-même de notre assis-
» tance, que nous de celle qu'il nous offre ; et
» s'il sçavoit les poursuites qui se font, il nous
» rechercheroit plus qu'il ne fait. Il n'y a ni
» Prince, ni Seigneur à la cour, qui ne nous soit
» venu voir ; il est le seul avec un autre ».

Personne dans toute la compagnie ne s'attendoit à une réponse aussi crue. Tout le monde s'entre-regarda, et ne fit que hausser les épaules,

sans dire un mot. « Hé bien ! Messieurs, leur
» dis-je, croyez-vous encore qu'il me soit possible
» de me maintenir avec honneur dans mes char-
» ges, et qu'on me laisse conduire les affaires
» comme auparavant » ? Ils convinrent qu'ils
avoient mal jugé de la véritable position des
choses ; ce qui donna lieu à plusieurs autres discours assez longs, mais de trop peu de conséquence pour être rapportés ici, et dont la conclusion fut, qu'il falloit donner encore quelque
chose au hasard, ne rien précipiter, et voir ce
que produiroit la venue de M. le Prince, qu'on
s'attendoit à voir reparoître incessamment, et sur
laquelle bien d'autres que moi fondoient de grandes espérances.

Le premier avis que je reçus de l'entrée de ce
Prince dans le royaume, me fut donné quelques
jours après cet entretien, par Pallot. Il m'avertit
en même-temps, que M. le Prince n'étant pas
fort pourvu d'argent comptant, ce seroit bien lui
faire ma cour, que de lui faire toucher, sans
attendre qu'il me le demandât, au moins une
demi-année de sa pension. Heureusement je pouvois le faire, sans craindre le reproche d'avoir
disposé, de mon chef et sans ordre, des deniers
de sa Majesté, cette somme se trouvant portée
sur l'état, quoiqu'elle n'eût pas encore été dé-
livrée à M. le Prince, parce que le feu Roi,

qui ne vouloit pas que ce Prince pût croire qu'il eût conservé assez de bonne volonté pour lui, pour continuer à l'en gratifier, avoit attendu qu'il se présentât une occasion, où je parusse la lui envoyer de moi-même. J'en avois même déjà donné la moitié à deux personnes que M. le Prince avoit chargées de me la demander; et je me souvins que ces deux hommes m'avoient dit, il n'y avoit que huit jours, qu'ils l'avoient encore entre les mains. Je fis donc donner le tout à Pallot, qui, en le rendant à M. le Prince, lui fit si bien valoir ce témoignage de mon attachement à sa personne, que ce Prince, auquel on ne pouvoit guères alors rendre un plus grand service, m'en sçut fort bon gré, et s'engagea hautement, comme me l'a rapporté un des fils de M. d'Harcourt, de ne point entrer dans Paris, qu'il ne m'eût vu et pris mes conseils. Ne voyant presque autour de moi que des ennemis, je sentis un véritable mouvement de joie d'avoir ainsi éteint la haine que m'avoit portée pendant quelque temps le premier Prince du sang. Il me fit même l'honneur de me députer à différentes fois MM. de Rieux, de Montataire, de Clermont et autres gentilshommes, pour me faire part de sa situation et de ses desseins.

Lorsqu'on lui eut appris la mort du Roi, il ne balança pas un moment à s'acheminer vers la

France. Il compta qu'en faisant une extrême diligence, il pourroit se trouver encore assez à temps pour faire valoir les droits que lui donnoit son rang dans cette conjoncture, toute semblable à celle où le roi de Navarre, son grand-oncle, avoit cherché à se faire préférer à la reine Catherine de Médicis. Ils n'eurent pas un succès plus heureux l'un que l'autre dans leurs prétentions. Le prince de Condé fut bientôt informé que la Reine, sans l'attendre, ni lui, ni les autres Princes du sang, sans faire précéder, suivant les loix, l'établissement d'un conseil de régence, ni observer aucune des formalités pratiquées en pareil cas, avoit été plutôt déclarée que choisie Régente. Il comprit alors qu'il ne lui restoit plus aucune espérance de parvenir à la régence; il douta même du traitement qu'on lui réservoit à la cour, où sa présence ne pouvoit après cela qu'être désagréable. Cette incertitude lui fit ralentir sa marche, et souhaiter, avant de s'engager davantage, d'être plus particuliérement instruit de la disposition des esprits, sur-tout de ceux qui avoient quelque pouvoir. Rien ne lui paroissant plus capable de le faire écouter et respecter, que les déférences qu'on verroit que les grands témoigneroient publiquement avoir pour lui dans cette occasion, il les fit sonder presque tous, et leur fit sentir qu'il se tiendroit obligé envers ceux qui viendroient au-devant de lui, et l'escorteroient en entrant dans Paris.

Cette proposition me fut faite, ainsi qu'aux autres; et je crus que la place que j'occupois, m'empêchoit d'y déférer, sans en avoir du moins obtenu la permission de la Reine, comme représentant la personne du Roi même. Elle ne me la refusa pas formellement; mais elle me donna bien à entendre, par l'air dont elle reçut ma demande, que c'étoit lui faire plaisir que de s'abstenir de ce devoir. Je compris encore, par le peu qu'elle me dit, qu'elle me donnoit, comme à tous les autres, à opter entr'elle et les Princes du sang, avec lesquels elle s'attendoit apparemment à ne pouvoir jamais bien s'accorder. Peut-être que la froideur que je remarquai en ce moment sur son visage, provenoit aussi du mécontentement qu'elle avoit, de ce que j'avois fait tenir de l'argent à M. le Prince; car on n'avoit pas manqué de le découvrir, et de le lui faire sçavoir; et sans doute elle ne se souvint pas que c'étoit un article de dépense employé sur les états. Il se pouvoit bien faire encore que ce fût une suite du chagrin que lui avoit causé un conseil, dont j'ai oublié de parler, dans lequel il avoit été statué que, jusqu'à nouvel ordre, je continuerois à manier les finances, comme par le passé, et nommément pour ce qui regardoit les pensions de l'Etat. Je craignis que la

Reine ne m'attendît à ce passage, pour ne me le pardonner jamais; et je résolus de ne point m'exposer à sa haine, pour une chose qui ne me sembloit pas d'aussi grande conséquence, qu'apparemment elle le paroissoit à M. le Prince. Il me dépêcha couriers sur couriers, pour me faire changer de résolution; et il me fit déclarer enfin, par les mêmes gentilshommes que j'ai nommés, qu'il étoit déterminé à ne point rentrer dans Paris, puisque je refusois d'y paroître avec lui, et de l'entretenir sur des choses qui décideroient du parti qu'il prendroit, et qu'il ne pouvoit sçavoir que de moi.

Je retournai faire de nouveaux efforts auprès de la Reine, de laquelle je ne pus jamais tirer que cette sorte de permission, au travers de laquelle on apperçoit clairement un refus. L'alternative étoit d'autant plus embarrassante, qu'elle n'étoit que trop réellement entre deux partis, qu'on pouvoit dès-lors regarder comme opposés. Je n'en fais point de mystere; je me déclarai pour celui qui pouvoit me procurer les fruits d'un service essentiel, contre celui qui ne me promettoit que l'obligation d'une simple complaisance, facile à oublier; et j'allai trouver M. le Prince (*),

___

(*) « M. le Prince, dit l'historien Mathieu, étoit en sa » maison de Châteauroux. Il avoit vu le duc de Sully, qui » l'avoit conseillé de retourner à la cour, sa seule présence » pouvant plus profiter au service du Roi », &c. *Ibid.* 28.

qui, quelque chose que lui eût pu dire le duc d'Epernon, n'avoit jamais voulu partir du lieu où il avoit dîné, qu'il n'eût sçu que j'en étois très-proche. Je le rencontrai en pleine campagne, et descendis pour lui accoler la cuisse; mais il descendit lui-même presqu'aussi-tôt que moi, et vint m'embrasser avec des marques égales de distinction et de joie. Il se mit à m'entretenir à pied, au travers de la campagne, où nous demeurâmes bien un quart-d'heure, quoique d'Epernon représentât à ce Prince, qu'il n'avoit que ce qu'il lui falloit de temps pour arriver. De fois à autres il m'adressoit la parole sur différentes choses, dont le récit me paroît inutile ici. Je l'accompagnai jusqu'au Louvre, où je le laissai faire sa cour (*), et entretenir la Reine, et je m'en retournai à l'Arsenal.

(*) « M. le Prince entra dans Paris, le 15 Juillet, accom-
» pagné de quinze cent gentilshommes; ce qui donna quel-
» qu'alarme à la Reine, qui considéroit qu'ayant les canons,
» la Bastille et l'argent du feu Roi en sa puissance, par le
» duc de Sully, si le Parlement et le peuple n'eussent été fide-
» les, il pouvoit entreprendre des choses de très-dangereuse
» conséquence pour le service du Roi. M. le Prince n'étoit
» pas en moindre méfiance, que celle qu'on avoit de lui. Il
» reçut trois ou quatre avis en arrivant, que la Reine, à la
» suscitation du comte de Soissons, avoit dessein de se saisir
» de sa personne et de celle du duc de Bouillon; ce qui fit
» que nonobstant la bonne chere qu'il reçut de leurs Majestés,
» il fut trois nuits alerte, en état de sortir de Paris, au pre-
» mier bruit qu'il entendroit de quelqu'entreprise contre lui ».
Hist. de la mere et du fils, tom. 1, pag. 101.

Il se pouvoit bien faire que M. le Prince, lors même qu'il paroissoit craindre si fort d'être maltraité de la Reine, s'en promît intérieurement une toute autre réception, lorsqu'il se rappelloit la bonne intelligence qui avoit été autrefois entr'elle et lui ; et même qu'il se bâtit là-dessus un plan, bien différent de celui dont il m'entretenoit. Personne n'avoit douté, lorsqu'il sortit du royaume, que son mécontentement et sa fuite ne fussent l'effet des avis et des persuasions de cette Princesse, et le Roi lui-même en fut informé. Quoi qu'il en soit, M. le Prince, s'il eut cette pensée, ne tarda pas à être détrompé, et à connoître par son expérience, que rien ne tient contre la jalousie du pouvoir absolu. La Reine lui parut avoir entiérement perdu le souvenir du temps où ils avoient donné le nom d'intérêt commun au motif qui les faisoit agir ; et ce ne fut assurément pas le détail des affaires d'Etat et de gouvernement qui le lui fit oublier, elle ne lui en donna pas la moindre communication. Elle se retrancha avec lui à un cérémonial si grave, si froid et si silencieux, qu'il sortit du Louvre très-mal édifié de tout ce qu'il avoit vu.

Je le compris aux discours que me tint ce Prince, dans une visite que je reçus de lui deux jours après, quoiqu'il ne se déclarât pas d'abord ouvertement, et qu'il ne nommât personne. J'attendis, de mon côté, à me livrer, qu'il m'eût découvert plus naturellement le fond de ses sentimens, et je me tins encore plus serré que lui. Mais dans la suite de cet entretien, il commença à me parler si clairement de ses dispositions, il me fit voir tout à la fois tant d'estime, de confiance, de desir de pouvoir trouver, conjointement avec moi, les moyens de prévenir le bouleversement dans les affaires et le désordre dans les finances dont on étoit menacé, il me demanda si sincérement mes conseils sur la maniere dont il pourroit marcher au bien public, au travers des obstacles que la jalousie, la haine et la cabale alloient opposer à ses desseins, que je crus devoir, et à sa confiance, et au motif louable qui le faisoit agir, lui parler enfin à cœur ouvert sur toute cette matiere. Ce qui acheva de m'y déterminer, c'est que ce Prince m'ayant avoué que de tous ceux à qui il avoit communiqué l'envie qu'il avoit de voir les affaires politiques et domestiques de l'Etat continuer à être gouvernées par les principes qu'avoit suivis le feu Roi, il n'y en avoit pas un qui ne se fût efforcé de la lui faire perdre; je craignis que la vue des difficultés, ou absolument insurmontables, ou qu'on ne pouvoit vaincre qu'avec des risques infinis, sans en retirer que des fruits très-médiocres, ne le jettât dans la route où l'on cherchoit à l'engager.

Après donc l'avoir remercié de l'honneur de son estime et de sa confiance, je lui fis la réponse suivante, et presque dans les mêmes termes qu'on va le voir : que toutes les personnes qu'il avoit entendues ou consultées sur la question présente, y étoient trop intéressées, pour lui donner un conseil qui auroit détruit toutes leurs espérances; que je n'en avois point d'autre à lui donner, que celui que je donnerois à Messieurs les Princes du sang ses oncles, les princes de Conty, le comte de Soissons, et à la Reine elle-même, s'ils me le demandoient avec intention de le suivre ; parce que leur intérêt à eux quatre, lorsqu'il étoit bien éclairci, se trouvoit être absolument le même : je veux dire, de se tenir unis pour le Roi contre les grands, et contre cette foule d'importuns ambitieux et intéressés, dont la cour étoit remplie; parce qu'à coup sûr toutes ces personnes ne songeoient qu'à tirer parti, par les voies les moins permises, d'une conjoncture qui, de tout temps, a été le triomphe de l'avarice et de la licence ; que c'étoit-là le point d'où il falloit partir; mais que pour ne pas s'en égarer d'une autre maniere, et pour ne pas montrer soi-même l'exemple que l'on condamnoit, il étoit nécessaire qu'une déclaration solemnelle instruisît tout le royaume, que cette union n'avoit pour objet que de tendre en tout et de la maniere la plus noble, au plus grand bien de l'Etat, et que les effets qu'on verroit s'ensuivre, apprissent que c'étoit en marchant sur les traces d'un Roi, dont le succès avoit justifié tous les desseins et les ouvrages, qu'on prétendoit y arriver ; qu'un devoir de tous points essentiel, étoit de protester souvent et hautement, qu'on étoit inspiré du même esprit, qui avoit fait trouver à ce grand Prince le secret de faire d'un royaume abymé un royaume florissant, et que la meilleure maniere de montrer qu'on l'imitoit en effet, étoit de ne rien prétendre pour soi-même, en refusant tout aux injustes demandes d'un peuple de courtisans avides ; que je ne voulois pas dire par-là, qu'on se privât de toute sorte de récompense ; que c'étoit au contraire un des avantages de ce systême pour les mêmes quatre personnes ; qu'en conduisant sagement les affaires, il leur reviendroit naturellement et de plein droit, plus de biens en un an, que de toute autre maniere en dix ; mais qu'il ne devoit pourtant entrer rien de mercenaire dans leurs vues ; ce que je leur répéterois d'autant plus souvent, que, de toutes les bonnes qualités nécessaires aux personnes d'Etat, il n'y en a aucune dont la pratique soit si difficile, que de se voir sans cesse au milieu des trésors et à même de toutes les graces, sans s'en laisser éblouir, et que je sçavois déjà tous les plans que quelques-uns des

Princes avoient faits, pour jouir de ce qu'on appelle *les droits du rang;* mais aussi qu'en se préservant de ce piege dangereux, aucune puissance ne seroit capable de leur résister ; dussent-ils voir se liguer contr'eux toutes les têtes factieuses et tous les grands, sans en excepter un seul ; l'intérêt du Roi devenant véritablement l'intérêt public et général, lorsqu'on le soutient par ces voies, et l'impression que fait le nom royal, se trouvant alors portée au plus haut point.

Je poursuivis en disant à M. le Prince, qu'il ne restoit plus qu'à sçavoir si l'on trouveroit dans la Reine et les deux autres Princes, les mêmes dispositions propres à faire réussir ce dessein : que loin de le flatter de cette espérance, je convenois qu'il ne devoit nullement compter sur eux ; qu'il n'étoit pourtant pas dispensé pour cela de faire toutes les démarches nécessaires auprès de la Reine, tant parce qu'il étoit besoin qu'on n'eût pas le moindre reproche à lui faire dans un point de cette conséquence, que parce que cette Princesse étant déjà en quelque maniere en possession de l'autorité royale, les plus fortes raisons ne le seroient pas encore trop, pour justifier aux yeux du public l'extrémité où l'on seroit peut-être obligé d'en venir avec elle ; et pour en écarter le danger, qu'après avoir pris cette précaution, rien ne devoit l'empêcher de se charger seul d'un devoir; que les Princes ses oncles n'auroient pas voulu partager avec lui; mais que c'étoit alors véritablement que, privé de tous ses suppôts, il falloit qu'il fît parler pour lui un désintéressement si décidé et une probité si éclatante dans toutes ses actions et ses paroles, qu'on s'accoutumât à le regarder comme le véritable ami du Roi, de l'Etat et du peuple; qu'un homme qui n'emploie que de telles armes, et qui est en place de le faire, tôt ou tard ramene tout à soi; que MM. les princes de Conty et de Soissons le sentiroient les premiers, en comparant l'honneur qui rejaillit sur le sang royal, d'un procédé si respectable, avec les déboires, les manques de respect, souvent les mépris, auxquels ils ne peuvent manquer d'être exposés, lorsqu'ils se montrent dans la carriere, confondus avec le reste des courtisans; que bien des raisons viendroient balancer dans l'esprit de la Régente elle-même, le penchant qu'elle avoit à une conduite contraire, sur-tout, si elle se voyoit en tête les Princes du sang réunis; que tout le pouvoir apparent dont elle étoit revêtue, ne suffiroit pas à la soutenir six mois entiers contre un parti si fortement autorisé; qu'enfin je croyois pouvoir lui être garant que la nécessité, la confiance et le torrent attireroient enfin tout de son côté, et qu'il ne se passeroit plus rien entre la Reine, les Princes et les gens en place, liaisons, désunions, mutineries, raccommodemens, brigues, qui ne tournassent au profit de son autorité, s'il sçavoit dès ce moment se former son plan, et être fidele à le suivre, tel que je venois de le tracer.

L'attention avec laquelle je fus écouté de M. le Prince, me fit voir que j'avois trouvé le chemin de son cœur, et que j'y avois fait cette impression forte, qui est l'effet de la vérité et de la justice, réunies dans le même objet. Ce qui est arrivé depuis, ne prouve point que je me sois trompé alors, ou bien prouve aussi que M. le Prince se trompoit lui-même tout le premier, puisqu'il est certain que la force de mes raisons le soutint pendant un temps assez long contre tous les flots dont il étoit continuellement battu. De quelque artifice que se servissent les personnes dont il étoit obsédé, il ne pouvoit tant soit peu approfondir la nature des conseils qu'il recevoit d'eux, qu'il ne découvrît aussi-tôt clairement, qu'ils étoient dictés par l'avarice et l'ambition. Quelle différence entre de pareils sentimens, et ceux que je cherchois à lui faire prendre ? Il la sentoit, il en étoit persuadé ; et cependant il se laissa ensuite entraîner, comme tous les autres, au torrent du mauvais exemple. Le duc de Bouillon contribua plus que personne, à l'engager dans le parti de l'erreur (*). Je me représente, et peut-être je me grossis à moi-même, tout ce qui peut servir à justifier ce Prince, en convenant de bonne foi, qu'il n'étoit pas difficile de donner les plus belles couleurs aux motifs par lesquels on prétendoit

(*) L'auteur de la vie du duc de Bouillon, rapportant les conseils que ce Duc donna au prince de Condé : « Il lui » conseilla, dit-il, de laisser à la Reine la qualité de régente ; » mais de la réduire à un titre vain, qui satisferoit sa vanité, » et de s'attirer effectivement toute l'autorité. Il lui dit, qu'il » sçavoit pour cela un moyen infaillible, et que, s'il vouloit » s'en servir, il lui répondoit du succès : que ce moyen con- » sistoit à rentrer dans la Religion calviniste, dont le feu Roi » l'avoit tiré, et à se déclarer protecteur des Protestans de » France ; qu'alors suivi de toute la noblesse Calviniste, dont » il seroit le chef, maître de toutes les places de sûreté, ac- » cordées à ce parti (c'est-à-dire, de cent trois villes ou » places bien fortifiées ;) soutenu par tout ce qu'il y avoit » de Suisses en France, dont le duc de Rohan étoit le co- » lonel-général, sûr de l'argent laissé par le feu Roi à » la Bastille, que le duc de Sully, mécontent de la régence, » pouvoit lui remettre entre les mains ; qu'avec de si grands » avantages, on ne pouvoit pas douter qu'un premier Prince » du sang comme lui, pendant une minorité, ne fût en état » de s'emparer de toute l'autorité, et de se rendre également » redoutable au-dedans et au-dehors du royaume.... Dieu » ne permit pas qu'il suivît le conseil du duc de Bouillon. » S'il l'eût fait, les Calvinistes recouvroient tous les avantages » qu'ils avoient perdus par la conversion du feu Roi ; vraisem- » blablement le royaume eût été partagé entr'eux et les Ca- » tholiques ; et leur république, qu'on traitoit d'imaginaire, » se fût enfin trouvée quelque chose de réel » : *tom. 2, pag. 307.* Mais, et cet historien l'avoue ensuite, bien des personnes demeurèrent persuadées que ce n'étoit pas sérieusement que le duc de Bouillon avoit fait cette proposition au prince de Condé ; qu'il fut le premier à l'en détourner, et que tout son but étoit de faire sentir à la Régente, qu'il voulut bien rassurer lui-même, tout le mal qu'il pouvoit lui faire.

saper mes principes, et qu'il ne doit pas paroître surprenant qu'un Prince jeune et sans expérience, n'ait eu ni assez de discernement pour distinguer la réalité d'avec l'apparence, ni assez de force pour préférer ce qui n'est qu'utile, à ce qui plaît et flatte. Voici les raisons qui effacerent dans son esprit celles dont je m'étois servi.

On lui disoit que tous mes raisonnemens ne tendoient qu'à le jetter dans un systême absurde et imaginaire; que ces beaux sentimens ne convenoient ni à nos temps, ni à nos mœurs; que la probité et la vertu ne viennent seules à bout de rien; que les chimeres dont je le repaissois, ne trouveroient cours chez personne; qu'en se faisant l'arcboutant de tout le monde, il n'en recueilleroit qu'une haine générale, et le regret inutile de n'avoir pas mieux profité de la plus heureuse de toutes les conjonctures; que le seul parti raisonnable qu'il eût à prendre, dans une occasion où les trésors royaux alloient devenir la proie de toutes les mains, étoit d'en revendiquer la meilleure et plus grosse portion, comme étant la premiere personne de l'Etat après leurs Majestés (*); qu'il avoit

---

(*) « Il eût bien voulu, dit le même historien que je viens
» de citer, contester la régence, s'il l'eût osé; mais il en fut
» diverti par le bon traitement qui lui fut fait. On lui donna
» deux cent mille livres de pension, l'hôtel de Conti, au faux-
» bourg Saint-Germain, qui fut acheté deux cent mille francs,
» le comté de Clermont, beaucoup d'autres gratifications ».

bien peu profité de la nécessité où il s'étoit trouvé, si elle ne lui avoit pas appris que l'occasion de s'en délivrer doit être reçue à bras ouverts, lorsqu'elle se présente; qu'il prît bien garde au reste; que ce n'étoit pas tant pour lui que pour moi-même, que je cherchois à le jetter dans un parti extrême; qu'il ne me restoit que cette seule ressource, pour soutenir mon crédit expirant; mais qu'il ne s'y trompât pas; qu'en voulant joindre son intérêt au mien, je le ferois tomber avec moi dans le précipice; que la haine des Grands et des Ministres contre moi étoit si forte, que le seul soupçon que j'entrasse pour quelque chose dans tout ceci, étoit suffisant pour ruiner ses desseins et ses espérances; que j'avois dédaigné d'offrir mon amitié et mes services à personne; qu'en revanche, tout le monde étoit si bien d'accord pour me détruire, qu'il n'y avoit point de condition qu'on n'acceptât de ceux qui alloient disposer des graces et des faveurs, pourvu que ma disgrace y fût attachée.

Lorsqu'on a pu dans ces sortes d'occasions rendre les conseils suspects, on n'est pas bien éloigné de rendre le conseiller odieux : c'est ce qu'on entreprit, et ce qui arriva. On fit comprendre à M. le Prince, que c'étoit par une nécessité du système qu'il alloit embrasser, que ma ruine étoit décidée. Ce que je lui avois dit à lui-même, le lui confirma. Toutes mes paroles se tournerent dans son esprit contre moi ; en sorte que par une bisarrerie, dont la politique fournit pourtant plus d'un exemple, ce fut dans ces mêmes sentimens, qu'un moment auparavant il avoit admiré dans ma bouche, que M. le Prince trouva le fondement de la haine qu'il commença à me porter, et de la persécution qu'il me suscita. La résolution fut dès-lors prise de ne me laisser en place (*) qu'autant de temps qu'il en faudroit pour s'arranger ; de me porter cependant sourdement tous les coups qu'il seroit possible ; de miner peu à peu ce qui me restoit de pouvoir, et de retirer avec le moins d'affectation que faire se pourroit, tous les papiers, mémoires et instructions, dont j'étois dépositaire, sur le fait des finances ; jusqu'à ce que le moment fût venu de m'éloigner sans retour. Si l'exécution de ce complot fut différée jusqu'à l'année suivante, c'est parce qu'il arriva plusieurs embarras imprévus qui la retarderent.

Je ne sçus peut-être pas dès ce temps-là tous les complots qui se faisoient ainsi secrétement contre moi ; mais j'en devinai du moins une si bonne partie, que je revins plus fortement qu'auparavant,

(*) Toutes ces intrigues entre les Princes, les courtisans et les Ministres, pour l'éloignement de M. de Sully, sont rapportées dans les Mémoires particuliers, et sur-tout dans l'histoire de la mere et du fils, *tom.* I, *pag.* 111 *et suiv.* 120, 127 *et suiv.* dans l'histoire du duc de Bouillon, *tom.* I, *pag.* 313 *et suiv.* dans celle du duc d'Epernon, &c.

au parti que j'avois tâché de faire agréer à ma famille, de me retirer avant que je parusse y être forcé. J'allai même jusqu'à en parler à la Régente, et à la supplier de ne pas s'y opposer. Quoique par cette proposition j'allasse sans doute au-devant de tous ses vœux, elle usa d'une si profonde dissimulation dans la réponse qu'elle me fit, que quand je m'y serois laissé tromper, je crois qu'on ne pourroit m'accuser d'avoir été trop simple. Jamais Conchine et sa femme n'avoient été plus avant dans son esprit, qu'ils ne l'étoient alors: elle commençoit à ne plus rien voir, ni rien faire que par eux; cependant elle affecta de paroître aussi mécontente de leurs procédés, qu'elle me voulut persuader qu'elle étoit satisfaite de ma conduite: c'est que je la jettois dans un embarras, qui étoit de trop dans un temps où le sacre du Roi lui donnoit bien assez d'occupation, et qu'elle vouloit prendre tout le reste de l'année pour se préparer au changement que la démission de mes charges devoit apporter dans les affaires. Je m'accommodai à sa volonté, sans m'écarter de la mienne; c'est-à-dire, qu'en continuant mes premieres fonctions, je résolus de faire si bien la guerre à l'œil, que je pusse toujours mettre entre mes ennemis et moi, un espace assez considérable pour leur ôter le plaisir de me joindre et de me dépouiller eux-mêmes.

On prit à la fin un parti sur l'affaire de Cleves.

Il n'y avoit plus à retarder, pour peu qu'on voulût paroître encore s'y intéresser. L'armée des Princes ligués, jointe à celle des Etats des Provinces-Unies, étoit allé mettre le siege devant Julliers, et le prince d'Orange qui en avoit le commandement, s'y étoit pris de maniere que cette place ne pouvoit guères lui échapper. Notre secours lui étoit même absolument inutile ; parce que la maison d'Autriche n'avoit fait aucune démarche, ni mis aucunes troupes sur pied, pour les opposer à ses ennemis ; et qu'après cet exploit, la guerre, telle qu'on s'étoit proposé de la faire, se trouvoit finie. Mais le nouveau conseil de la Reine, composé des mêmes personnes que j'ai déjà nommées, crut faire un chef-d'œuvre de politique, en accordant alors plus qu'on ne lui avoit demandé si long-temps, sans pouvoir rien obtenir. Il connoissoit bien en quel état étoit la place assiégée. Il voulut se faire honneur de sa prise, qui devoit fort peu tarder après l'arrivée de nos troupes, et il imagina encore qu'on ne pouvoit donner un meilleur coup d'aiguillon au roi d'Espagne, pour lui faire souhaiter et solliciter cette alliance avec nous, pour laquelle on trouvoit qu'il ne s'empressoit pas assez, et dont on avoit encore quelque honte de faire seul tous les frais. On résolut donc de faire avancer incessamment vers Julliers huit mille hommes de pied, douze cent chevaux et huit pieces de canon, et de donner cette armée à conduire au maréchal de La-Châtre.

Lorsque cette résolution fut rendue publique, et portée pour la forme au conseil général, je ne pus m'empêcher d'en dire mon sentiment. Je demandai à quelle fin se faisoit ce voyage et cette dépense, contre des ennemis qui ne se défendoient point, et pour des alliés qui n'en avoient plus besoin. Je déclarai ce que je pensois de ce retour après coup, qui ne me paroissoit pas fort honorable pour nous. Je fis voir les difficultés et les longueurs de la marche, qu'on se proposoit de faire faire à nos troupes. En effet, pour faire ce trajet sans avoir rien à craindre des ennemis que notre armée pouvoit rencontrer dans son passage, il falloit qu'elle fît un grand détour, et qu'elle traversât des pays rudes, montagneux et stériles. Conchine, qui avoit attiré à son avis M. le comte de Soissons et le duc de Bouillon, et qui s'applaudissoit de ses motifs secrets, me laissa dire, comme on fait d'un homme qu'on n'a pas daigné instruire, et le départ des troupes fut résolu; seulement pour m'empêcher d'être plus importun, pour m'intéresser même personnellement dans cet armement, on accorda à mon gendre, qui sollicitoit depuis assez long-temps un emploi distingué dans l'armée d'Allemagne, la charge de maréchal-de-camp général; ce qui devoit d'autant plus le satisfaire, que cette qualité lui attribuoit de plein droit le commandement en chef, s'il arrivoit faute du général. Il n'étoit pas même impossible que sans cela, La-Châtre ne s'en dégoûtât de lui-même, et ne remît le commandement. On l'avoit vu plus d'une fois prêt à le faire. La difficulté du chemin le rebutoit, aussi-bien que les périls qu'il pouvoit y rencontrer. Il m'avoua même, et avec moi à quelques autres personnes du Conseil, que les Jésuites lui mettoient un fort grand scrupule dans l'ame, de ce qu'il se joignoit aux Hérétiques, contre de bons Catholiques. Je lui redonnai un peu de courage, en lui enseignant un chemin plus commode que celui qu'il vouloit prendre, et il se disposa à partir.

Les préparatifs de cet armement, qui tomboient à ma charge, furent faits de maniere que l'armée fut composée des meilleures troupes que nous eussions alors sur pied; l'artillerie complette et bien servie, et le fonds de la dépense si abondant, que le trésorier en rapporta encore cent mille écus : aussi le prince Maurice confessa que de long temps il n'avoit vu une troupe si leste et si bien apprise ; il parut seulement surpris que le général, qui devoit, suivant les apparences, être un de nos meilleurs hommes de guerre, n'eût qu'une connoissance tout-à-fait commune de ce qui se pratique dans les sieges, et des autres parties de la guerre.

C'est tout ce que je dirai de cette expédition. Les historiens (*) expliqueront plus en détail, comment notre armée passa en Allemagne, et comment elle en revint. La crainte d'être trop sincere, et l'inutilité du personnage que je commence à jouer, m'engagent à avancer plus rapidement vers la fin de ces Mémoires.

(*) Voyez le détail de la prise de Julliers et de toute cette expédition, dans le Mercure François et les autres historiens, année 1610.

La prise de Julliers obligea l'Empereur à se déporter du sequestre qu'il avoit voulu faire des Etats contestés, entre les mains de l'archiduc Léopold d'Autriche ; et les ducs de Brandebourg et de Neubourg partagerent sans aucune difficulté entr'eux deux, toute la succession. L'électeur de Brandebourg eut Cleves, la Marck et Ravensperg, et le duc de Neubourg, Julliers et Bergh. Philippe-Louis, fils de ce duc de Neubourg, eut deux fils, dont l'un continua la branche de Neubourg, et le puiné fit celle des comtes de Sulsback, qui doit aujourd'hui réunir les deux parts, parce que la branche de Neubourg finit dans l'Electeur Palatin d'aujourd'hui, et voilà ce qui, après cent trente ans depuis la mort du duc Guillaume de Julliers, fait renaître les mêmes difficultés sur cette succession éventuelle : le roi de Prusse, de la maison de Brandebourg, pouvant apporter pour raison de son opposition à cette réunion, que les branches étoient séparées, lorsqu'a été passé le traité de 1669, qui semble ne stipuler que pour les descendans des contractans : et l'Empereur (a), de son côté, trouvant son intérêt à soutenir le prince de Sulsback, parce que si ce jeune Prince venoit à mourir sans enfans mâles, il allégueroit, pour se mettre en possession de Bergh et Julliers, son ancienne raison de fiefs masculins, outre un second intérêt qu'il peut y prendre pour les princes de Saxe, ses alliés.

Il a paru en 1738, un ouvrage en deux volumes, où cette matiere est discutée, et très-bien éclaircie.

(a) Ceci a été écrit avant la mort du dernier Empereur, et du dernier Electeur Palatin.

Fin du vingt-huitieme Livre.

LIVRE VINGT-NEUVIEME.

SUITE *des Mémoires de 1610 — 1611. Motifs de la haine que les Princes, les Grands et les Ministres portent au duc de Sully; il s'oppose aux injustices du Conseil; refus qu'il fait à la Régente de signer un comptant; querelle qu'il a en plein Conseil avec le duc de Bouillon. Brouilleries à la cour et dans le Conseil. Sacre de Louis XIII. Sully va à Montrond, et y tombe malade; raisons qui obligent la Régente et les Ministres à le rappeller; accueil que lui fait cette Princesse, qui prend ensuite le parti de Conchine et des Ministres contre lui; sa fermeté à résister aux demandes injustes des Grands, et à la dissipation des trésors du Roi; chagrins qu'on lui suscite à cet égard. Grand démêlé entre lui, Villeroy et d'Alincourt, en plein Conseil. Les Princes, Seigneurs et Ministres se liguent contre lui. Il prend le parti de se retirer tout-à-fait; jugemens différens sur cette retraite. Sully remet la surintendance des finances, la capitainerie de la Bastille, &c. Utiles conseils qu'il donne à ses secretaires; bienfaits qu'ils avoient reçus de lui. Il sort de Paris, et se retire à Sully. Il prévient les artifices de ses ennemis pour le perdre; lettres qu'il écrit à la Régente*

Régente à cet effet, où il justifie sa conduite et son administration ; réponses de la Régente ; le Roi lui accorde une augmentation considérable de pension. Compte général qu'il rend de sa conduite publique et particuliere, de l'état de ses biens et de ses affaires domestiques ; sa fidélité à remplir ses engagemens avec Henri IV.

CE qui venoit de se passer au sujet de Cleves, et le dernier procédé de la Régente à mon égard, acheverent de m'ôter toute espérance de pouvoir jamais ramener le nouveau Conseil aux saines maximes sur les deux principaux points du gouvernement, la politique et les finances : au contraire, le changement de M. le Prince, ce que je voyois tous les jours se passer sous mes yeux, et sur-tout l'air de dissimulation dont on venoit en dernier lieu d'user, acheverent de me persuader que le mal étoit devenu sans remede, et qu'on ne sortiroit de tout ce chaos, dans lequel les affaires du Conseil paroissoient ensevelies, que par le dénouement que j'avois toujours si fort appréhendé. Il falloit du temps pour le préparer, parce que, quelque autorité qu'on ait, des liaisons aussi fortes et aussi sagement cimentées, que l'étoient celles qu'avoit contractées le feu Roi, pour la destruction de la puissance Autrichienne, avec tous les potentats de l'Europe intéressés à son abaissement, et principalement avec les Princes Protestans, ne se rompent pas du premier coup, ni quelquefois sans un effort, qui peut avoir de fâcheuses suites. Mais que toute l'étude de la Régente et de ses Conseillers, ne se tournât pas à les rendre inutiles, c'est de quoi il m'étoit impossible de douter. La prévention en faveur de ce qu'ils appelloient *le parti de la religion;* la haine contre tous les Protestans François et étrangers; un penchant naturel et fortifié par l'habitude à s'unir avec l'Espagne, dont ils n'avoient pu s'empêcher de suivre même publiquement tous les mouvemens, lorsque les desseins de Henri-le-Grand, prêts à se manifester, les convainquoient de soutenir une cause odieuse et désespérée, tout cela ne devoit pas se ralentir, lorsque par le hasard le plus inespéré, ils touchoient à l'accomplissement de ce qu'ils avoient le plus ardemment souhaité. Ma religion, mes engagemens, les conseils que j'avois donnés au feu Roi, dont l'effet indubitable auroit été du moins le libre exercice de la réforme en France et par toute la Chrétienté; la mort même de ce Prince, qui sembloit me déclarer l'unique dépositaire de ses sentimens et l'exécuteur de ses projets; des moyens pris d'une maniere assez sage, pour en assurer la réussite; la gloire et l'honneur qui conséquemment en rejailliroient sur moi; voilà bien des titres de haine

contre un homme qui avoit déjà tant d'ennemis;
et de la maniere dont Sillery et Villeroy s'attachoient à les faire valoir, ils devoient nécessairement avoir un effet prompt.

Un motif moins déclaré, mais peut-être plus fort encore, parce qu'il attaquoit plus directement l'intérêt particulier, réunissoit une seconde fois tout contre moi : c'est celui d'une administration des finances trop nette, j'ose le dire, et trop integre, pour des personnes dont la cupidité avoit dévoré des yeux, dès le premier instant, tous les trésors du Roi. Je vois là-dessus une infinité de traits à rapporter, qui certainement ne feront pas honneur au nom François; mais qu'il seroit inutile de taire, parce qu'ils ont été publics. En voici quelques-uns des principaux, suivant que le hasard me les présente : ils traceront une image de la Cour de ce temps-là.

Le favori de la Régente fut celui qu'on vit paroître le premier sur les rangs. Il jetta d'abord les yeux sur la charge de premier gentilhomme de la chambre; non pas qu'il jugeât cette dignité capable de satisfaire ses vues ambitieuses; mais il falloit commencer par obtenir quelque grade, qui effaçât la disproportion qui avoit été jusques-là entre le reste des courtisans et lui. Il se mêloit à cela un grain de jalousie personnelle contre Bellegarde, dont je tairai le motif, parce que cela me meneroit trop loin. Il étoit bien flatteur pour Conchine, que le premier pas qu'on lui verroit faire à la Cour, le mît de pair avec son émule (*). Il fit donc proposer au duc de Bouillon de traiter avec lui de cette charge. Celui-ci, qui avoit réellement dessein de s'en défaire, fit la chose libéralement; mais aussi en fut-il récompensé de même; car, en premier lieu, il obtint la suppression des bureaux que sa Majesté avoit aux environs de Sedan, pour la levée de ses droits d'entrée et de sortie; ce qui affranchissant au profit du Duc, tout ce qui entroit de denrées et de marchandises dans cette ville, ou qui en sortoit, on peut dire, sans exagérer, que cette gratification lui valut dans la suite plus que toute sa principauté même. Ensuite Conchine lui fit expédier sur le marché un acquit de deux cent mille livres, sous prétexte qu'on lui avoit promis cette somme, en traitant avec lui de la reddition de sa place. J'eus beau représenter que le duc de Bouillon avoit été exactement payé de tout ce qu'on lui avoit promis, et qu'il n'y avoit qu'à jetter les yeux sur le comptant qui le justifioit, on ne m'écouta pas, et les frais que Henri avoit faits pour se mettre en possession de Sedan,

---

(*) Le marquis d'Ancre (car c'est ainsi qu'on commença à appeller Conchine) avoit eu un démêlé avec M. le Grand-écuyer, qu'on peut voir dans l'histoire de la régence de Marie de Médicis.

n'aboutirent qu'à payer deux fois cette place, et à ne rien avoir. Je ne doute pas qu'on ne trouve cela risible : pour moi, je le trouve honteux pour le Conseil.

Conchine n'en vint pourtant pas à ce point aussi facilement qu'il avoit cru d'abord. M. le comte de Soissons, comme j'en ai déjà dit un mot, lui rompit en visiere, et à son beau-frere, pour lequel il demandoit l'archevêché de Tours ; mais ce Prince n'agissoit pas de façon à lui faire désespérer qu'on ne pût le gagner, et Conchine en eut bientôt trouvé les moyens. Il lui ferma la bouche, en lui faisant donner le gouvernement de Normandie, d'une maniere si généreuse, qu'il ne se fit aucune difficulté de l'ôter à Monsieur lui-même, second fils de France. Après la mort de M. le duc de Montpensier, Henri, pour ne mettre aucune jalousie parmi tous ceux qui prétendoient à ce gouvernement, que je venois de refuser avec la condition de changer de religion, et voulant obliger Fervaques, qui méritoit bien que sa Majesté eût cette déférence pour lui, en avoit pourvu son propre fils. Il ne me fut pas possible de donner ma voix à cette disposition de Conchine, non plus qu'à la satisfaction que le Conseil donna encore à M. le Comte aux dépens de sa Majesté, en lui payant fort cher des droits très-peu considérables et très-inutiles : ce sont ceux de la maison de Montaffié en Piémont, dont j'ai déjà tant parlé. Malgré toutes mes représentations présentes et passées, ce marché fut conclu. On étoit accoutumé à me laisser dire, et à passer outre.

Conchine trouva un moyen pour pouvoir disposer d'une partie de l'argent du trésor royal, sans qu'il parût que les sommes qui en sortiroient, eussent été prises et employées en son nom; ce fut de persuader à la Reine de continuer à faire des comptans, comme faisoit le feu Roi. Voici la lettre qu'elle m'en écrivit le 15 Juin. « Mon » cousin, j'ai résolu de continuer encore pour » cette année, le paiement du comptant que le » feu Roi mon seigneur faisoit mettre en ses cof- » fres, par les trésoriers de l'épargne. L'argent » qui en proviendra, sera distribué par Bérin- » ghen aux mêmes personnes qu'il avoit cou- » tume de l'être. Je vous fais donc ce mot, pour » vous dire de commander au trésorier de l'épar- » gne, étant à présent en charge, de mettre entre » les mains dudit Béringhen, le quartier de Juil- » let dudit comptant, &c. ».

Puget et d'Argouges vinrent dès le lendemain m'apporter un de ces comptans, afin que je l'arrêtasse, et que je misse au bas une ordonnance de paiement. Je le pris, et du premier coup-d'œil je n'y remarquai en effet qu'une infinité de parties, que le feu Roi faisoit payer en cette forme. Mais comme le montant m'en paroissoit exorbitant, au lieu d'aller plus loin, je dis aux deux porteurs, qu'il étoit vrai que la conduite de Henri-le-Grand sembloit autoriser cette forme, mais qu'elle ne me paroissoit plus suffisante aujourd'hui, pour la décharge de ceux qui, sur ce simple écrit, oseroient faire une ordonnance de paiement. Ils me répondirent, que si je voulois me donner la peine de lire jusqu'à la fin, je trouverois la solution de mon objection, dans une décharge si valable, que je conviendrois qu'il n'étoit besoin d'avoir recours à personne. Je continuai à lire, assez curieux de sçavoir comment un mémoire qui ne promettoit qu'un menu de comptant, et même qui n'étoit pas fort long, alloit se trouver enfanter une somme de neuf cent mille deux cent dix livres quatorze sols, que j'avois vue en jettant les yeux sur le total. Ma curiosité ne tarda pas à être satisfaite. Après les premieres parties, j'en vis suivre d'autres, qui déjà ne me plaisoient pas trop, et qui sembloient n'être là que pour me préparer à un morceau de bien plus difficile digestion ; c'étoit un article tout seul de quatre cent mille livres, et qui n'étoit pas même motivé : il portoit seulement ce peu de mots, qui n'étoient guères propres à m'en justifier la fidélité : *pour deniers mis aux mains du feu Roi.*

Je m'arrêtai court, et regardant fixement Puget, je lui demandai ce que cela signifioit, et si c'étoit à lui qu'étoit due l'invention de ce tour ingénieux. Je lui dis ensuite résolument, que le feu Roi n'avoit jamais pris pour lui tant d'argent à la fois dans ses coffres ; que j'avois d'ailleurs des preuves qu'il n'avoit jamais touché cette somme ni en gros, ni en détail ; qu'ainsi je ne pouvois la passer. Il continua de me répondre avec le même phlegme, que ce que je verrois à la fin, surmonteroit toutes mes difficultés : c'étoit quatre ou cinq lignes, écrites de la main même de la Reine, en ces termes : « Nous avons vu le menu des parties ci-
» dessus, montant à neuf cent mille neuf cent
» dix livres quatorze sols, et ayant connu que
» cette somme a été véritablement payée par le
» commandement du feu Roi mon seigneur, pour
» être passée en forme de comptant (*), ainsi
» qu'il étoit d'usage : ce qui n'a pu être fait,
» ayant été prévenu par la mort, nous avons
» trouvé bonnes les susdites dépenses, et or-

(*) Un comptant étoit une ordonnance de paiement, ou la quittance d'une somme payée par ordre de sa Majesté, sans spécifier à quoi ces deniers avoient été employés. Henri IV et Louis XIII, ou leurs Ministres, ont bien senti l'abus qu'on en pouvoit faire ; mais une infinité de dépenses, que l'intérêt de l'Etat demandoit qu'on tînt secretes, les en empêcherent. Le cardinal de Richelieu conclut à les abolir, mais en même temps à laisser un million d'or au Roi, en vue de ces dépenses, pour en disposer à sa volonté. *Testam. polit.* 2 *part. pag.* 143.

» donné d'en être expédié un acquit de comptant,
» pour servir de décharge au trésorier de l'épar-
» gne Puget. Fait à Paris, le 16 Juillet 1610.
» *Signé*, MARIE.

Je ne vis pas tout d'un coup le parti que j'avois à prendre. Après y avoir pensé un moment :
« M. Puget, dis-je, tout ce que j'ai lu ne
» m'éclaircit pas pourquoi l'on me demande une
» si grosse somme; car on ne me persuadera pas
» que jamais le feu Roi l'ait employée; vous me
» presserez aussi inutilement de me la faire signer
» comme telle : contentez-vous donc, si vous
» voulez, pour votre décharge, de ce papier tel
» qu'il est, parce que très-sûrement je n'y
» ajouterai rien du mien ». Cette affaire n'en demeura pas là. On revint à la charge, pour obtenir ma signature, avec autant d'opiniâtreté, que j'en montrois à la refuser; je n'entendis parler que de cela seul, pendant deux jours entiers. On me laissa enfin en repos, et il ne fut plus parlé du menu de comptant, qui est resté déchiré parmi mes papiers : mais ni la Régente, ni Conchine n'en perdirent pas le souvenir. Conchine trouva que cette conduite étoit de trop mauvais exemple pour ceux qu'il avoit envie de ranger à toutes ses volontés : pour la Reine, le ressentiment qu'elle en eut, fut si fort, qu'elle ne put me le cacher, malgré le déguisement

auquel elle s'étudioit. Si jusqu'alors elle avoit encore voulu faire de temps en temps quelque légere réflexion sur ce que lui avoit dit tant de fois le Roi son époux, de la nécessité dont je devois lui être pour les affaires du royaume; de ce moment, tout ce souvenir fut entiérement effacé, et fit place à une résolution bien décidée de donner ma charge à une personne qui fût plus traitable.

Le Chancelier m'en donnoit assez l'exemple; mais bien loin d'être tenté de le suivre, je ne pus m'empêcher de lui reprocher un jour une prévarication véritablement impardonnable, à l'occasion d'une lettre d'exemption de rachat du greffe du Parlement et du Châtelet de Paris, qui parut en plein Conseil, comme ayant été expédiée et scellée par le feu Roi, quoique je sçusse que ce Prince l'avoit refusée constamment à toutes les instances que Villeroy lui en avoit faites à différentes reprises. La regle est que le Roi étant mort, le sceau dont il s'est servi, soit rompu. Non-seulement le Chancelier ne l'avoit pas fait; mais il osa même se servir de ce sceau, pour autoriser de fausses dispositions en faveur de Conchine et de quelques autres, pendant cinq années entieres. Il avoit pour cela la double commodité de faire fabriquer par son fils, qui étoit Secretaire d'Etat, toutes les pieces, auxquelles il mettoit ensuite la derniere main. M. l'Amiral reçut ce secours comme lui venant du ciel. Il vint apporter au Parlement des lettres de Duc et Pair pour la seigneurie de Danville (*), en aussi bonne forme, et bien meilleures sans doute, qu'elles ne l'eussent été du vivant de Henri.

Je trouve une seconde lettre que m'écrivit la Régente, de même date que la précédente, c'est-à-dire du quinze Juin, mais sur un sujet bien moins important : il ne s'y agit que d'une breche à réparer aux fortifications qu'on avoit faites ci-devant aux ville et château de Vendôme, à la priere du sieur Jumeaux, qui en étoit gouverneur.

Il étoit bien difficile, exposé comme je l'étois à me faire des querelles, que je n'en eusse pas quelqu'une avec le duc de Bouillon, qui en toute occasion sçavoit bien me montrer qu'il se souvenoit que j'avois toujours préféré l'intérêt du Roi au sien, et qui n'attendoit que le premier moment favorable pour m'en témoigner son ressentiment. Il proposa un jour dans le Conseil, de faire rapporter par tous ceux qui étoient en possession des principales charges du royaume, des états de recette et dépense, pour y être examinés. Le Conseil reçut cette proposition, qui toute générale qu'elle étoit, dans l'esprit de celui qui la faisoit, ne regardoit que moi seul ; et Bouillon se

_____
(*) Charles de Montmorenci, duc de Damville.

chargea de me l'apprendre, en me disant, aussi en plein Conseil : qu'étant un homme d'ordre, et qui n'avoit cherché qu'à montrer le bon exemple aux autres, je ne manquerois pas sans doute de commencer par ce qui regardoit ma charge de Grand-maître de l'artillerie. Je lui répondis d'un ton que peut-être il n'attendoit pas, que quand il plairoit au Roi et à la Reine, je leur ferois voir tous mes états d'autant plus volontiers, que j'étois bien assuré qu'ils n'y trouveroient que des sujets de satisfaction pour eux et de louange pour moi ; que les Princes du sang représentant aussi la personne du Roi dans une minorité, je me ferois pareillement un devoir de les leur montrer ; mais que je connoissois assez l'étendue des droits de ma charge, pour sçavoir que c'étoit l'avilir, que de la rendre responsable à tout autre tribunal. « Il
» me semble pourtant, Monsieur, reprit-il, que
» le Connétable et les Maréchaux de France
» étant particuliérement établis sur les armes,
» ils peuvent prendre connoissance de toutes les
» charges qui les concernent, et la vôtre est une
» des principales de cette espece. Je vois bien,
» Monsieur, repliquai-je, sans cacher le dépit
» que je ressentois de ce procédé, que de longue
» main vous m'avez préparé cette collation, et
» que vous cherchez à vous fortifier adroitement
» de M. le Connétable. J'estime et j'honore sa

» qualité, son mérite, son âge, et la bien-
» veillance qu'il me porte; et je suis sûr que je
» m'accorderai toujours bien avec lui; mais pour
» vous et tous les autres, je vous déclare que je
» ne vous dois aucune déférence; en ce qui re-
» garde ma charge, je ne dois compte qu'au Roi
» seul, de mes fonctions. Vous conviendrez au
» moins, Monsieur, reprit encore le duc de
» Bouillon, que vos lettres nous étant adres-
» sées, cela emporte quelqu'idée d'autorité sur
» elles. Monsieur, lui dis-je, vous avez mal lu,
» ou mal entendu, autrement je serois aussi res-
» ponsable de ma charge aux Maires, Echevins
» et Capitaines des portes des villes, car il y a
» pareille adresse à eux, qu'aux Maréchaux de
» France et aux Gouverneurs. Mais sçavez-vous
» bien pourquoi ces clauses y sont mises ? c'est
» afin que toutes ces personnes m'assistent en ce
» que je desirerai d'elles; ce qui emporteroit
» bien plutôt l'idée de supériorité, que d'infé-
» riorité ».

La Reine, qui vit que les paroles s'échauffoient
et alloient produire une véritable querelle, nous
imposa silence à tous les deux, et l'on mit une
autre question sur le tapis. Bouillon avoit perdu
son petit mot de flatterie, adressé à M. le Connétable; j'en étois aussi particuliérement aimé,
pour les services que je lui avois rendus dans des

circonstances difficiles, que le duc de Bouillon, qui l'y avoit engagé, en étoit peu estimé. Il dit à la Reine, au lever du Conseil, en présence de Bouillon, que sa prétention étoit mal fondée; et en s'adressant à lui, qu'il le prioit de ne plus chercher à le joindre à lui dans ses idées de vengeance et de ressentimens personnels. Ce démêlé fit assez de bruit, pour que de chaque côté les amis crussent devoir venir s'offrir aux deux adversaires. Ici ce ne fut pas comme au Conseil, ma partie se trouva la plus forte; les maisons de Guise, de Longueville et beaucoup d'autres, s'étant déclarées ouvertement pour moi.

Conchine et sa femme ne demeurerent pas eux-mêmes long-temps en bonne intelligence avec les Ministres et les autres principales personnes de l'Etat: c'est le sort des alliances qui ne sont produites que par l'esprit d'intérêt, que la même cause qui les a fait naître, les détruise avec plus de facilité encore. De-là s'ensuivirent mille scenes scandaleuses, et l'on en vint publiquement à des reproches et à des injures, qu'un reste de bienséance auroit bien dû étouffer; et comme le même esprit regnoit dans toute la cour, elle ne fut bientôt remplie que de haines, de jalousies, de moyens bas ou criminels de se disputer et de s'enlever les graces. Mille levains fâcheux fermentant dans tous les esprits, on appréhenda plusieurs fois les catastrophes les plus sanglantes entre les personnes du plus haut rang. Il falloit être continuellement en mouvement pour les prévenir. Le public fut instruit des sujets qui animerent les uns contre les autres, les Princes du sang, le Connétable, le Grand-écuyer, le duc d'Epernon et beaucoup d'autres, au milieu desquels Conchine se trouvoit toujours mêlé le plus avant (*). Quelquefois l'équilibre entre ces illustres rivaux jettoit entre les mains des gens de néant, les faveurs sur lesquelles on ne pouvoit s'accorder. La confusion, la mauvaise foi, l'injustice, tous les maux qui suivent le mépris de la subordination, inonderent la Cour et le Conseil, et vengerent plus d'une fois la mémoire de Henri, de ceux qui lui insultoient par les mêmes voies qu'ils avoient choisies pour se venger eux-mêmes.

Pour les Princes de l'Europe, aucun d'eux ne manqua à s'acquitter par ses Ambassadeurs, de ce qu'ils devoient à ce grand Roi : mais il n'étoit pas difficile de distinguer parmi eux, ceux dont le cœur mettoit beaucoup plus de sincérité dans les complimens de conjouissance pour l'avénement du nouveau Roi au trône, que dans les complimens de condoléance pour la perte de celui auquel il succédoit. Il se trouva des François assez in-

(*) Voyez le détail de ces intrigues et de ces brouilleries de cour, dans Siri, *ibid. tom.* 1. *pag.* 327, et dans les mêmes historiens.

dignes de ce nom, pour dire aux Ambassadeurs du roi d'Espagne et de l'Archiduc ces propres paroles: « Vos larmes ne doivent pas beaucoup détremper » vos mouchoirs : c'est un coup du ciel, qui a » sauvé de leur ruine le Roi et la Religion ca- » tholique ». Je ne dirai rien de la réception qui fut faite à tous ces Ambassadeurs.

J'étois pareillement trop éloigné de tout sentiment de joie, pour prendre part à la cérémonie (*) du sacre du Roi. Cela fit que pendant que tout le monde prenoit le chemin de Reims, je pris celui de Montrond, après avoir obtenu de la Reine la permission de faire un voyage dans l'une de mes maisons. Je cachai soigneusement que ce fût dans l'intention de ne point revenir à Paris, du moins tant que je verrois la même disposition dans les esprits et le même désordre dans les affaires ; mais j'avois formé auparavant cette résolution, qui fut encore fortifiée par une fort grande maladie, dont je fus attaqué, si-tôt que je fus arrivé à Montrond, et que je ne dois attribuer qu'aux situations tristes et violentes, où mon cœur se trouvoit depuis quatre mois. C'est-là aussi que, pour faire diversion à mes déplaisirs, je composai les deux petits morceaux de poésie, dont l'un a pour titre,

---

(*) Cette cérémonie est décrite fort au long dans le Mercure François, les mss. royaux, Pierre Mathieu, &c. *ann.* 1610. Elle fut faite le 17 Octobre.

Parallele

Parallele de César et de Henri-le-Grand ; et l'autre, *Adieu à la Cour* (*).

Si cet adieu ne fut pas le dernier, ce ne fut pas tout-à-fait ma faute. Je voyois assez que ce séjour n'étoit plus fait pour moi. Je me rappellois sans cesse le conseil secret, tenu chez le Nonce, dont j'ai parlé plus haut. J'y joignois certaines paroles qu'une Princesse, ma parente et mon amie intime, me rapporta qu'elle avoit entendu dire à la Reine, dans le même temps. Mille autres particularités semblables jettoient dans mon cœur les plus forts pressentimens, que toute l'Eglise réformée étoit à la veille d'une persécution. Préaux pensoit comme moi, lorsqu'il m'écrivoit de Châtelleraut, le 10 Novembre, qu'il lui sembloit déjà, disoit-il, voir le théâtre élevé pour renouveller nos tragédies. Dans cette attente, mon parti étoit pris de me défaire de toutes mes charges, en faveur de ceux qui me seroient adressés par Conchine et sa femme, comme gens auxquels l'argent coûtoit le moins à répandre : on m'en avoit déjà fait porter parole, et je n'avois pas à craindre que la Reine me refusât son agrément. Je comptois envoyer un tiers de cet argent en Suisse, un tiers à Venise, et l'autre tiers en Hollande, où je faisois état de me retirer moi-

(*) Ces pieces sont rapportées dans les Mémoires de Sully, à la fin du tome 1, pag. 469.

même, avec ce que j'avois déjà pu mettre d'argent à part tous les ans par mon bon ménage, lorsque je verrois l'orage prêt à éclater. Tout mon arrangement étoit fait : voici ce qui y apporta du changement.

La jalousie et la mésintelligence des grands et des personnes en place, rendirent la cérémonie du sacre si tumultueuse, qu'il pensa en arriver du désordre. Je ne parle pas seulement des disputes pour le rang et la préséance. Le duc d'Epernon, quoique lié très-étroitement, à ce qu'il sembloit, depuis quelques années avec Conchine, lui tint un jour publiquement, avec le duc d'Aiguillon, des discours également durs, injurieux et même menaçans. Le duc de Nevers, appuyé des Princes, traita à-peu-près de même, Sillery, Villeroy et Jeannin. La frayeur les prit, ils ne se sentirent pas assez forts, ni sans doute assez nets, pour repousser ces reproches; ils virent qu'ils avoient encore besoin de moi dans cette occasion. Il étoit d'une fâcheuse conséquence, que les Princes et les grands s'accoutumassent à gourmander les Ministres. Je leur parus le seul homme capable de mettre les choses sur un autre pied, par l'autorité, le respect, et même la crainte, que ma naissance, mon caractere, mes mœurs m'avoient acquis de tout temps dans le Conseil. Ils presserent donc si fort la Reine de me faire revenir, qu'elle

m'envoya la lettre suivante par un exprès. « Mon
» cousin, le Roi Monsieur mon fils ayant heureu-
» sement achevé son voyage et son sacre à Reims,
» nous reprendrons dans peu le chemin de Paris ;
» et d'autant que sur la fin de cette année et le
» commencement de la suivante, il se présentera
» plusieurs affaires qui pourront requérir votre
» présence, à cause de vos charges, et de l'intel-
» ligence que vous avez en icelles ; je vous prie
» de vous en revenir au plutôt, faisant en sorte
» que vous arriviez à Paris, au même temps que
» nous y serons ; à quoi m'assurant que ne man-
» querez, je prierai Dieu, &c. Ecrit à Reims,
» ce 6 Octobre 1610. Votre bonne cousine,
» Marie ».

Je crus qu'en éludant pour le présent le voyage
qu'on exigeoit de moi, on en perdroit l'idée dans
la suite, ce qui me fit répondre à la Reine en
ces termes : « Madame, mon inclination, mon
» devoir et l'honneur que vous me faites de vous sou-
» venir de moi, me portent également à obéir aux
» commandemens de votre Majesté ; mais la grande
» foiblesse qui m'est restée de la maladie dan-
» gereuse dont je ne fais que sortir, et la con-
» noissance certaine que j'ai que ma présence dans
» les affaires n'est pas agréable à plusieurs per-
» sonnes qui y ont plus d'autorité que moi, me
» font vous supplier très-humblement de trouver

» bon que je diffère d'aller à la cour, jusqu'à ce
» que j'aie repris mes forces, et que quand j'irai,
» ce ne soit que pour rendre compte à votre Majesté
» devant ceux qu'il lui plaira nommer, de la ma-
» niere dont j'ai conduit les affaires de l'Etat, de
» la situation où je les laisse, et de la forme que
» je crois nécessaire d'y observer, pour les faire
» heureusement subsister, et nullement, pour
» continuer à m'en mêler comme j'ai fait jusqu'à
» présent. Je crois avoir si bien pourvu à tout,
» comme les trésoriers de l'épargne et autres
» employés pourront vous le certifier, que les
» affaires se soutiendront d'elles-mêmes tout le
» reste de cette année, à la fin de laquelle je ne
» manquerai pas, si ma santé me le permet, de
» me trouver à Paris, pour rendre toute obéis-
» sance aux commandemens du Roi et aux vôtres.
» Sur cette vérité, je prierai le Créateur, &c.
» De Montrond, ce 12 Octobre 1610 ».

Ce n'étoit pas là le compte de la Régente. Elle s'apperçut bien qu'en reculant mon retour à la cour, je me ménageois des prétextes de n'y point revenir du tout; et le personnage que je me proposois d'y faire, n'étoit pas propre à obliger ceux qui s'étoient séparés de son favori, à rechercher son amitié, qui est tout ce qu'elle avoit en vue. Le moyen dont elle se servit pour m'amener à son but, fut d'y employer mes amis (*), et particuliérement mon gendre, mon fils et mon épouse. Elle commença à les rechercher et à les caresser. Elle leur témoigna tant de confiance en moi, elle y joignit tant de belles paroles et de promesses, qu'ils revinrent plus fortement que jamais, à croire que je ferois une faute, en me démettant de mes charges. Ensuite, elle me les envoya l'un après l'autre, chargés des assurances et des lettres les plus obligeantes. Ce fut en vain que je cherchai à leur faire sentir le manege de la Régente. Les sollicitations et les prieres dégénérerent en une persécution, qui me fatigua si fort à la fin, que pour ne pas me voir accabler de reproches sans fin, et considérant que ma complaisance pour eux ne m'exposoit à rien pour le présent, j'allai me jetter avec pleine connoissance, dans tous les pieges qui m'attendoient à la cour, et que je rompis encore cette fois l'exécution de mon premier dessein.

Je repris donc la route de Paris, sans pourtant montrer aucun empressement, puisque je n'y arrivai que le sixieme jour après celui de mon départ. Le lendemain matin, comme je me disposois à

(*) « Bullion eut ordre de s'avancer, pour le trouver » (M. de Sully) à Paris, à son retour de sa maison, et lui » faire entendre la bonne volonté de la Reine, qui vouloit » avoir en lui une pareille confiance qu'avoit eue le feu Roi. » Il accepta l'offre de la Reine, &c. ». *Hist. de la mere et du fils*, tom. I, pag. 112.

aller faire la révérence au Roi et à la Reine, on m'avertit que le Roi passeroit la matinée dans les Tuileries, et ne reviendroit que pour se mettre à table, et que la Reine devoit dîner chez Zamet. Je ne doutai point que ce ne fût lui faire très-bien ma cour, que d'aller la trouver dans cette maison; aussi ne peut-on rien ajouter à la réception gracieuse que j'en reçus. Elle me répéta plusieurs fois, avec un air de franchise et même de joie, qui me trompa presque moi-même, qu'elle ne vouloit suivre que mes conseils, qu'elle me prioit de m'attacher au Roi son fils, de la même maniere que je l'avois été au feu Roi; qu'elle ne souffriroit point que j'abdiquasse mes charges; qu'elle feroit en sorte que je les exerçasse avec une entiere indépendance, et qu'elle me prioit de commencer par les états de finance pour l'année 1611, comme j'avois coutume de le faire, n'ayant voulu que personne prît ce soin, et aucun des Ministres ne s'en étant non plus voulu charger, en mon absence. Ce discours fut continué de la part de la Reine, jusqu'à ce que le dîner fût servi. Je ne sçaurois rapporter qu'une très-petite partie des choses qu'elle me dit. Après qu'elle fut sortie de table, elle m'entretint des brouilleries arrivées pendant le sacre. Elle me prévint sur une infinité de demandes que lui avoient faites les grands du royaume, sur lesquelles elle n'avoit rien voulu statuer, dit-elle, qu'après mon retour. Elle ne particularisa pourtant rien sur cet article : elle ajouta seulement, qu'elle m'en parleroit plus au long, au premier moment favorable; et qu'elle me feroit entendre les services que je pouvois lui rendre à cet égard. Je n'apperçus aucun air de réserve dans ces paroles. Toute cette cour paroissoit si gaie, qu'on devoit trouver que ces discours sérieux n'avoient déjà que trop duré. On en tint d'autres plus communs, et sur les trois heures, la Reine s'en retourna au Louvre.

J'y allai le lendemain rendre mes respects au Roi, à Messieurs ses freres et à Mesdames ses sœurs, qui me firent, à proportion de leur âge, toutes les caresses que j'en recevois du vivant de leur pere. Le mauvais air n'avoit point encore pénétré jusqu'à cette partie de la cour. Les gouvernantes, les nourrices, les autres femmes, les officiers destinés au service de ces jeunes Princes, composoient une espece de petit peuple séparé, auquel la mémoire du roi Henri étoit toujours chere. La source de leurs larmes et de leurs regrets n'étoit point encore tarie. Je m'attendris avec eux, en nous entretenant de celui qui en étoit l'objet. Ils me conjurerent par tous les motifs qu'ils connoissoient les plus propres à faire impression sur mon esprit, par l'amitié de ce Prince pour moi, par mon attachement pour lui, de ne pas abandonner les enfans d'un pere, envers lequel il ne me restoit plus que ce seul moyen de m'acquitter. Leurs prieres et leurs embrassemens n'ajoutoient sur cela rien à mes sentimens, et malheureusement ne diminuoient rien aussi de mon impuissance. En envisageant attentivement les trois Princes, je crus découvrir dès ce moment dans le visage et les manieres du Roi, des indices déjà si forts des heureuses dispositions que le temps y a développées depuis, que je ne pus m'en taire à mon épouse, lorsque je fus retourné chez moi. Je jugeai au contraire avec douleur, que le ciel n'accorderoit pas une vie bien longue au second de ces Princes(*).

Je fus visité de presque toute la cour, et avec tous ces faux semblans d'amitié, de louanges et de caresses, qui semblent n'imiter jamais si bien la vérité, que quand le cœur y a le moins de part. Conchine, qui avoit pris soin de m'insinuer par Zamet et d'Argouges, que c'étoit à lui que j'avois la principale obligation de tout ce qu'on voyoit faire à la Reine pour moi, attendit pendant trois jours entiers que j'allasse l'en remercier, en lui faisant la visite que les courtisans l'avoient accou-

(*) Ce Prince mourut le 16 ou 17 Novembre de l'année suivante, âgé de quatre ans et demi. On lui trouva de l'eau dans la tête, la trop grande épaisseur du crâne arrêtant la transpiration dans cette partie; ce qui prouva l'innocence de le Maître, médecin des enfans de France, accusé d'avoir empoisonné ce jeune Prince. *Merc. Franç. ann.* 1611, *pag.* 158.

tumé à regarder comme un tribut qu'on lui devoit, ou que je chargeasse du moins quelqu'un de satisfaire à ce devoir pour moi. Comme il vit qu'il n'entendoit point parler de moi, il prit enfin sur lui de venir me trouver. Mais afin que je ne pusse me prévaloir d'une démarche par laquelle il eût cru trop s'abaisser, il eut grand soin de me faire sentir que ce n'étoit uniquement que pour me parler d'affaires qui le regardoient; et notre conversation roula en effet en grande partie, sur sa charge de premier gentilhomme de la chambre, sur ses pensions, que la Reine avoit ordonné qu'on employât dans l'état, sur le même pied que Bellegarde, et sur un don qu'il venoit de recevoir dans les offices de la gabelle du Languedoc, dont il y avoit déjà un brevet obtenu dès le vivant du feu Roi ; ce que je ne jugeai pas à propos de lui dire. Il me semble que toutes les réponses que je lui fis, ne devoient pas le mettre fort en goût de sortir du sujet pour lequel il me disoit qu'il étoit venu. Il ne put pourtant s'empêcher de le faire, et je crois qu'il ne tarda pas à s'en repentir ; car ayant glissé par forme de conseil, que je ne pouvois mieux faire que de m'accommoder aux volontés de la Reine, ce qui étoit m'accuser tacitement de ruiner mes propres affaires par trop de roideur, je lui fis cette courte et seche réponse : que j'obéirois aux commandemens de la Régente, lorsque le service du Roi, le bien des affaires, le soulagement du peuple, mon honneur et ma conscience me diroient que je pouvois le faire. Il me sembloit que mon aversion pour lui croissoit à chaque parole qu'il me disoit. Il en lâcha quelques autres avec toute la retenue que je devois lui inspirer, et je les reçus avec la même froideur. Enfin, nous nous séparâmes, assez mal satisfaits l'un de l'autre; lui, désespérant, je crois, plus que jamais, de me ployer à sa façon d'agir; et moi, déplorant d'avance tous les maux que cet homme présomptueux, insatiable, sans science ni expérience, et avec cela, revêtu d'une autorité absolue, alloit faire à la France. J'en fis la confidence à mon épouse.

Il me parut, dès le lendemain de cet entretien, que la chance avoit déjà tourné. La Reine, que j'allai voir au Louvre, rabattit beaucoup de ses premieres manieres; elle se força pourtant, afin que ce changement ne me parût pas aussi sensible qu'il l'étoit, et que je ne l'imputasse point à l'entretien de la veille entre Conchine et moi. Elle me parla encore des demandes importunes des grands. Elle les taxa d'extravagantes, et parut résolue de les renvoyer à examiner au Conseil, auquel elle me pria d'assister toujours, afin d'empêcher qu'il ne s'y passât rien contre l'intérêt du Roi et de l'Etat. Elle me donna sa parole royale, en me présentant sa main dégantée, qu'elle me soutiendroit en tout cela, aussi fortement qu'avoit fait le feu Roi. Je perdis mes premiers soupçons à cette déclaration; je me flattai même un moment que de plus mûres réflexions sur ce qui s'étoit passé, avoient peut-être déjà commencé à ouvrir les yeux à cette Princesse, sur le précipice où on l'engageoit. Mais que je fus bientôt détrompé! il ne me fallut pour cela que ce qui se passa de temps entre trois conseils.

Tout prévenu que j'étois, je ne pus voir sans une extrême surprise, qu'il ne s'y traitoit presque plus d'autres matieres, que de dons aux grands, d'augmentations de pension à toutes les personnes en place, de paiemens de dettes abolies, de rabais des fermes, et de décharges des fermiers, de révocations de partis faits pour racheter les rentes, les greffes et le domaine, de créations de nouveaux offices, exemptions et privileges, de mille moyens enfin de rendre les peuples misérables, bien loin de leur appliquer les trésors amassés par le feu Roi, comme la justice le demandoit, puisque la conjoncture des temps les avoit rendus inutiles pour l'objet qu'on s'étoit proposé; mais l'avidité des seigneurs en auroit dévoré de bien plus grands encore. Voici les demandes que les principaux d'entr'eux vouloient obliger la Reine et le Conseil à leur accorder. On ne devroit pas s'attendre que cet article composât, par sa longueur, une liste aussi ennuyeuse que je crains bien que celle-ci ne le paroisse, quoique j'en aie retranché la demande de tiercer, de doubler même les pensions, comme un point commun à presque tous ces articles.

Je mets en tête M. le Prince, qui me fit solliciter, tantôt sous main, tantôt ouvertement, pendant un mois entier, d'être favorable à ses prétentions sur la capitainerie du Château-Trompette, sur le gouvernement de Blaye, sur la principauté d'Orange, étendue jusqu'au bord du Rhône. M. le comte de Soissons demandoit la capitainerie du vieux palais de Rouen, celle du château de Caen et la création en sa faveur de cet édit des toiles, dont j'ai parlé en son temps. Le duc de Lorraine, le paiement en entier des sommes exprimées dans son traité, quoique ce fût une affaire que j'avois terminée il y avoit long-temps, aux deux tiers de réduction. Le duc de Guise, son mariage avec Madame de Montpensier, la révocation des droits de patente en Provence et des bureaux aux portes de Marseille, le paiement de ses dettes. Le duc de Mayenne, de nouvelles sommes, outre celles que portoit son traité. D'Aiguillon, un don de trente mille écus, les gouvernemens de Bresse et de la ville de Bourg, l'ambassade d'Espagne, avec des appointemens excessifs. Joinville, le gouvernement d'Auvergne, ou le premier vacant.

Le duc de Nevers, les gabelles de Réthelois en propre, avec les gouvernemens de Mezieres et de Sainte-Menehould. Le duc d'Epernon, un corps d'infanterie entretenu continuellement sur pied, la survivance de ses gouvernemens pour son fils, des fortifications à Angoulême et à Xaintes, des soldats des gardes commensaux, Metz et le pays Messin ôtés aux Montigny. Le duc de Bouillon, une somme d'argent pour acquitter de vieilles dettes prétendues, les aides, tailles et gabelles de la vicomté de Turenne à son profit, et l'hommage de cette vicomté réduit à l'hommage-lige simple, les arrérages de ses garnisons et pensions pendant son exil, la tenue d'une assemblée de la Religion réformée. Le Chancelier, les deniers provenans des petits sceaux, ses gages doublés, de lettres de noblesse en Normandie. Villeroy, l'entretien d'une garnison dans Lyon, la lieutenance-de-roi du Lyonnois ôtée à Saint-Chaumont, un bâton de maréchal de France, pour son fils d'Alincourt, la révocation du traité que j'avois fait pour le rachat du domaine de cette province, des surengagemens de ses greffes et du domaine du Roi.

On croit bien que l'article de Conchine n'est pas le plus léger. Le bâton de maréchal de France, les gouvernemens de Bourg, de Dieppe et de Pont-de-l'Arche, la donation des deniers provenans des offices des gabelles du Languedoc, passés en un comptant, le profit des rabais accordés à Moisset et à Feydeau ; tel étoit son partage. Château-Vieux, le chevalier de Sillery, Dollé, Déagent, Arnaud l'intendant, le médecin Duret, tous ceux qui avoient part au conseil secret de la Reine, et qui y parloient si bien pour les autres, n'oublioient pas leurs affaires propres. Il seroit presqu'aussi court de nommer les personnes de quelque nom, qui n'avoient aucune part à cette profusion de pensions, de gratifications, de privileges, d'appointemens, &c. que de nommer ceux qui étoient compris dans la liste ; car tout le monde y trouvoit son compte, Princes, Gouverneurs de provinces, gentilshommes suivans, Lieutenant-civil, Prévôt des marchands, et même compagnies et Cours souveraines. Tous les officiers de la couronne devoient avoir une augmentation de pension de vingt-quatre mille livres chacun ; chacun des membres du Conseil, une augmentation d'états et d'appointemens proportionnée ; outre qu'on proposoit d'en augmenter considérablement le nombre. Enfin, l'on eût dit que tout le monde avoit concerté ensemble le pillage du trésor royal, et que tout étoit devenu de bonne prise.

L'indignation que je me sentois contre une licence, qui dégénéroit en attentat contre l'autorité royale, ne me permit pas de peser le parti le plus sage. J'embrassai, sans balancer, celui de résister à tout le monde, tant que la place qu'on me laissoit dans le Conseil, me mettroit en droit de le faire. L'honneur, la conscience, ma réputation à soutenir l'intérêt du Roi et du peuple, dont je me regardois comme l'unique défenseur, ne m'en laisserent point envisager d'autres. Je m'y voyois encore autorisé en un sens, par les dernieres paroles et même par les prieres de la Régente; et quoique je sentisse bien que ce n'étoit pas lui faire grand plaisir, que de les prendre à la lettre; c'étoit pourtant, à bien examiner la chose, lui rendre à elle-même un service si essentiel, qu'on ne comprend pas par quelle raison elle s'y montroit si contraire. Ce motif à part (car je consens qu'on connoisse jusqu'à mes plus secrets sentimens,) cette gloire, cet amour propre, qui m'ont toujours paru avoir quelque chose de si grand et de si noble, lorsqu'on les rapporte au vrai et au bien, me dictoient que, puisque c'étoit une nécessité pour moi d'être privé tôt ou tard de la participation des affaires, je risquois peu à en avancer de quelque chose le moment, et que je gagnois beaucoup à donner une preuve convaincante, que cette disgrace ne m'étoit arrivée, que parce que je m'étois montré exempt des foiblesses et des criminelles complaisances de tous les autres courtisans. Il reste à la vertu malheureuse un dernier dédommagement du bien qu'elle ne peut plus faire ; c'est l'éclat dont les obstacles et la persécution la font presque toujours briller.

La Reine me réduisit bientôt à ce seul motif de consolation, dans les peines que je commençai à souffrir. Toute sa conduite acheva de me persuader qu'elle ne m'avoit appelé et opposé à tout le monde, dans une conjoncture si tumultueuse, que pour me faire essuyer l'alternative fâcheuse du mépris public, si je trahissois mon devoir, ou des haines particulieres, plus terribles encore, si j'en remplissois les obligations. Ce que j'avois rendu sans effet en plein Conseil, aux risques de me faire mille ennemis cruels, étoit ensuite accordé comme gratification, et secrétement entre cette Princesse et son confident.

Je n'ai pas dessein de m'engager dans le détail de toutes les poursuites qui se firent pendant ce peu de temps dans le Conseil, et de tout ce que je dis et fis pour les rendre inutiles ; ce seroit instruire autant de procès, où l'on ne manqua pas d'employer tous les moyens ordinaires de corrompre un juge trop sévere, et dans lesquels je fus encore plus sujet à être pris à partie par des brigues déclarées, ou des menées secrettes. Je n'en rapporterai qu'un exemple, afin que l'on convienne qu'un mal aussi grand ne demandoit pas des remedes moins forts que ceux que j'employois;

ployois ; et je choisis ce qui se passa au sujet de Villeroy, ou plutôt d'Alincourt. Des articles qu'on vient de voir, ce n'est ni le moins curieux, ni le moins important.

Lorsque d'Alincourt demandoit que sa Majesté établît et entretînt une forte garnison dans la ville de Lyon, dont il étoit gouverneur, il avoit deux vues : l'une étoit d'augmenter ses revenus du profit qui lui reviendroit de cet établissement, et il ne pouvoit effectivement en avoir jamais trop, dans le dessein où il étoit d'y vivre, non en simple maréchal de France (car il s'attendoit à le devenir dans peu,) mais d'y faire la figure d'un Prince ; fastueuse chimere, double ridicule en celui qui n'a que de grands biens à mettre en la place de la naissance (*) ; l'autre, de contraindre, par la

---

(*) Les actes de Rymer, *sur l'année* 1518, en rapportant les dépêches ou instructions de l'ambassade solemnelle députée à Henri VIII par François I, qualifient Nicolas de Neufville, bisaïeul du secretaire d'Etat, et l'un de ses ambassadeurs extraordinaires, *de chevalier, seigneur de Villeroy*, &c. Sauval, *Antiq. de Paris*, t. 3, p. 612, rapporte les lettres-patentes, données à Cognac, au mois de Février 1519, où François I le nomme, *notre amé et féal conseiller, Nicolas de Neufville, chevalier, seigneur de Villeroy*, &c. C'est le titre que porte l'épître de Clément Marot, à la tête de son poëme intitulé : *Le temple de Cupidon*, et dédié à Messire Nicolas de Neufville, chevalier, &c. Cette épître, ou dédicace, qui avoit été supprimée dans la plupart des éditions, même anciennes, des œuvres de ce poëte, a été rétablie dans celle de 1731, *à la Haye*. Herbert, *vie de Henri VIII*, fait une mention honorable de ce même Nicolas de Neufville. Baluze, dans ses comptes, n°. 175 et 176, en parlant des

crainte de tant de gens armés, les Lyonnois à lui sacrifier leurs priviléges et leurs droits les plus anciens, sur lesquels il méditoit depuis long-temps de faire main-basse. Quant au parti, pour le rachat du domaine royal, qui montoit en cette province à douze cent mille livres, il n'étoit porté à en demander la suppression, que parce que les intéressés lui assuroient un pot-de-vin de cent mille livres, s'il pouvoit faire en sorte d'empêcher ce rachat.

Ses desseins étoient traversés par deux ennemis agissans et attentifs, toute la ville de Lyon et Saint-Chaumont, lieutenant-de-Roi dans la province; mais aussi il avoit deux forts arcboutans à leur opposer, le chancelier de Sillery et Villeroy son pere, tout-puissans dans le Conseil et auprès de la Régente. Il commença à les faire agir d'autant plus puissamment, qu'ayant compris, lorsqu'il vint me prier de lui être favorable, qu'il ne devoit pas compter sur moi dans le Conseil où ces

---

comptes de M. de Villeroy, ambassadeur en Angleterre, y joint la qualité de grand-audiencier de France. L'état des officiers des ducs de Bourgogne, *pag.* 233, porte un Nicolas de Neufville, écuyer de cuisine, et un Amblard de Neufville, écuyer-tranchant. Le Ducatiana, *pag.* 197, fait mention de Nicolas de Neufville, envoyé en 1500, ambassadeur à Rome, par Louis XII, et cite à ce sujet la vie d'Alexandre VI, *tom.* 1, *pag.* 192. Ces recherches ont échappé à Moréri, et à la plupart de nos historiens et généalogistes, qui rendent d'ailleurs à l'illustre maison de Villeroy, la justice que lui refuse l'auteur de nos Mémoires.

demandes devoient être portées, il vit bien qu'il avoit besoin de toutes ses batteries; mais aussi il ne douta plus du succès, lorsqu'il sçut que ces deux personnes avoient mis dans son parti Conchine, qui ensuite y avoit aussi fait entrer la Reine.

Nous étions tous assemblés dans le grand cabinet, où se devoit tenir le Conseil sur cette affaire. La Reine s'approcha de moi, et me parla en faveur de d'Alincourt. Je lui répondis franchement qu'on ne devoit point compter sur ma voix dans deux propositions si injustes; qu'il n'étoit pas raisonnable de faire perdre douze cent mille livres au Roi, pour en faire gagner cent mille à M. d'Alincourt, et d'ouvrir la porte à tout le monde, pour faire révoquer par tout le royaume des traités pareils de rachats de domaine, de rentes et autres revenus royaux, qui montoient à près de cinquante millions; que je m'éleverois avec la même force contre l'autre proposition, quoique je sçusse bien qu'on prétendoit que ce n'étoit pas au Conseil d'en connoître, et qu'on ne l'y eût portée, que pour chercher à autoriser l'autre; qu'on exposoit de gaieté de cœur, une des principales villes du royaume, jusques-là bien intentionnée, à manquer à son devoir, pour une chose de fantaisie, et d'ailleurs inutile, puisque par le dernier traité conclu par moi-même avec le cardinal Aldobrandin pour le duc de Savoie, sa Majesté demeurant en possession de la Bresse, et de l'une et de l'autre rive du Rhône, Lyon cessoit d'être ville frontiere; et n'ayant plus de voisins à craindre, n'avoit aussi plus besoin de garnison.

La Reine parut se payer de ces raisons, et retourna vers Villeroy, comme pour les lui faire goûter aussi. Il n'étoit pas si aisé à rebuter. Il lui en donna d'autres tant bonnes que mauvaises, sur tout ce que j'avois dit; et étant venu à l'article de la garnison, il lui dit qu'il étoit bien vrai que les Espagnols et les Savoyards n'étoient plus aussi proches voisins de cette ville, qu'ils l'avoient été autrefois; qu'aussi ce n'étoit pas contre eux qu'il étoit important d'assurer la ville de Lyon, puisqu'avec cela nous étions sur le point de les avoir pour amis et pour alliés; que les véritables ennemis qu'elle avoit à craindre, étoient les Huguenots, plus en situation, en état et peut-être en dessein d'attenter sur elle, qu'ils ne l'avoient jamais été; sur quoi il désigna nommément M. de Lesdiguieres.

Villeroy avoit été entendu par Beringueville, qui vint incontinent me redire jusqu'à la moindre de ces paroles. J'y trouvai la confirmation de ce qu'on m'avoit rapporté touchant ce conseil secret tenu chez le nonce Ubaldini. Je vis avec indignation que tout le but de ces Messieurs étoit de mettre les religions aux prises, et en France, et par toute l'Europe. Je ne fus pas moins choqué de l'accusation calomnieuse de Villeroy contre un homme qui m'étoit allié. Je me levai soudain, et m'avançant vers la Reine qui écoutoit encore Villeroy, je lui dis que j'avois oublié à la prévenir sur une chose dont j'étois aussi assuré, que si je venois de l'entendre, que M. de Villeroy, peu scrupuleux sur les moyens de la rendre favorable à son fils, ne faisoit point de difficulté de lui faire les plus malignes et les plus fausses insinuations contre tous les Protestans, sans même en excepter un que mille grands et bons services devoient tenir hors de tout soupçon; qu'il s'emportoit jusqu'à les traiter d'ennemis plus à craindre pour la France, que l'Espagne même; que si sa Majesté, jugeant les raisons de Villeroy et les miennes d'un égal poids, prenoit le parti de regarder sur le même pied les Espagnols et les Réformés, il ne nous restoit rien à faire à lui et à moi (je le regardois en disant ces mots,) que de nous exclure l'un et l'autre du Conseil, et d'en sortir, nous tenant tous les deux par la main. C'étoit-là pousser Villeroy à bout portant; mais cet homme, qui de sa vie n'a sçu ni parler en public, ni même opiner dans un Conseil, ne trouva pas une seule parole pour me répondre. Sa surprise et le reproche de sa conscience pouvoient bien en cette occasion le rendre muet. Il ne fit que s'avancer du côté où le Chancelier et le duc d'Epernon s'entretenoient ensemble, et la Reine quittant aussi sa place, alla, sans dire un seul mot, joindre M. le comte de Soissons et le maréchal de Brissac, qui parloient en particulier. Je n'augurai rien de bon de toutes ces liaisons.

Il ne se fit rien ce jour-là sur l'affaire de d'Alincourt; et je me flattois quelquefois, que la maniere dont je m'y étois pris, l'empêcheroit peut-être d'y revenir; mais il ne tarda à le faire, que jusqu'à ce que par de nouvelles brigues, que lui et son pere, le Chancelier et son frere firent avec Conchine auprès des conseillers, il se vit assuré de toutes les voix, même de celle de Béthune mon frere. Celui-ci vint me trouver pour faire un dernier effort sur mon esprit. Il me représenta que tout ce que j'allois faire seroit inutile, et ne serviroit qu'à m'attirer tout le monde à dos; que j'aurois le chagrin de voir que mon exemple ne seroit pas suivi de mes parens même les plus proches. Je me contentai de lui répondre, que je n'avois jamais attendu autre chose de lui; mais que pour moi, je demeurerois jusqu'au bout fidele à mon devoir; et je tins parole, dès le premier Conseil qui se tint sur ce sujet. Voyant le conseiller qui en étoit chargé, prêt à faire son rapport, je lui demandai brusquement de quelles affaires il s'agissoit. A quoi ayant répondu que c'étoit de certaines propositions qu'on faisoit touchant le domaine du Lyonnois, je l'interrompis en disant que je sçavois que M. d'Alincourt, que cette affaire regardoit, avoit fait de si fortes brigues dans le Conseil, par ses parens et ses amis, qu'elle étoit déjà résolue, même avant que d'avoir été rapportée, que je protestois contre cette résolution, comme absolument contraire aux intérêts de sa Majesté ; que j'en demandois acte au greffier, pour l'envoyer enregistrer au Parlement, afin que cette piece pût servir un jour au Roi, à connoître la mauvaise conduite de son Conseil, après la mort du Roi son prédécesseur (*).

(*) Tout ce récit s'accorde avec ce qu'on lit dans l'histoire de la mere et du fils : « Il continua (le duc de Sully) dit cet » historien, depuis le retour du sacre, l'exercice de sa charge, » environ quinze jours ou trois semaines ; après lequel temps, » le différend des Suisses de Lyon, dont j'ai déjà parlé, se » renouvella sur ce que Villeroy vouloit en assurer le paiement » sur la recette générale dudit lieu. Le duc de Sully s'aigrit » tellement sur cette affaire, que non content de soutenir » qu'il n'étoit pas raisonnable de charger le Roi d'une telle dé- » pense, les habitans de Lyon pouvant faire la garde, comme » ils avoient toujours accoutumé, il se prit au Chancelier, » qui favorisoit Villeroy, et lui dit qu'ils s'entendoient en- » semble à la ruine des affaires du Roi. Comme cette offense » étoit commune avec tous ses Ministres, ils s'accorderent » tous de ruiner ce personnage, dont l'humeur ne pouvoit » être adoucie ». Cet écrivain rapporte ensuite les démarches qui furent faites pour lier les Ministres avec M. le comte de Soissons, le marquis d'Ancre, le marquis de Cœuvres et autres, contre le duc de Sully. Je cite à dessein cet auteur, l'un des ennemis de M. de Sully, afin qu'on sente mieux la

Ces derniers mots, quoiqu'assurément des plus forts, ne firent que suspendre pour le moment la délibération à laquelle on se préparoit. Tous baisserent les yeux; pas un ne repliqua. Le Chancelier seul, sans se montrer ému, dit au rapporteur: « prenez d'autres papiers, et parlez d'autres
» affaires qui soient plus du goût de tout le monde;
» celle-ci trouvera son temps, lorsque les aigreurs

vérité de tout ce que dit ce dernier, qu'il eût pu se conserver en place, en donnant les mains à toutes les opérations du nouveau Conseil, et que sa fermeté seule à soutenir la justice, l'intérêt de l'Etat et la forme de gouverner du feu Roi, fut la cause de sa disgrace. Au reste, toutes les personnes judicieuses n'ont pas porté sur cette intégrité, le même jugement que l'historien dont je parle, au suffrage duquel tous les ennemis de ce Ministre ont joint le leur. On voit dans le Mercure François, *adjonction à l'année* 1610, *pag.* 9, un discours entier sur ce sujet, qui le justifie d'une maniere bien glorieuse pour lui. Voici encore ce qu'on lit dans *les Mémoires de Villeroy*, tom. 3, pag. 259. « Ce changement de
» visage, que ledit sieur de Sully a donné à la France nécessiteuse, la rendant opulente par son ménage et industrie,
» témoigne assez sa suffisance. Ces remontrances qu'il faisoit
» aux volontés du Roi, et les résistances à tous les grands
» démontrent sa vertu; et s'étant maintenu entre tant d'ennemis, sans ployer sous la crainte et sous leurs menaces,
» il a fait voir quelle est sa prudence et quel est son courage.
» Ses envieux mêmes disent que lui seul est plus utile au public, et scait mieux les affaires, que tous les autres ensemble; et pourvu qu'il veuille relâcher un peu de sa trop
» aigre procédure, ce sera un digne serviteur à votre Majesté. Il ne tient point à lui, encore que l'on tâche à le
» reculer des affaires, qu'il ne dise librement ce qu'il pense
» du peu de respect que l'on porte à la mémoire du défunt
» Roi, et du peu d'état que l'on fait de notre jeune Prince, &c. »
Voyez aussi le discours manuscrit que nous avons cité dans la préface de cet ouvrage.

» et les animosités seront adoucies, comme il ar-
» rive ordinairement dans les choses les plus con-
» testées; il ne faut que prendre patience ». Le
rapporteur obéit. On agita d'autres questions; et
celle-ci ne parut dans le Conseil, pour y être décidée en faveur de d'Alincourt, que lorsque je
m'en fus banni moi-même; ce qui arriva si peu
de temps après, qu'on peut dire que c'est par ce
coup de vigueur que je finis ma carriere.

A toutes sortes d'égards, il ne me restoit plus
d'autre parti à prendre. J'avois suffisamment justifié aux yeux de toute la France, que ce n'étoit
point faute de soins et d'efforts de ma part, que
le désordre et le renversement avoient absolument
pris le dessus dans toutes les affaires; elles étoient
au point, que rien de tout ce que j'avois pu
faire, n'étoit capable de les rétablir; c'est de quoi
personne ne doutoit. Je m'ennuyois moi-même d'y
travailler sans fruit, et de ne recueillir pour prix de
mes travaux et de mes bonnes intentions, que la
haine des personnes que je devois regarder comme
les plus intéressées à me seconder. Conchine n'employoit sa faveur; les Prince du sang, leur autorité; le reste des personnes en place, leur crédit,
qu'à me rendre odieux. Je ne voyois que des déboires à essuyer pour l'avenir. Toutes mes actions,
mes paroles et mon silence même déposoient contre
des personnes qui ne sentoient intérieurement que

trop la justice de ces reproches. Ma charge de Surintendant étoit devenue l'objet de la convoitise des deux Princes du sang, auxquels on faisoit espérer de l'obtenir, dès qu'une fois je serois chassé de la cour. En y demeurant trop long-temps, je pouvois courir le risque de me voir enlever toutes les autres par un coup violent. Ce que j'avois d'amis sinceres et instruits, me donnoient sans cesse là-dessus des avis qui devoient l'emporter sur les sollicitations de quelques parens qui se livroient aux sentimens d'une tendresse aveugle et intéressée. Je résolus donc de ne plus différer d'un seul moment à me défaire honorablement de mes charges de surintendant des finances et de gouverneur de la Bastille, qui étoient les plus convoitées, parce que par elles on disposoit des revenus et des trésors du Roi, et d'acheter par ce sacrifice, qui avoit encore quelque chose de volontaire, la confirmation de mes autres dignités (*), dont il n'étoit pas au pouvoir de mes

---

(*) Voici les titres dont M. de Sully se qualifioit alors : Maximilien de Béthune, chevalier, duc de Sully, pair de France, prince souverain de Henrichemont et de Boisbelle, marquis de Rosny, comte de Dourdan, sire d'Orval, Montrond et Saint-Amand, baron d'Espigneuil, Bruyeres-le-Chastel, Villebon, la Chapelle, Novion, Baugy et Bontin, conseiller du Roi en tous ses Conseils, capitaine-lieutenant de deux cent hommes d'armes d'ordonnance du Roi, sous le titre de la Reine, grand-maître et capitaine-général de l'artillerie, grand-voyer de France, surintendant des finances, fortifications et bâtimens du Roi, gouverneur et lieutenant-

ennemis de me dépouiller ; sur-tout en prenant la précaution de leur ôter pour toujours la vue d'un objet capable de ranimer leur haine, par l'effet d'une jalousie inévitable ; car pour n'en pas faire à deux fois, je me fixai dans la résolution, en abandonnant toutes les affaires, d'abandonner en même temps la cour et Paris même.

C'est ce que je travaillai à exécuter, si-tôt que je vis commencer l'année 1611. J'abrégerai tout ce détail, qui pourroit être assez long. La Reine parut vouloir encore combattre ma résolution ; mais seulement pour la forme. Voici la lettre qu'elle m'écrivit à ce sujet : « Mon cousin, j'ai
» entendu avec déplaisir le dessein que vous té-
» moignez avoir de vous décharger du soin des
» affaires du Roi M. mon fils, et sur-tout pour ce
» qui regarde les finances, contre l'espérance que
» j'avois conçue que vous continueriez à bien ser-
» vir en cette charge, comme vous aviez fait
» du temps du feu Roi mon seigneur. Je vous
» prie de bien penser à ce dessein avant de l'exé-
» cuter ; et si cela arrive, de me faire sçavoir votre
» résolution, afin que je puisse prendre la mienne.
» Sur ce, je prie Dieu, mon cousin, qu'il vous
» ait en sa digne garde. A Paris, ce 24 Janvier

général pour sa Majesté en Poitou, Châtelleraudois et Laudunois, gouverneur de Mantes et de Gergeaux, et capitaine du château de la Bastille.

» 1611 ». Ma réponse à cette lettre ayant été telle que vraisemblablement la Reine s'attendoit qu'elle seroit, deux jours après, c'est-à-dire, le 27 Janvier (*), Bullion vint m'apporter les brevets de

(*) Voici quelques jugemens sur cet événement, bien différens les uns des autres. « L'année 1611 commencera par » l'éloignement de M. de Sully, lequel par l'instance et la » brigue de deux Princes du sang, fut reculé des affaires. » On lui ôta la surintendance des finances et la garde du » trésor royal. Quant à la Bastille, la Reine la prit et la » donna en garde à M. de Châteauneuf. (Il faut lire Châ- » teauvieux.) On fit trois directeurs pour manier les finan- » ces, qui furent MM. de Châteauneuf, président de Thou » et Jeannin ; mais à ce dernier on y ajouta la charge de con- » trôleur-général des finances, ce qui lui en donna l'entier » maniement, à l'exclusion des autres, qui assistoient seule- » ment à la direction ». *Mém. de Bassomp. tom.* 1, *pag.* 308.

« Le 24 de ce mois (Janvier,) M. de Sully hors l'Arsenal. » Bruit, qu'il a le brevet expédié d'un état de maréchal de » France, avec tant de mille écus de récompense. Se démet » volontairement de l'administration des finances, *tanquam à* » *speculo prævidens tempestatem futuram* ». *Journal de l'Etoile. pag.* 256.

« M. le Prince et M. le comte de Soissons en parlerent les » premiers à la Reine ; les Ministres s'ouvrirent, et le mar- » quis d'Ancre lui donna le dernier coup; ainsi il se vit con- » traint de se retirer au commencement de Février », &c. *Hist. de la mere et du fils, tom.* 1, *pag.* 235.

« Les uns ont écrit que le duc de Sully s'étoit démis vo- » lontairement, peu après l'accord de MM. les comte de » Soissons et duc de Guise, en les mains de la Reine, tant » de la Bastille, que de sa charge de superintendant des » finances. Aucuns disent qu'offrant tout ce qu'il possédoit » à la Reine, il fut pris au mot. D'autres en ont parlé diver- » sement ; et lui dit le contraire, en cette lettre adressée à » la Reine, et qui fut lors imprimée ». *Mercure François, ann.* 1611. Ensuite est rapportée la lettre écrite par M. de Sully à la Reine, qui ne se trouve point dans les Mémoires de Sully. Les Mémoires de la régence de Marie de Médicis,

décharge pour mes deux charges de surintendant des finances et de capitaine de la Bastille, dans

tom. I, *pag.* 57, disent de même, que ce fut le duc de Sully qui sollicita sa démission, et que la Reine eut beaucoup de peine à la lui accorder.

Il y a apparemment quelque chose de vrai dans l'une et l'autre de ces deux opinions; c'est-à-dire, que M. de Sully auroit sans doute consenti fort volontiers à garder sa place, pourvu que c'eût été avec la même autorité, quoique ce n'eût jamais été avec le même agrément que sous le feu Roi; mais que les efforts qu'il fit pour cela aliénerent de lui la Reine, les Grands et les Ministres, et l'en dégoûterent lui-même, lorsqu'il vit qu'il y travailloit inutilement. Le récit de l'historien Mathieu n'a rien que de conforme à cette idée, et s'accorde en même temps avec l'énoncé de nos Mémoires. « Le duc de Sully, dit-il, reconnut bien, après la mort de » Henri-le-Grand, qu'il ne pouvoit être en ce nouveau regne » ce qu'il avoit été au précédent, et que l'inimitié de M. le » comte de Soissons pousseroit à sa ruine. Comme on lui » avoit déjà ôté la connoissance des finances, la Reine fut » conseillée de lui ôter la Bastille. On trouvoit cela si hardi, » que l'on disoit que Henri-le-Grand ne l'eût pas fait, de » crainte que ceux de sa religion ne s'en ressentissent. Elle » ne trouva toutefois que de l'obéissance au commandement » qu'elle lui fit de remettre cette place à Châteauvieux, son » chevalier d'honneur. S'il en eût fait quelque difficulté, » quelques grands de la cour, qui craignoient l'exemple de » la constance, eussent rendu cette remise plus difficile. » Comme il fut dépouillé de cette place, il reconnut le pré-» judice de cette facilité, et demanda congé à la Reine pour » s'en aller à Rosny, disant qu'il n'y demeureroit que trois » jours. Quand il y fut, ceux de sa religion lui dirent qu'il » ne devoit plus retourner à la cour, où il avoit été si mal-» traité. Sa femme et son frere le conjurerent au contraire, » et il y revint. Mais ceux qui n'avoient pas été de cet avis, » s'éloignerent de lui, estimant que c'étoit peu de générosité » de ne pas témoigner plus de ressentiment de cette défaveur. » La Reine le reçut de bon œil; mais M. le comte de Soissons » le fit éloigner entièrement de toutes les affaires dont il avoit » eu tant de connoissance sous le regne de Henri-le-Grand.

la forme la plus authentique, et en même temps la plus avantageuse pour moi. Sa Majesté y déclare que ce n'est qu'après des supplications réitérées de ma part, qu'elle a accepté ma démission ; et qu'elle entend que je ne puisse dans la suite être recherché ni inquiété, sous quelque prétexte que ce puisse être, sur le fait de ces deux charges.

A ces brevets en fut joint un autre, daté du lendemain 27 Janvier, par lequel sa Majesté, en considération des services que j'ai rendus au feu Roi pendant une longue suite d'années, dont elle fait une mention extrêmement honorable, m'accorde un don de trois cent mille livres, à prendre cette année sur les deniers de son épargne, et franc du cinquieme et dixieme denier, droit attribué à l'ordre du Saint-Esprit, dont elle veut bien m'exempter. Les autres lettres écrites les jours suivans par leurs Majestés, sont, ou des ordres de remettre le château de la Bastille au sieur de Châteauvieux, choisi par elle pour y commander en qualité de lieutenant de sa Majesté, ou des décharges de quel-

» Se voyant ainsi déchu et de créance et d'emploi, il s'en » alla à Sully ; et ne s'y tenant pas assez assuré, il passa en » Bourbonnois ». Cet écrivain ajoute, qu'un des principaux » motifs qui faisoient tout tenter aux Protestans, pour le jetter dans le mécontentement, étoit l'envie qu'ils avoient de profiter de ses grands biens, pour l'intérêt de la cause commune ; mais qu'il se rendit au sage conseil que lui donna la Vallée, ce lieutenant-général de l'artillerie, dont il a été parlé, de se tenir retiré chez lui, sans se mêler d'aucune des brouilleries qui survinrent bientôt. *Ibid. pag.* 22.

ques pierreries de la couronne, qui m'avoient été remises entre les mains; consistant, d'une part, en un bijou appellé *la Licorne*, et quelques autres bagues et pierres, pour lesquelles Puget étoit porteur d'une promesse de dix mille livres de ma main, qu'il me rendit; et de l'autre part, dans trois gros rubis de la couronne, dont j'avois donné mon récépissé à la Demoiselle le Grand, en les retirant de ses mains, où ils avoient été engagés.

J'employai le reste du temps en arrangemens et dispositions domestiques, qui n'ont rien d'intéressant, excepté peut-être ce qui regarde les conseils que je donnai à mes secretaires. J'en avois ordinairement six en chef, tant pour mes quatre principales charges, que pour les affaires extraordinaires qui me survenoient à la cour, et il étoit nécessaire que j'eusse encore plusieurs autres clercs ou copistes, travaillant sous eux; je ne parle ici que de ces principaux employés, dont l'intelligence et l'assiduité avoient mérité que je leur donnasse part aux affaires importantes, et quelquefois ma confiance dans les plus délicates. J'avois accordé une protection particuliere aux quatre freres Arnaud. L'aîné de tous mourut jeune, et avant le Roi. J'aimai assez le second pour le faire de mon simple secretaire, conseiller d'Etat et intendant des finances. Le troisieme prit le parti des armes, et devint mestre-de-camp d'un régiment de cavalerie; et je fis prendre au dernier une charge de trésorier de France et celle de trésorier de la grande voierie. Tous les autres avoient été partagés à proportion; et je crois qu'on ne m'accusera pas d'avoir péché contre le principe naturel, qui ne souffre pas que l'attachement qu'ont pour nous, ou, si l'on veut, pour notre place, ces sortes de personnes, soit frustré de la récompense que nous sommes en état de leur procurer suivant leurs talens et leur mérite. Duret devint trésorier de France, président de la Chambre des comptes et contrôleur-général des finances; Renouard, correcteur des comptes; la Clavelle, intendant des ponts et chaussées; du Maurier, qui avoit quitté le duc de Bouillon pour moi, fut, selon son goût et son talent, employé dans les affaires publiques : il a été ambassadeur en Hollande; Murat, trésorier de l'extraordinaire des guerres; la Font, dont j'ai plusieurs fois fait mention dans ces Mémoires, s'attira la confiance du feu Roi, qui entre autres bienfaits, le fit l'intendant de ses meubles; Gillot, secretaire de l'artillerie; le Gendre, &c. Toutes ces personnes sentirent avec raison combien ils alloient perdre à ma retraite; et il n'y eut ni prieres, ni moyens qu'ils n'employassent pour rompre ma résolution. Je rends justice à la plupart d'eux, qu'en agissant ainsi, ils crurent servir mon intérêt du moins autant que le leur. Pour les deux Arnaud, l'aîné sur-tout, et quelques autres, mon dessein les toucha médiocrement. Ils auroient même été bien fâchés que j'eusse changé de sentiment ; et ils furent cependant ceux de tous qui m'en firent les plus fortes instances. Arnaud l'aîné joignit en cette occasion l'ingratitude, l'avarice et la fourberie. Aussi mal prévenu de la capacité de Jeannin dans les finances, que plein de la sienne propre, il fut un de ceux qui travailla le plus fortement auprès de Conchine, à lui faire donner une charge, dont il se flattoit de garder tout l'essentiel pour lui.

Je lisois jusques dans le fond du cœur de ces personnes, des sentimens qu'ils s'imaginoient peut-être y tenir bien cachés ; mais je me rendis maître d'un ressentiment qui me parut trop bas pour m'y abaisser; et les prenant chacun séparément, je leur donnai le seul conseil que la conjoncture présente et la connoissance de leurs dispositions me firent juger véritablement utile à l'avancement de leur fortune. Je dis à l'aîné Arnaud, qu'il avoit en main de quoi faire très-bien sa cour à la Reine, par quantité d'excellens mémoires sur plusieurs des affaires de finances les plus importantes, dont il étoit saisi ; et qu'afin que ce sacrifice ne perdît rien de son prix, il falloit qu'il l'offrît par les mains de Madame de Conchine, à laquelle je lui conseillois très-sérieusement de faire en même temps celui de sa personne et de toutes ses volontés. Je renvoyai de même l'autre au Chancelier, à Villeroy, à Jeannin, et sur-tout à Conchine, l'unique oracle qu'il avoit à consulter dans l'exercice de sa charge, aussi-bien que le Mestre-de-camp lui-même ; et je crois que si le conseil étoit bon, avec cela il ne leur déplut pas. Duret, outre toutes ces mêmes personnes, pouvoit encore se servir utilement du Commandeur (*) et de Dollé; c'est à quoi je le fis songer. Du Maurier n'étoit guères bien connu que de Villeroy ; avec cette protection, que je lui assurai lui suffire, en la cultivant uniquement, et avec la science qu'il avoit des affaires étrangeres, jointe au talent de bien parler et d'écrire encore mieux, je lui fis voir qu'il obtiendroit facilement de la Reine et du favori quelqu'emploi honorable. Ce que j'ajoutai de plus à Murat, qui étoit particuliérement responsable de sa conduite à ce secretaire d'Etat, fut de lui recommander mes intérêts à la cour, mais sobrement, et après qu'il en auroit obtenu la permission de Villeroy. La Clavelle étoit un esprit délié et flatteur ; je lui garantis la réussite de tout ce qu'il entreprendroit auprès des Ministres, et même de d'Escures, qui pouvoit plus que personne lui barrer son chemin dans les fonctions de sa charge. La place de la Font l'assu-

(*) Noël de Sillery, frere du Chancelier.

jettissant particuliérement à toutes les volontés de la Reine, ou plutôt de la Conchine, il n'avoit qu'un conseil à suivre, que je lui donnai. Celui que je donnai à Renouard, fut de ne chercher de recommandation dans sa chambre, que le besoin où il pouvoit mettre tous ses confreres de lui, par les qualités de son esprit ; je le priai de joindre à cette occupation celle de mes affaires domestiques à Paris. J'assignai à Gillot sa place auprès de mon fils, pour y tenir tout le détail de l'artillerie dans le bon ordre où je le laissois. Je donnai de même à tous les autres les avis que je crus convenables à leur petite fortune ; et je fis convenir ceux qui me parurent y apporter quelque répugnance, que j'avois eu égard sur-tout à la nécessité, qui les contraindroit tôt ou tard d'agir comme je leur avois prescrit : ce que j'accompagnai d'un compliment et d'un ordre obligeant, qui leur parurent si bien partir du cœur, qu'ils se rendirent à mes raisons ; et aucun d'eux ne s'en est repenti. Je ne voulus pas pour cela me passer entièrement de secretaire ; mais n'étant plus besoin pour cet office de gens en place, à un homme qui venoit de cesser d'y être lui-même, je choisis deux hommes nouveaux, dont l'un des principaux soins, dans un cabinet désoccupé de toute affaire d'Etat, furent les Mémoires que je donne ici.

Cela fait, et ensevelissant pour jamais tout ce qu'un autre en ma place auroit pu former de desirs et d'espérances, de regrets et de ressentimens, je dis un adieu éternel à la cour, avec la même froideur, je puis le dire, qu'un homme pour lequel elle n'auroit pas été pendant si long-temps un théâtre de gloire et de bonheur (*). J'avois perdu du même coup, un Roi mon bienfaiteur et mon appui, ma fortune, mes amis et ma faveur. Cette perte coûte ordinairement à ceux qui la font, tant d'autres disgraces, qu'elle ne leur paroît à la fin, que la moindre partie de leur malheur. Si ce surcroît d'infortune est presque toujours, comme on n'en peut douter, l'effet des inimitiés particulieres, personne ne paroissoit plus exposé que moi à les subir. Cependant on trouvera dans l'histoire peu d'exemples de Ministres et de favo-

_____

(*) « Bien que ce coup ne le prît pas à l'imprévu, et » qu'il le vît venir de loin, il ne put toutefois composer son » esprit, en sorte qu'il le reçut avec foiblesse. Il céda, parce » qu'il falloit obéir ; mais ce fut avec plaintes : et sur ce » que la Reine lui fit dire qu'il lui avoit plusieurs fois offert » de se démettre de ses charges, il répondit qu'il l'avoit fait, » ne croyant pas qu'on dût le prendre au mot », &c. *Hist. de la mere et du fils*, *ibid. pag.* 131. Cet écrivain ajoute plusieurs autres traits, avec le même mépris de M. de Sully ; mais aux raisons que nous avons déjà apportées de récuser son témoignage, il faut ajouter que c'est le seul qu'on voie qui en ait parlé en ces termes.

« Le Samedi 5 (Février,) M. de Sully sort de Paris ; » rend le brevet de cent mille écus. Madame de Sully lui » reproche sa hauteur et sa fierté », &c. *Journal de l'Etoile. ibid. pag.* 257.

ris disgraciés, aussi ménagés et même aussi honorés et respectés dans leur chûte ; c'est que quelquefois la faveur publique se met en la place de la faveur particuliere, pour soutenir ceux qui ne sont que malheureux. Lorsqu'elle ne forme pas un contrepoids assez fort pour faire pencher la balance de leur côté, c'est que ces prétendus opprimés ont toujours quelques endroits plus foibles par où on les attaque, et par où ils ont de la peine à se défendre ; car la probité et l'innocence reconnues, triomphent toujours de l'envie, lors même que l'envie paroît triompher d'elles. Mes ennemis (car j'ose me faire l'application de cette maxime) n'assouvirent donc que la plus petite partie de leur rage contre moi, parce que leur victoire étoit un de ces succès honteux qu'on croit devoir cacher, et dont la jouissance n'est pas tout-à-fait sans remords, et leur contentement n'empêcha aucun des bons François, à qui toutes les occasions de s'acquitter envers la mémoire du feu Roi étoient précieuses, de combler d'honneur un homme, qui ne songeoit qu'à gagner obscurément le lieu de son exil. Je fus accompagné, en sortant de Paris, de plus de trois cent chevaux.

Ce n'étoit pas pendant que je serois présent, et en situation de me défendre, que je m'attendois à avoir à repousser les principaux traits que mes ennemis me réservoient. L'envie est une passion que la lâcheté ne caractérise guères moins que la noirceur. Je m'étois toujours douté qu'ils profiteroient avec avidité des avantages que donne l'absence. En effet, je n'avois encore fait à Sully qu'un séjour de quelques jours, qu'il me revint de toutes parts, que la cour se remplissoit de bruits qui tendoient, non-seulement à donner la plus sinistre impression de ma conduite dans les affaires publiques, mais encore à la rendre assez suspecte, pour donner du moins quelques couleurs aux poursuites criminelles, dont la honte et la peine étoient tout ce que mes ennemis souhaitoient de me faire essuyer (*). Je pris dans cette occasion le parti qu'il me semble que tout homme sage doit prendre ; c'est celui de désarmer l'envie par la voie la plus courte, en empêchant par de fréquentes lettres, l'esprit de leurs Majestés de se prévenir à mon désavantage.

Dans la premiere que j'écrivis séparément au Roi et à la Reine, je me plaignis des mauvais desseins qu'on formoit contre moi. J'offris de justifier ma conduite par toutes sortes de moyens,

---

(*) « Sa retraite n'est pas plutôt faite, dit l'histoire de la » mere et du fils, *ibid. pag.* 128, que plusieurs se mettent en » devoir de poursuivre la victoire contre lui, pour avoir ses » dépouilles..... Mais enfin la Reine changea d'avis, avec » grand sujet, n'étant pas raisonnable de maltraiter un per- » sonnage, dont les services avoient été avantageux à la » France, sans autre prétexte, que parce qu'étant utile au » public, il l'avoit été à lui-même ».

et même, s'il le falloit, par des services nouveaux; et après les assurances les plus fortes d'obéissance, de fidélité et d'innocence, je représentai plus hardiment à leurs Majestés, que si elles en étoient aussi persuadées qu'elles m'avoient donné sujet de le croire, je m'en appercevrois aux ordres qu'elles auroient la bonté de donner pour l'accomplissement de différentes promesses qui m'avoient été faites, soit par rapport à mes charges, soit au sujet des gratifications que le Roi m'avoit accordées. C'est que le premier artifice de mes adversaires avoit été d'en différer, et ensuite de chercher à en empêcher tout-à-fait l'exécution; c'étoient autant de preuves qui déposoient trop fortement en ma faveur, pour oser rien entreprendre tant qu'elles subsisteroient; et cette même raison m'engageoit à en presser l'effet.

La réponse que me fit la Reine fut telle que je pouvois la souhaiter. Elle m'y marquoit, que mes services passés et mes dispositions présentes étoient si connus du Roi et d'elle, que rien ne seroit capable de donner la plus légere atteinte à leurs sentimens à mon égard; qu'elle ne s'étoit pas encore apperçue que personne cherchât à les altérer; mais qu'en tout cas on n'y feroit que de vains efforts. Elle m'assuroit que ce n'étoit point par l'effet d'aucune mauvaise volonté, mais du hasard tout seul, qu'il s'étoit rencontré quelques petites difficultés dans l'exécution des conventions entre sa Majesté et moi; mais qu'elles seroient fidélement observées. Cette lettre est datée du 7 Mars de cette année.

Je ne tardai pas à en renvoyer une beaucoup plus longue à la Régente, dont je ne me crois point dispensé de rendre compte, parce que ce qui y est énoncé sur mes dispositions intérieures, est véritablement conforme à l'état où je me trouvois, à la sortie du tumulte des affaires. Je commençois par y rappeller à cette Princesse la profession ouverte que j'avois toujours faite d'attachement à sa personne, et les témoignages que j'en avois donnés depuis, et même avant son mariage; sur quoi je lui particularisois certaines circonstances, où je m'étois fait reprocher par le feu Roi son époux, de la soutenir contre lui, dans des choses où je croyois travailler également pour tous les deux; ce qui me conduisoit à un éloge des bonnes qualités de la Régente, sur lesquelles je fondois l'opinion où je paroissois être dans cette lettre, qu'elle n'avoit aucune part aux persécutions qu'on me suscitoit à la cour.

Cet article, pour lequel seul toute la lettre étoit faite, y étoit traité fort au long. Je m'y montrois parfaitement instruit, soit des discours désavantageux auxquels on donnoit cours contre moi à la cour, soit des obstacles qu'on apportoit sans cesse à terminer mes affaires particulieres, soit enfin des passe-droits qu'on se proposoit de me faire dans les charges dont on n'avoit pu me dépouiller. Je prenois droit des bonnes intentions, où je supposois qu'étoit toujours cette Princesse à mon égard, sur les paroles et les assurances réitérées qu'elle m'en avoit données ; je prenois, dis-je, droit de tout cela, de lui porter mes plaintes contre ceux qui sçavoient rendre inutile la bonne volonté de leurs Majestés pour moi. J'y insistois particuliérement sur le bon traitement que devoit me procurer ma facilité à me rendre à des arrangemens dans lesquels j'avois sacrifié mon intérêt au bien de la paix, lorsqu'il m'eût été d'autant plus facile de disputer le terrein, que la connoissance presque publique des motifs qui faisoient agir mes adversaires, me donnoit toutes sortes d'avantages sur eux. J'exposois ici sommairement les principaux points de ma gestion, et une partie des biens que mon travail et ma peine avoient procurés au royaume, jusqu'en l'année 1610, où j'avois vu renverser les mesures que j'avois prises, pour tenir les choses dans leur premier état. Je laissois au temps à montrer auxquels de mes ennemis ou de moi, le royaume auroit les plus grandes obligations.

Je ne négligeois pas d'entrer à cette occasion

dans quelque détail, au sujet de ce que mes ennemis répandoient de plus spécieux contre moi. Je montrois combien c'étoit un langage ridicule dans leur bouche, que toutes leurs déclamations contre les richesses que j'avois acquises pendant ma faveur, eux qui secrétement me taxoient d'avoir été assez mal-habile homme, pour avoir peu profité de la plus belle occasion du monde, et qui se proposoient bien de ne pas suivre mon exemple. Les bornes d'une lettre ne permettant pas une preuve complette, je me réduisois sur ce point, à faire remarquer à la Régente, qu'il m'étoit aisé de prouver que ces biens qu'on me reprochoit, n'étoient que l'effet, ou d'un bon ménage, ou des libéralités d'un maître trop généreux pour laisser sans récompense les peines d'un Ministre, livré infatigablement à un travail qu'il n'étoit pas ordinaire de voir prendre à des surintendans (*); qu'il suffisoit que je n'eusse rien reçu que de mon maître, et qu'il ne m'eût formellement obligé d'accepter; ce que je pouvois justifier aussi clairement, que l'emploi que

(*) « Il se retira chargé de biens que le temps auquel il » avoit servi, lui avoient acquis..... On peut dire avec » vérité, que les premieres années de ses services furent » excellentes; et si quelqu'un ajoute que les dernieres furent » moins austeres, il ne sçauroit soutenir qu'elles lui aient été » utiles, sans l'être beaucoup à l'Etat ». *Hist. de la mere et du fils*, ibid. pag. 128. Un seul témoignage d'un ennemi, tel qu'est l'auteur de cette histoire, en vaut mille autres.

j'en avois fait; que je défiois ceux qui alloient me succéder, d'en faire un jour autant; qu'au reste, je pouvois dire, sans affecter ni vanité, ni dépit, que je regardois comme véritablement fait à l'Etat, tout le mal qu'ils avoient cru me faire aujourd'hui; que je n'avois jamais desiré de continuer à conduire les finances du royaume, que pour le bien des finances elles-mêmes; que devant avoir pour juges de mes actions leurs Majestés, c'est-à-dire, des personnes équitables, et disposées à ne me fermer contre mes ennemis aucune des voies de la justice, le repos dont j'allois jouir, cessoit de me présenter rien de dangereux; que j'avois au contraire sujet de le trouver d'autant plus doux, qu'il commençoit à convenir à mon âge, et qu'il ne seroit troublé par aucun reproche, ni par aucun remords.

Sur la fin de cette lettre, qui étoit remplie par intervalles, d'offres de services, d'assurances de fidélité, et de toutes les marques de respect et d'obéissance que je devois à la Reine, je lui marquois, que je ne voulois point partir pour mon gouvernement, où des affaires m'appelloient, sans l'en avertir, et prendre ses ordres, et que si elle croyoit que je pusse lui être utile dans l'assemblée des Protestans à Châtelleraut, où j'étois invité, je m'y trouverois avec les mêmes dispositions à la servir, que j'y avois servi le feu Roi. Telle étoit, à-peu-près, la teneur de cette lettre, qui est fort longue, et à laquelle la Régente répondit par une autre du 24 Avril, aussi à-peu-près dans les mêmes termes, qu'elle avoit répondu à la précédente. Elle me laissa libre d'aller en Poitou, ou à l'assemblée de la Religion, et de m'y comporter comme je le jugerois à propos; connoissant mieux que tout autre, ce sont ses paroles, combien je pouvois être utile au service du Roi, dans ces deux endroits.

Mais ce qui acheva de m'assurer contre tous les revers, c'est que sa Majesté voulant marquer publiquement que tous les efforts de mes ennemis, loin de l'avoir fait changer de sentimens à mon égard, l'avoient confirmée de plus en plus dans les siens; elle m'accorda une augmentation de pension considérable, dont le brevet me fut expédié, quelque peu moins d'un mois après la date de sa dernière lettre. Cette augmentation est de vingt-quatre mille livres, en sorte que tout compris, mes pensions monterent depuis ce temps-là à quarante-huit mille quatre cent livres. Le brevet portoit qu'elle avoit commencé à courir du premier Janvier de la présente année, quoiqu'il fût daté du 20 Mai, et que sa Majesté avoit cru devoir me l'accorder, tant pour reconnoître les services que j'avois rendus au feu Roi, qui y étoient décorés des termes de grands, fideles, agréables et recommandables, que pour me donner le moyen de les continuer encore.

Je ne me crois pas dispensé pour cela, de fournir ici la preuve de celui des articles de la lettre précédente, qui regarde mes biens. Un Surintendant des finances, et tout particulier qui a eu en maniement les deniers du royaume, devient dès-là comptable de toutes ses actions au public. Je voudrois même pouvoir lui rendre compte de mes plus secrets sentimens, parce que je me suis toujours étudié à les rendre tels, que leur connoissance non-seulement ne donnât aucune prise contre moi, ce qui est d'obligation indispensable à tous les hommes, mais encore qu'ils pussent devenir en quelque sorte dignes de servir de modele à ceux qui se trouveront après moi avoir les mêmes engagemens à remplir. Heureux, si je voyois lieu à espérer que ce modele dût être un jour effacé par un autre plus parfait ! Je vais donc, suivant le plan que j'ai commencé plus haut, continuer à donner une idée si précise de l'état de mes affaires domestiques, que tout le monde pourra se faire fort après cela, de les connoître comme moi-même. Afin même d'épargner à mes lecteurs la peine de rapprocher de trop loin la suite d'un calcul interrompu, et qu'ils puissent tout voir d'un coup-d'œil ; je ne ferai pas de difficulté de reprendre tout ce que je puis avoir répandu en différens endroits de ces Mémoires, et de commencer par un état juste de tous mes biens, selon l'ordre du temps où me sont venues les charges qui m'en ont donné la meilleure partie (*).

Je fus, en premier lieu, revêtu par Henri-le-Grand, dans le temps qu'il n'étoit encore que roi de Navarre, de la charge de son chambellan ordinaire, avec celle de conseiller de Navarre, dont les gages réunis étoient de deux mille livres. Celle de conseiller d'Etat qu'y joignit ce Prince, devenu roi de France, avec pareille attribution; laquelle avec une pension de trois mille six cent livres pour laquelle je fus couché sur l'état, composa la somme de cinq mille six cent livres, dont mon revenu se trouva augmenté. Le produit de ma compagnie d'hommes d'armes étoit de quatre mille livres. Le Roi m'ayant ensuite fait expédier deux brevets, l'un, de conseiller au Parlement, sans gages, et l'autre, de conseiller de ses finances, l'état de mes pensions fut augmenté à cette occasion, de trois mille six cent livres. Lorsque sa Majesté

(*) Le mémoire suivant est une réponse sans replique à une calomnie répandue contre le duc de Sully, et qu'on trouve dans l'histoire de la mere et du fils, *pag.* 130, exprimée en ces termes : « Qu'au reste, s'il avoit bien fait les
» affaires du Roi en son administration, il n'avoit pas oublié
» les siennes ; ce qui paroissoit d'autant plus clairement,
» qu'étant entré avec six mille livres de rente en sa charge,
» il en sortoit avec plus de cent cinquante mille livres ; ce
» qui l'avoit obligé à retirer de la Chambre des comptes la
» déclaration de son bien, qu'il avoit mise au greffe, quand
» il entra dans les finances ; afin qu'on n'eût pas de quoi
» justifier par son propre seing, qu'il eût tant profité des
» deniers du Roi ».

jugea à propos de fixer les gratifications, pensions, dons, &c. qu'elle vouloit bien m'accorder comme Surintendant des finances, à une somme qui demeurât toujours la même, et qui comprît tout en un seul article; cette somme, qui étoit de vingt mille écus, faisoit un surcroît de dix mille huit cent livres de revenu annuel pour moi. Joignons à cela les produits de toutes mes autres charges et dignités. La charge de grand-voyer de France et de voyer particulier de l'isle de France, me rapportoit dix mille livres. Celle de Grand-maître de l'artillerie, compris gages, émolumens, profits et pensions y attachées, vingt-quatre mille livres. J'ai toujours renfermé sous un même article, le gouvernement de Poitou, la surintendance des bâtimens, celles des fortifications, ports, &c. pour la somme de dix-huit mille livres. Les gouvernemens de Mantes et de Gergeau, douze mille livres. La compagnie des gendarmes de la Reine, dont j'étois capitaine-lieutenant, cinq mille livres, et la capitainerie de la Bastille, deux mille deux cent livres. Tous ces articles rassemblés, composent la somme de quatre-vingt-dix-sept mille deux cent livres de revenu.

Voilà ce que j'avois déjà marqué plus haut, et voici ce qu'il faut y joindre. Quarante-cinq mille livres de biens d'Eglise, dont sa Sainteté elle-même trouvoit si peu mauvais que je jouisse sous le nom emprunté de quelques ecclésiastiques, qu'ordinairement elle en expédioit les bulles *gratis*, lorsqu'elle sçavoit que les abbayes dont on lui demandoit la collation, étoient pour moi. Je ne perdis rien de ce revenu, lorsqu'il fut décidé que l'on retireroit tous les biens ecclésiastiques des mains des Protestans, parce que les bulles des Papes qui exprimoient cette disposition, permettoient aux ecclésiastiques qui en étoient pourvus, d'en donner une récompense, qui excédoit quelquefois l'équivalent. Un second article, est celui de mes biens propres, en fonds de terre et autres, que je crois estimer au juste, en les mettant à soixante mille livres de revenus. Ces deux dernieres sommes jointes à celle de quatre-vingt-dix-sept mille deux cent livres, font un total de deux cent deux mille deux cent livres, en quoi consistoit mon revenu annuel.

Je préviens l'éclaircissement qu'on pourroit me demander, sur l'article de ces vingt mille écus en fonds de terre, et je demande qu'en premier lieu l'on se rappelle cette espece d'accord fait en 1601, entre le Roi et moi, par lequel ce Prince, qui ne me croyoit pas assez bien payé par mes gratifications et pensions ordinaires, de toutes les peines que je me donnois à son service, et qui avoit peur aussi bien que moi, que tout ce qu'il étoit porté à m'accorder de temps en temps, en présens et gratifications extraordinaires, ne tirât à conséquence

pour

pour la suite, par l'air de profusion qu'a cette manière de gratifier, et par la confusion qu'elle répand sur l'état de ceux qui la reçoivent, fondit encore ses dons et gratifications extraordinaires en une nouvelle somme, fixée à soixante mille livres d'extraordinaire tous les ans, qui me tinssent lieu de tout ce que je pouvois attendre de la seule bonté du Roi, dont il fut expédié des lettres-patentes ; afin que cette donation connue de toute la France, ne pût point un-jour m'être reprochée. J'ai joui pendant huit années de cette gratification extraordinaire, ce qui fait un produit de quatre cent quatre-vingt mille livres, dont je me suis servi, suivant l'intention de ce Prince, à faire les acquêts ci-après. J'ai fait le même usage d'une somme de cinq cent trente mille livres provenant des quatre ou cinq articles suivans, de deniers que j'ai perçus, mais qui sont sujets à être remplacés ; deux cent mille livres, du mariage de mon fils ; cent mille livres, des propres de mon épouse ; cent mille, reçues des mains de la Borde ; autant de M. de Schomberg, et trente mille d'un don fait par sa Majesté à mon fils d'Orval (*). Ces deux sommes,

___

(*) François de Béthune, qui a formé la branche des comtes d'Orval, fut chevalier des ordres du Roi, premier écuyer de la reine Anne d'Autriche, grand-voyer de France, surintendant des bâtimens, gouverneur de Saint-Maixant, mestre-de-camp du régiment de Picardie, lieutenant-général des armées du Roi. Après la mort de César de Béthune,

dis-je, qui réunies font un million dix mille livres, furent placées par moi, ainsi qu'on va le voir.

J'achetai une moitié de la terre de Rosny, deux cent dix mille livres. La terre de Dourdan que j'achetai de Sancy, qui la tenoit des Suisses, me coûta, outre l'argent que me devoit Sancy, cent mille livres, d'argent déboursé; celle de Baugy, cent vingt mille livres. J'ai eu Sully du duc de la Tremouille, pour cent cinquante mille livres, et Villebon par décret, pour cent mille. Les trois contrats que j'ai faits avec le duc de Nevers, sont de deux cent dix mille livres; sçavoir, Montrond, cent mille; la Chapelle, cinquante-six mille, et Henrichemont, cinquante-quatre mille. Enfin, j'ai encore acquis de M. le duc de Montpensier la

son frere de pere et de mere, qui mourut sans avoir été marié, les biens et seigneuries dont le duc de Sully leur pere avoit disposé en faveur de ses enfans du second lit, comme nous le rapporterons bientôt, ayant été réunis sur sa tête, ils furent érigés en duché-pairie, sous le nom de Béthune, et cela en considération des grands services qu'il avoit rendus à l'Etat, et particuliérement pour avoir mis sur pied, à ses frais, un nombre considérable de gens de guerre, infanterie et cavalerie, dans le besoin pressant qu'avoit sa Majesté, alors en guerre avec les Espagnols, le duc Charles de Lorraine, le prince de Condé et autres sujets rebelles. C'est en ces termes que s'expriment les lettres de cette érection, données à Melun, au mois de Juin 1652. Le duché de Sully a passé à cette branche, en 1630, à la mort de Maximilien, cinquieme duc de Sully, dans la personne de Louis-Pierre-Maximilien de Béthune, petit-fils de ce François, duc d'Orval, auquel il a été adjugé par un arrêt du Conseil des dépêches, en en payant le prix à Armand de Béthune, son grand-oncle, abbé, puis comte d'Orval.

terre du Châtelet, pour soixante mille livres; celle de Culand, par décret, quatre-vingt-huit mille, et celle des Is en Beauce, soixante-quinze mille. Le total de tous ces acquêts, qui est de onze cent dix-neuf mille livres, surpassant, comme on voit, celui des deux sommes de recette ci-dessus, de cent neuf mille livres, cette somme se trouvera à reprendre sur les articles de recette, qui seront mis ci-après : car je veux, pour l'entiere satisfaction du lecteur, pousser ce détail, jusqu'à lui exposer ce qu'il ne pourroit exiger de moi, comme sortant en quelque maniere de l'objet que je traite; je veux dire, les différentes sommes que j'ai touchées après la mort du Roi, en récompenses de mes charges, bienfaits du Roi régnant, et autres effets; c'est pour cette raison que j'ai traité ci-dessus cet article d'une maniere si abrégée. J'en rendrai compte jusqu'au temps où je me déterminai à ne garder presque plus rien de toutes les charges que j'avois possédées.

Les trois cent mille livres, dont sa Majesté m'avoit expédié des lettres-patentes, étoient en même temps un don de ce Prince, et une espece de récompense de la surintendance des finances et du gouvernement de la Bastille, que je résignois entre ses mains. Il me fit prendre soixante mille livres de ma compagnie de gendarmes de la Reine, dont je refusois deux cent mille livres. Je m'accommodai avec Fourcy, de la surintendance des bâtimens, pour cinquante mille livres, qui fut le prix qu'y mit sa Majesté ; j'en refusois le double. On m'offrit trois cent mille livres de mon gouvernement de Poitou ; je le cédai à Rohan, qui en avoit obtenu l'agrément du Roi, pour deux cent mille. Je perdis de la même maniere cent mille livres, sur les charges de grand-voyer et de capitaine héréditaire des canaux, navigations des rivieres, &c. Les trésoriers de France ne m'en payerent que cent cinquante mille livres. Sa Majesté me fit aussi rembourser cent cinquante mille livres pour la terre de Dourdan, et j'accommodai encore M. le Prince, de la terre de Villebon, dont il me promit cent cinquante mille livres, qu'il m'a effectivement payées depuis. Je destinois ces deux dernieres sommes pour la dot de ma jeune fille, plus difficile à placer que son aînée. Je joins à ces sommes, celles qui me revinrent de mes bénéfices, car je crus qu'il ne m'étoit pas moins permis d'en tirer de l'argent, qu'aux Ecclésiastiques qui les achetoient de m'en donner, et au Pape de le permettre, comme il faisoit par ses bulles. Je pris donc sans façon une indulgence de quatre-vingt mille livres, d'un Abbé qui me fut adressé de la part de M. le Prince, pour mon abbaye de Coulons. Béthune, qui étoit aussi-bien que son fils, le plus scrupuleux

Catholique romain que j'aie jamais connu, à l'ombre des bulles, me retira l'abbaye du Jard, pour quarante mille livres; un Abbé des amis du duc de Rohan, celle de l'Or à Poitiers, pour soixante-dix mille, et l'Argentier Vaucemain, ou plutôt son fils, celle de l'Absie, pour cinquante mille livres. Toutes ces sommes font ensemble un total de treize cent mille livres. Mettons de suite l'emploi que j'en ai fait.

J'achetai de M. de Lavardin, la terre de Montricourt, et celle de Caussade, du sieur Palliers, pour cent soixante mille livres, les deux. Ma fille cadette (*) ayant, comme je l'ai dit, besoin d'un peu d'avantage pour trouver un parti sortable, à cause de quelques incommodités, je lui donnai en la mariant à M. de Mirepoix, quatre cent cinquante mille livres en especes. Les autres frais, meubles, et sur-tout les pierreries, que me coûta ce mariage, forment encore un article de plus de cinquante mille livres, je mets pour tout cinq cent mille livres, et je dirai en passant, ce que tout le monde a sçu d'ailleurs, qu'une tendresse paternelle, qui se déclaroit par des marques si peu équivoques, n'a été payée de la part de la fille, comme de celle du gendre, que d'une insigne ingratitude. J'ai prêté à quelques villes, et principa-

___
(*) Louise de Béthune; elle épousa, le 29 Mai 1620, Alexandre de Lévis, marquis de Mirepoix.

lement à ceux de la Rochelle, plus de deux cent cinquante mille livres, que le siege et la prise de cette ville, et les guerres qui se sont élevées contre la Religion, m'ont presque fait perdre entiérement. Ce que j'ai prêté à différentes fois au marquis de Rosny, ou ce que j'ai payé de dettes pour lui, monte au moins à trois cent mille livres. Les revenus que je me suis faits en Languedoc et en Guienne, par les greffes et les rentes que j'y ai achetés, m'ont coûté de déboursé, un principal de quatre cent mille livres, et la maison que j'ai achetée dans Paris, deux cent vingt mille livres. Enfin, en calculant mes mémoires de dépense en bâtimens et autres ouvrages, en meubles, en frais de voyages et autres de cette espece, je trouve un capital de sept cent mille livres. La somme de tous ces articles compose deux millions cinq cent trente mille livres : ce qui la rend supérieure au total de la recette qui la précede, de douze cent trente mille livres. Les articles suivans indiqueront d'où étoit provenu ce surplus.

On a pu remarquer presque dès le commencement de ces Mémoires, que mon application à l'économie domestique, me la fit mettre en usage jusques dans une partie, qu'on en croit naturellement exceptée ; je veux dire, dans les profits militaires qu'on fait, soit sur des prisonniers, soit de la rançon ou du sac des villes prises d'assaut et dans d'autres occasions de cette nature, qu'il n'est pas besoin de détailler ici. A la paix de Vervins, je trouvai que tous ces profits, si petits en détail, qu'on ne daigne presque pas y faire d'attention, faisoient pourtant un total de cent mille livres, ou environ. La guerre de Savoie vint ensuite, qui me valut le double, en canons, armes, munitions, &c. pris sur les ennemis, pour ma portion comme Grand-maître de l'artillerie. Voilà donc, premiérement, trois cent mille livres de cette part. J'en trouve autant, en rassemblant le prix de tous les présens qui m'ont été faits en différentes occasions, je ne parle que de ceux que j'ai reçus comme personne publique, et dans des occurrences où il ne m'eût pas été séant de les refuser, comme dans mes ambassades et négociations; au mariage du Roi, de la part de la Reine et du Grand-duc; de celle du duc de Lorraine et de Madame, aux noces de cette Princesse; les premiers jours de chaque année, de la part de leurs Majestés et de la reine Marguerite. Il auroit été ridicule de témoigner sur ces présens et sur quelques autres semblables, la délicatesse que je montrois pour tous ceux qu'on vouloit me faire avec quelque motif d'intérêt. Je dirai pourtant, que j'eus encore le scrupule de ne vouloir rien toucher de cette maniere, sans que la chose donnée fût exprimée dans un brevet que je priois sa Majesté de me faire expédier pour chacun de ces dons ; lesquels, pour être en pierreries et en bijoux, n'en ont pas moins composé une somme de cent mille écus. Je revendis la terre de Dourdan cent cinquante mille livres, avant la fixation de mes gratifications à vingt mille écus, dont j'ai parlé, et qui n'arriva que depuis 1601. Le feu Roi n'écoutant que son grand cœur et l'amitié dont il m'honoroit, me fit accepter plusieurs autres dons, qui n'ont point encore trouvé leur place jusqu'ici, et que je ne crois pourtant pas moindres de deux cent mille livres. Enfin, depuis que mon revenu annuel fut devenu aussi considérable qu'on vient de le voir, il n'est pas étonnant que la maxime que j'ai toujours suivie, qu'il ne faut jamais dépenser son revenu en entier, m'ait encore jetté, au bout de quelques années, une somme assez considérable. Si on la suppose de trois cent cinquante mille livres, toutes mes dépenses domestiques remplies ; cette somme, ajoutée aux quatre précédentes, fera à peu près celle que nous cherchions, de douze cent et tant de mille livres ; ce qui mettra une égalité parfaite entre la recette et la dépense. Je crois inutile de répéter ce que j'ai pu dire ailleurs de la dépense courante de ma maison.

Ce que je vais dire des arrangemens de biens et des transactions que je fis avec M. le Prince, pourra n'être regardé que comme de simple curiosité; je n'ai pas voulu l'omettre, parce que ce n'est point m'éloigner du sujet que je viens de traiter. Lorsque la guerre contre la Religion vint à se rallumer sous le nouveau regne, M. le Prince, cherchant à m'éloigner de ses gouvernemens, où j'avois d'assez belles terres, et même quelques maisons assez fortes, me fit proposer de les lui vendre toutes. Je craignis que si je le refusois, le temps et la guerre ne lui fournissent deux prétextes de m'en chasser, que la force auroit fait trouver bons. Je sçavois que ses conseils n'avoient pas peu contribué au parti qu'on venoit de prendre contre nous, et l'on m'avertit qu'il songeoit encore à faire pis à mon égard. Je l'accommodai des terres de Villebon, Montrond, Orval, Culand, le Châtelet, d'autant plus volontiers, qu'avec cela il m'en faisoit offrir plus qu'elles ne m'avoient coûté, et plus qu'elles ne valoient en effet. Le contrat fut donc passé entre nous, moyennant douze cent mille livres, pour ces cinq terres; ce qui à la vérité n'étoit pas de l'argent comptant; mais il ne m'en coûtoit pas beaucoup d'attendre quelque temps la commodité de M. le Prince.

Ce que je n'attendois pas, c'est qu'au bout d'un certain temps, ce Prince imagina, comme un moyen facile d'acquitter tout d'un coup et principal et arrérages, de demander au Roi la confiscation de mes biens; procédé que la guerre rendoit assez commun alors. Sa Majesté me fit encore la grace de se souvenir de moi en cette occasion, et de rejetter avec une espece d'horreur, une si lâche priere. La paix vint à se faire avec cela, et M. le Prince se vit bien obligé d'entrer en compte avec moi. Son appétit s'étoit accru de la terre de Baugy, qu'il fallut encore lui céder, comme toutes les autres, afin que par aucun côté je ne fusse plus son voisin. Il s'étoit dégoûté de la terre de Villebon; il me rendit cette derniere, et y joignit celle de Muret, autrefois possédée par une Jeanne de Béthune, pour faire un équivalent à la terre qu'il convoitoit avec passion. On trouva que l'échange ne m'étoit pas désavantageux, et cette maniere de s'acquitter par des échanges, ayant plu à ce Prince, il me céda les unes après les autres, pour le prix de ses contrats avec moi, les terres de Nogent, Montigny, Charond, Vitrai, le marquisat de Conty, Breteuil, Francatel et la Falaise, subrogées aux mêmes droits que mes terres échangées; le principal desquels étoit, à mes yeux, celui que me donnoient les lettres-patentes du Roi, de les appeller un bien que je tenois des libéralités et par une disposition formelle du Roi mon maître (*). Voilà

(*) Parmi les papiers qui renferment les preuves de ce que

comment je sortis de procès avec M. le Prince.
Au reste, c'étoit une double injustice à ce Prince,

M. de Sully rapporte de ses démêlés avec M. le prince de Condé, que M. le duc de Sully d'aujourd'hui m'a fait l'honneur de me communiquer, je trouve deux lettres, qu'on ne sera pas fâché de voir insérées ici ; l'une est de M. le prince de Condé, au premier duc de Sully ; l'autre, de M. le prince de Conti, à M. le marquis de Béthune (Maximilien Alpin,) grand-pere de M. de Sully vivant.

Lettre de M. le prince de Condé, à M. le duc de Sully.

Monsieur, j'espere d'avoir l'honneur de vous voir bientôt. Par ce porteur seulement vous sçaurez le pays et les conditions d'icelle. Vous connoîtrez aussi par mes procédures, combien je desire le service du Roi et le bien public, et votre particuliere amitié, que je chéris passionnément, je vous supplie d'en faire état assuré. Je me dispose, suivant ma promesse et la vôtre, d'achever notre marché pour Villebon, et vous ferai sçavoir (avec supplication de vous y trouver à cet effet) le lieu où je pourrai avoir l'honneur de vous entretenir. Je suis,

MONSIEUR,

Votre très-humble
cousin et serviteur,

HENRI DE BOURBON.

Lettre de M. le prince de Conti, à M. le marquis de Béthune.

Monsieur, je suis extraordinairement pressé par M. le comte d'Orval, de consentir à l'accommodement qu'il veut faire avec M. le vicomte de Meaux, pour la terre de Chanrond ; et il m'offre même les sûretés pour me décharger de la garantie à laquelle feu M. mon pere s'étoit obligé. Néanmoins, je ne lui ai voulu donner aucune parole, après celle que j'ai donnée à Madame votre belle-mere, de ne rien faire de cette affaire, sans vous en en avoir donné avis. Et comme il est juste toutefois pour les uns et pour les autres, que cette affaire soit réglée, et qu'on en sorte le plutôt qu'il se pourra ; j'ai bien voulu remettre mes intérêts entre les mains de M. le comte de Béthune, votre parent, comme je vous supplie

de chercher à m'enlever mon bien, par la voie de la confiscation. J'ai vu passer des temps bien malheureux, depuis la mort du Roi. Mon cœur a été sensiblement pénétré de la guerre que j'ai vue s'allumer contre ceux de ma religion. Mille motifs d'y prendre part se présentoient à moi, pour peu que j'eusse eu de disposition à m'étourdir moi-même. J'ai résisté courageusement à cet appas, je n'ai donné aucun sujet au Roi de me regarder comme rebelle, ou partisan des rebelles. J'ai obéi ponctuellement à tous les commandemens de sa Majesté, je me suis rendu près d'elle toutes les fois qu'elle a paru le souhaiter. Enfin j'ai eu le bonheur d'être demeuré toute ma vie aussi fidele aux promesses que j'avois faites au Roi mon bienfaiteur, qu'aux devoirs d'un bon citoyen.

d'en vouloir user de même, et de vous soumettre à ce qu'il en ordonnera. M. le comte d'Orval et le vicomte de Meaux sont contens de lui remettre leurs intérêts, et d'en passer par son sentiment. Je ne fais pas de doute que vous ne preniez ce parti-là ; car autrement je ne pourrois me défendre de prendre le biais qu'on me proposeroit, en y prenant mes sûretés. Je vous exhorte de tout mon cœur à ne faire aucune difficulté d'entrer dans cet accommodement. Cependant je suis avec beaucoup de passion,

MONSIEUR,

Votre très-affectionné
à vous faire service,
ARMAND DE BOURBON.

De Tolose, ce 19
Octobre 1656.

Fin du vingt-neuvieme Livre.

LIVRE TRENTIEME.

EXPOSITION *du projet politique, appellé communément* le grand dessein de Henri IV. *Considérations préliminaires sur l'empire Romain, sur l'établissement de la monarchie Françoise, sur ses différens gouvernemens, sous les trois races de nos Rois, &c. On prouve la possibilité du grand dessein. Difficulté qu'eut Henri IV à le faire goûter à Sully. Comment ce Prince et Elisabeth le formerent. Obstacles et événemens favorables ou contraires qui survinrent. Utilité générale du projet pour toute l'Europe. Partie du projet qui regarde la Religion, consistant à maintenir et à pacifier les Religions reçues en Europe, et à chasser les Infideles. Partie politique, consistant à établir quinze dominations égales, à réduire la trop grande puissance de la maison d'Autriche, et à partager ce qu'on lui ôtoit, entre les Princes et les républiques de l'Europe : moyens de l'en dédommager, et justice de ce procédé à son égard : modération et désintéressement de la France dans ce partage. Etablissement du conseil général de la république chrétienne. Négociations et autres moyens employés auprès des Princes et Etats de l'Europe, pour la réussite du grand dessein. Détail des forces et des dépenses nécessaires pour l'exécuter. Marche et disposition des armées des Princes confédérés. Ce qui devoit en résulter.*

NE devant être question dans tout ce Livre, que de plans et de projets politiques, pour le gouvernement de la France et de toute l'Europe, il me semble que je puis le commencer par des réflexions plus générales sur cette monarchie et même sur l'empire Romain, des débris duquel on sçait qu'elle a été formée, aussi-bien que toutes les autres puissances qui composent aujourd'hui le monde Chrétien.

Lorsqu'on se représente tous les états par lesquels Rome a passé, depuis l'an du monde 3064, qui est celui de sa fondation (*); son enfance, son adolescence, sa virilité, sa caducité, sa décadence, et enfin sa ruine; ces vicissitudes, qui lui sont communes avec les grandes monarchies qui l'ont précédée, feroient presque croire que le temps dispose et se joue des empires, comme il fait de toutes les autres parties de la nature. Peut-être même que portant cette idée plus loin,

---

(*) Le sentiment le plus reçu aujourd'hui est celui de Varron, qui place le temps de la fondation de Rome, près de deux cent ans plus tard.

on découvriroit que le cours des uns, ainsi que celui des autres, est sujet à être troublé par certain mouvement extraordinaire, que rien n'empêche d'appeller *des maladies épidémiques*, qui fort souvent prématurent leur destruction, et dont la guérison devenue plus facile par cette découverte, pourroit les sauver du moins de quelques-unes de ces crises, qui leur sont si funestes.

Mais si nous voulons nous attacher à des causes plus naturelles et plus sensibles, de la chûte de cet empire si vaste et si formidable, nous les aurons bientôt trouvées dans le changement des loix et des mœurs, auxquelles il devoit son agrandissement, dans le luxe, l'avarice et l'ambition, enfin dans un autre motif, dont l'effet ne pouvoit guères être prévenu par aucune prudence humaine; je veux dire, dans l'irruption de ces flots de peuples barbares, Goths, Vandales, Huns, Hérules, Rugiens, Lombards, &c. qui lui donnerent les uns après les autres, et souvent tous ensemble, de si furieuses secousses, qu'il en fut enfin renversé. Rome fut saccagée trois fois par ces barbares (*) : en 414, sous Honorius, par Alaric, chef des Goths; en 459, par Genseric,

―――――
(*) Ces trois époques ne sont pas tout-à-fait justes. La première est en 410, au lieu de 414; la seconde en 455 ou 456; et la troisieme en 552, sous Téjas, successeur de Totila, et dernier roi des Goths. Le pillage dura pendant quarante jours.

roi des Vandales, sous Martien; et en 546, sous Justinien, par Totila et les Huns. Mais s'il est vrai que dès-lors cette ville n'étoit plus que l'ombre de ce qu'elle avoit été, s'il faut la regarder comme déchue de l'empire du monde, lorsque sa foiblesse et les abus de son gouvernement faisoient regarder cet événement, non plus simplement comme inévitable, mais comme très-proche, et déjà arrivé en partie; l'époque de sa chûte pourroit être marquée long-temps avant le regne de Valentinien III, auquel c'est faire grace, que de le nommer le dernier empereur d'Occident (*); plusieurs des Empereurs auxquels il succéda, n'ayant été, à parler juste, que des tyrans, qui déchiroient cet empire entr'eux, et en laissoient aller les lambeaux aux barbares, à qui leurs conquêtes y donnoient le même droit.

Rome vit pourtant encore briller par intervalles, quelques lueurs de rétablissement. La plus sensible fut le regne du grand Constantin, dont les victoires redonnerent un seul chef à tout ce corps: mais il fit lui-même, sans y penser, pour la destruction d'un ouvrage qui lui avoit tant coûté, beaucoup plus que n'avoit pu faire toute la mauvaise

(*) Il seroit injuste de refuser le nom d'*empereur d'Occident* à Valentinien III, à Honorius, &c. Il ne faut pas prendre à la rigueur les expressions dont se sert ici notre auteur, mais seulement dans le sens d'un empire affoibli, et qui touche au moment de sa chûte.

conduite de ses prédécesseurs, lorsqu'il imagina de transporter tous les droits de Rome à sa nouvelle Constantinople; et il acheva de rendre cette erreur sans remede, en partageant également son Empire entre ses trois enfans. Théodose, qui heureusement, ou par un effet de sa grande valeur, se retrouva dans la même circonstance que Constantin, n'auroit peut-être pas fait la même faute, mais l'exemple avoit pris force. D'un seul empire, la nécessité l'obligea à en faire deux. Arcadius eut l'Orient, et Honorius l'Occident, et depuis ce temps-là, il n'y eut plus ni espérance, ni occasion de les réunir.

Dans l'ordre des choses naturelles, la destruction de l'une servant à la production d'une ou de plusieurs autres, à mesure que les parties de l'empire d'Occident les plus éloignées s'en détachoient, il s'y élevoit des royaumes, qui pourtant ne porterent pas tout d'abord ce nom. Le plus ancien de tous, sans contredit, puisqu'on peut faire concourir sa naissance avec la huitieme année de l'empire d'Honorius, est celui qui fut fondé dans les Gaules par les François, ainsi nommés de la Franconie, d'où les Gaulois des environs de la Moselle les appellerent, pour leur aider à se délivrer de l'oppression des armées Romaines. La coutume de ces Francs, ou François, étant de donner le nom de *Roi* à celui qu'ils choisissoient pour leur commander, si le premier et le second de ces chefs ne l'ont pas porté, il est certain du moins que le troisieme, qui est Mérovée, et encore plus Clovis, qui fut le cinquieme, en furent revêtus (*), et quelques-uns d'eux le soutinrent avec tant de gloire, entr'autres Pepin et Charles Martel, auxquels on ne peut le refuser sans injustice, que Charlemagne, leur digne héritier, parvint jusqu'à faire revivre dans la Gaule une image imparfaite, à la vérité, de cet empire d'Occident, alors éteint, avantage auquel contribuoient naturellement une multitude infinie d'habitans très-propres à la guerre, et une grande fertilité pour tout ce qui sert aux différens besoins des hommes, joint à une extrême commodité pour le commerce, la situation de la France la rendant le centre des quatre principales domina-

---

(*) Toute cette critique est assez juste. Long-temps avant l'année 445, ou, selon les PP. Peteau et Sirmond, Clodion s'établit le premier en deçà du Rhin, par la prise de Cambrai, &c. et dès le regne de Valentinien II, les chefs des Francs ont porté le nom de *Rois*. L'habitation de ce peuple au-delà du Rhin, a commencé vers le milieu du troisieme siecle, et s'étendoit environ depuis le Texel jusqu'à Francfort. Ce soulevement d'une partie des Gaules contre les Romains arriva en 434, la douzieme année du regne de Valentinien III. Et l'opinion de l'auteur sur l'établissement des Francs dans les Gaules, est confirmée par un scavant Académicien, qui a répandu toutes les lumieres possibles sur ce point de critique (feu M. l'abbé du Bos.) *Hist. crit. de l'établissement de la monarchie Françoise dans les Gaules*, tom. 1, liv. 1, chap. 17; liv. 2, chap. 7 et 8.

tions de la Chrétienté, l'Allemagne, l'Italie, l'Espagne et la Grande-Bretagne avec les Pays-Bas.

Disons un mot sur chacune des trois races, qui composent la suite de nos Rois. Je ne vois dans la premiere, que Mérovée, Clovis I et Clotaire II, Charles Martel, Pepin-le-Bref et Charlemagne dans la seconde, qui se soient tirés du pair des Rois. Ces six ôtés de trente-cinq que l'on compte dans ces deux races, tous les autres furent par leurs vices ou par leur incapacité, de méchans Rois, ou des ombres de Rois, parmi lesquels on peut encore distinguer Sigebert et Dagobert par quelques bonnes qualités, et Louis-le-Débonnaire par une grande dévotion qui n'aboutit pourtant qu'à lui faire regretter dans un cloître la perte de sa liberté, de son royaume et de l'empire.

Cette race Carlovingienne ayant regné obscurément, et fini de même, la couronne passa dans une troisieme, dont les quatre premiers Rois sont, à mon sens, des modeles parfaits d'un bon et sage gouvernement. Le royaume qu'ils eurent à conduire, avoit beaucoup perdu de sa premiere splendeur, puisque de l'immense étendue qu'il avoit eue du temps de Charlemagne, il étoit réduit à-peu-près aux mêmes bornes, dans lesquelles il est renfermé aujourd'hui, avec cette différence, que

quand ils auroient la pensée de le rétablir, la forme de son gouvernement, qui les mettoit à la merci des grands et du peuple, en possession de choisir et de maîtriser ses Souverains, ne leur laissoit aucun moyen d'y parvenir. Le parti qu'ils prirent fut de condamner au silence le pouvoir arbitraire, et de faire regner en sa place l'équité elle-même, espece de domination qui n'a jamais excité l'envie. Rien ne se fit plus, sans y appeller les grands et les principales villes, et presque toujours par la décision des Etats assemblés. Une conduite si modérée coupa pied à toutes les brigues et étouffa toutes sortes de complots, toujours fâcheux pour l'Etat ou pour le Souverain. L'ordre, l'économie, la distinction du mérite, une justice exacte, toutes les vertus qu'on cherche dans un chef de famille, caractériserent ce nouveau gouvernement, et produisirent ce qu'on n'a jamais vu, et ce qu'on ne verra peut-être jamais, je veux dire, une paix de cent vingt-deux ans consécutifs. Ce que ces Princes y gagnerent pour eux-mêmes en particulier, et que toute l'autorité de la Loi Salique ne leur auroit jamais valu, ce fut l'avantage d'introduire dans leur maison l'hérédité de la couronne. Ils eurent encore besoin pour cela, de recourir à la précaution de ne déclarer leurs fils aînés pour leurs successeurs, qu'après avoir modestement demandé le suffrage des peuples, avoir fait précéder une espece d'élection, et ordinairement les avoir fait sacrer de leur vivant, et asseoir à côté d'eux sur le trône.

Philippe II, que Louis VII son pere fit de même sacrer et regner avec lui, fut le premier qui s'écarta de cette façon de procéder entre le Souverain et son peuple. Plusieurs victoires remportées sur les étrangers et sur ses propres sujets, qui lui firent donner le surnom d'Auguste, lui servirent à s'ouvrir un chemin à l'autorité absolue, et cette idée s'imprima ensuite si fortement dans l'esprit de ses successeurs, à l'aide des favoris, des Ministres et des principaux officiers de guerre, qu'ils crurent faire un coup de la plus profonde politique, en s'attachant à détruire des maximes, dont l'utilité pour le bien général et particulier, venoit d'être encore si bien confirmée par l'expérience, sans craindre, ou peut-être sans prévoir toutes les suites malheureuses qu'une entreprise de cette nature, contre une nation idolâtre de sa liberté, pouvoit et même devoit nécessairement avoir (*).

(*) Voici l'un des endroits qui ont donné lieu à la remarque que j'ai faite dans la préface de cet ouvrage, que les compilateurs des anciens Mémoires de Sully se sont donné la liberté de mêler leur sentiment propre au sujet du gouvernement avec celui de l'auteur, et de maniere que ne pouvant pas facilement les séparer, ni même les bien distinguer aujourd'hui, le traducteur se voit obligé de dire malgré lui, le pour et le contre sur la même matiere. Après tout ce qu'on a vu avancer au duc de Sully contre l'autorité populaire et l'anarchie, et en particulier contre les abus des assemblées

Il leur fut facile d'en juger, par les remedes auxquels le peuple eut aussi-tôt recours, pour se soustraire au joug dont il se voyoit menacé. Jamais on n'obtint de lui que cette sorte d'obéissance forcée, qui fait embrasser avec plus d'avidité tous les moyens de désobéir. De-là mille guerres cruelles.

des États-généraux, la contradiction seroit trop grossiere, que tous ces endroits pussent être de la même main que celui-ci. Il y en a deux ou trois autres semblables dans tout l'ouvrage, que j'ai eu soin de marquer par des notes.

M. l'abbé du Bos, partant du même principe que l'auteur, en a tiré des conséquences toutes contraires, et aussi justes que celles-ci le sont peu. *Ibid.* On ne sçauroit mieux faire que de renvoyer à cet excellent ouvrage, dont l'objet est de réfuter l'erreur, dans laquelle est tombé l'auteur de ce morceau de nos Mémoires. « Cette erreur, dit-il, *disc. prélim. pag.* 51, » conduit à penser que tout ce qu'ont fait les successeurs de » Hugues Capet, en faveur de l'autorité royale, soit en af- » franchissant les sujets des Seigneurs, soit en mettant des » officiers royaux dans tous les fiefs de quelque dignité, soit » en ôtant aux Seigneurs le droit de convoquer leurs vassaux » pour faire la guerre contre d'autres Seigneurs, soit en pre- » nant d'autres voies permises aux Souverains, ait été un at- » tentat contre la premiere constitution de la monarchie. On » regarde donc après cela comme tyrans, des Louis-le-Gros, » Philippe-Auguste et les plus grands Rois de la troisieme » race, bien qu'ils n'aient fait aucune chose que de revendi- » quer les droits imprescriptibles de la couronne et les droits » du peuple, sur les usurpateurs qui s'étoient emparés des » uns et des autres, dans le neuvieme siecle et dans le dixieme. » En effet, ces Princes, loin de donner atteinte à l'ancienne » constitution du royaume, en recouvrant une partie de » leurs droits, n'ont fait que rétablir, autant qu'ils le pou- » voient, l'ancien ordre ». Ce qu'il prouve ensuite démonstrativement dans tout le livre sixieme de son ouvrage. Voyez aussi les Mémoires de M. de Foncemagne, tant sur la loi Salique, que sur la succession à la couronne, que nous avons cités ci-devant.

Celle qui livra la France en proie aux Anglois, celles qu'on eut avec l'Italie, la Bourgogne, l'Espagne, ne peuvent être imputées qu'aux dissentions civiles, qui les précéderent, et dans lesquelles les plus foibles étouffant la voix de l'honneur et de l'intérêt de la nation, appellerent l'étranger au secours de leur liberté : triste et honteux remede, employé constamment depuis ce temps-là, et de nos jours même par la maison de Lorraine, dans une ligue dont la Religion ne fut que le prétexte. Un second mal, qui, pour paroître d'abord d'un genre différent, n'en part pas moins, selon moi, de la même source, c'est le déréglement des mœurs, la soif des richesses, la manie d'un luxe monstrueux, causes et effets tour-à-tour, ou tout à la fois, de nos miseres.

Voilà quelles ont été les variations de notre malheureuse politique, soit quant à la forme de gouverner, successivement assujettie à la volonté du peuple, du soldat, des grands, des Etats, des Rois, soit quant à la personne même de ces derniers, dépendante, élective, héréditaire, absolue.

On a vu d'avance dans ce tableau, quel jugement on doit porter sur la troisieme race de nos Rois. Nous trouvons mille choses à admirer dans Philippe-Auguste, saint Louis, Philippe-le-Bel, Charles-le-Sage, Charles VII, Louis XII. Quel dommage, que tant de vertus, ou de grandes qualités n'aient pas porté sur d'autres fondemens ! Qu'avec plaisir on leur donneroit le titre de grands Rois, si l'on pouvoit se cacher que leurs peuples ont été malheureux ! Que n'y auroit-il pas à dire en particulier de Louis IX ? Des quarante-quatre années qu'il regna, les vingt premieres offrent un spectacle, qui n'est pas indigne d'être comparé avec les onze dernieres de Henri-le-Grand. Mais je crains bien que toute leur gloire ne soit détruite par les vingt-quatre suivantes, lorsqu'on y verra que des impôts excessifs, pour satisfaire une dévotion mal entendue et ruineuse, des sommes immenses transportées dans les pays les plus éloignés pour le rachat des prisonniers, tant de milliers de citoyens sacrifiés, tant d'illustres maisons éteintes, remplirent la France d'un deuil général, et tout ensemble d'une calamité universelle.

Convenons une bonne fois de principes, s'il est possible ; et après que, sur une expérience mille fois réitérée, nous aurons regardé comme décidé, ce qui devroit l'être il y a long-temps, que le bonheur des hommes ne sçauroit jamais naître de la guerre, parcourons sur cette idée l'histoire de notre monarchie. Nous passerons à Clovis et à ses prédécesseurs, leurs guerres, en quelque sorte nécessaires pour le fondement d'une domination qui ne faisoit qu'éclore; mais que dirons-nous de celles qui, pendant un espace de cent soixante ans entiers, agiterent les quatre enfans de Clovis, les quatre enfans de Clotaire II, et leurs descendans : de celles qui pendant cent soixante-douze autres années, à commencer à Louis-le-Débonnaire, déchirerent le royaume ? Le reste est pis encore. La plus légere teinture de notre histoire suffit pour se convaincre qu'il n'y a point eu de véritable paix depuis Henri VIII jusqu'à celle de Vervins, et qu'en tranchant le mot, tout ce long intervalle peut être appellé une guerre de près de quatre cent ans. Après, dis-je, qu'il sera demeuré constant par cet examen, que nos Rois n'ont guères jamais sçu que faire la guerre, nous leur rendrons d'ailleurs toute la justice qui leur est due; mais nous nous montrerons un peu plus difficiles sur le titre de grands, de véritablement et en toute maniere grands Rois.

J'avoue cependant, (car il seroit injuste de ne faire qu'à eux seuls un crime de ce qui est proprement le crime de toute l'Europe,) que plusieurs de ces Princes se sont souvent trouvés dans des circonstances, où leurs guerres étant justes et même nécessaires, elles deviennent pour eux le sujet d'une solide et véritable gloire, ou même, il ne leur en restoit point d'autre à acquérir. C'est alors que la maniere dont plusieurs de ces guerres ont été prévues, préparées et conduites, nous fera découvrir dans leur cabinet des coups de politique, et dans leur personne des chef-d'œuvres de valeur, dignes de tous nos éloges. D'où peut donc provenir l'erreur de tant d'exploits, en apparence si glorieux, et dont pourtant tout le fruit n'a presque jamais été que de désoler la France et l'Europe? De l'Europe entiere, je le répete, qui ne fait à peine que s'appercevoir aujourd'hui, que dans l'état où elle se trouve, où elle est même depuis plusieurs siecles, toute entreprise par laquelle on prétendra ou l'assujettir, ou seulement augmenter trop considérablement quelqu'une de ses principales monarchies, aux dépens des autres, ne peut jamais être qu'une entreprise chimérique et impossible. Aucune de ces grandes Monarchies ne sçauroit être renversée que par le concours des causes supérieures à toute force humaine. Il ne doit donc être question que de les faire subsister toutes, avec quelque égalité. Tout Prince qui pensera autrement, fera ruisseler le sang par toute l'Europe, sans pouvoir jamais en changer la face.

Lorsque j'ai remarqué que la France n'avoit plus aujourd'hui toute l'étendue qu'elle avoit au temps de Charlemagne, mon intention n'a pas été assurément de faire regarder cette diminution comme un mal. Dans le malheur inévitable d'avoir de temps en temps pour Rois des Princes ambitieux, c'en seroit un bien plus grand encore, que tout concourût à flatter cette ambition : aussi a-t-on toujours remarqué que plus les royaumes sont grands, plus ils sont sujets à de grands malheurs. Le fondement de la tranquillité du nôtre en particulier, dépend de le tenir renfermé dans les bornes qu'il a aujourd'hui. Un climat, des loix, des mœurs, des langues, qui n'ont rien de semblable aux nôtres; des mers, des chaînes de montagnes presqu'inabordables : voilà autant de barrieres qu'on peut regarder comme posées par la nature même. Que manque-t-il d'ailleurs à la France ? Ne sera-t-elle pas toujours le plus riche et le plus puissant royaume de l'Europe ? Non, les François n'ont plus rien à desirer, sinon que le ciel leur donne des Rois pieux, bons et sages, et ces Rois n'auront rien à faire, que d'employer leur puissance à tenir l'Europe en paix. Aucune entreprise ne peut plus ni leur réussir, ni leur être profitable, que celle-là.

Et voilà de quelle nature étoit celle que Henri IV étoit à la veille de commencer, lorsqu'il plut à Dieu de l'appeller à lui, trop tôt de quelques années pour le bonheur du monde. Voilà ce qui la rendoit si différente de tout ce qu'on a vu jusqu'ici entreprendre aux têtes couronnées. Voilà par où il aspiroit au nom de *Grand*. Ses vues ne lui étoient point inspirées par une petite et misérable ambition, ni bornées à un léger et bas intérêt. Il vouloit rendre la France éternellement heureuse ; et comme elle ne peut goûter cette parfaite félicité, qu'en un sens toute l'Europe ne la partage avec elle, c'étoit le bien de toute la Chrétienté qu'il vouloit faire, et d'une maniere si solide, que rien à l'avenir ne fût capable d'en ébranler les fondemens.

Je me doute bien que ce projet (*) sera regardé

(*) Les Mémoires de Sully sont le seul monument qui ait conservé à la postérité le détail du grand dessein de Henri IV. On ne le voit dans aucun des historiens, auteurs de mémoires, et écrivains et contemporains de ce Prince. La plupart d'eux n'ont pas même effleuré cette matiere, parce que sans doute ils n'en sçavoient pas assez pour pouvoir en parler. On n'a commencé à en discourir, que depuis que les Mémoires de Sully, où il est si bien développé, ont vu le jour ; et de tous ceux qui l'ont fait depuis environ la seconde moitié du dix-septieme siecle, je n'en trouve presqu'aucun qui ait mis en question la possibilité de ce grand projet, parce qu'apparemment on étoit encore assez proche du temps où il avoit été formé, pour se convaincre, et par la propre bouche de ceux mêmes qui avoient pu être témoins des préparatifs et des arrangemens qui s'étoient faits, que toutes les mesures avoient été prises précisément de la maniere dont le duc de Sully le rapporte, et par conséquent, qu'il ne souffroit pas, à beaucoup près, toute la difficulté qu'on a cru y appercevoir depuis.

L'auteur du discours manuscrit de la bibliotheque du Roi, que j'ai cité dans la préface, et qui me paroît être le plus ancien mémoire que nous ayons de ce temps-là, ne doute point que ce dessein n'eût eu toute son exécution. Après lui, M. de Pérefixe, qui nous en a donné un abrégé fort juste, dans la troisieme partie de son Histoire de Henri-le-Grand, dit positivement qu'il auroit réussi, et en fournit les preuves,

tout d'abord comme une de ces magnifiques chimeres, de ces oisives spéculations politiques,

pag. 333 *et suiv.* Le continuateur de M. de Thou ne s'éloigne pas de ce sentiment, dans le peu qu'il en touche, *ann.* 1609 *et* 1610. Le maréchal de Bassompierre en dit aussi quelque chose, *tom.* 1 *de son Journal*, sans l'improuver. On peut joindre à ces autorités, celle de l'auteur de la vie du duc d'Epernon et de quelques autres, qui tous semblent être du même avis. Enfin, jusqu'au commencement du présent siecle, il paroît que sur ce point il n'y a eu qu'une voix, à laquelle plusieurs de nos historiens modernes ont aussi joint la leur.

Vittorio Siri (*Mem. recond. tom.* 1, *pag.* 29, 514; *t.* 2, *pag.* 45, *&c.*) est le premier, que je sçache, qui ait traité cette grande entreprise d'*absurde* et d'*impossible*. Mais l'ignorance qu'il montre sur toute cette affaire, même dans les points les moins contestés, son attachement à la politique Espagnole, l'éloignement de la personne de Henri IV et de celle de son Ministre, qui se fait sentir par-tout dans cet écrivain, le rendent très-justement récusable sur ce chapitre. Ce sentiment a été adopté après lui, par l'auteur de l'histoire de la mere et du fils, *tom.* 1, *pag.* 44, et par la même raison d'attachement à la Reine, mere de Louis XIII. D'ailleurs cet écrivain, quel qu'il soit, qui n'apporte guères d'autre preuve de son opinion, que l'âge de près de soixante ans qu'avoit alors Henri IV, paroît si peu au fait, qu'on diroit qu'il a ignoré les précautions qu'on avoit apportées, pour que cet ouvrage se trouvât consommé en trois ans, et qu'il combat l'opinion du duc de Sully, sans la connoître.

Je déférerois beaucoup davantage à l'autorité de quelques politiques modernes, qui regardent comme impossible que la face de toute l'Europe eût pu être changée, au point que se le proposoit Henri IV, et qui trouvent d'ailleurs, qu'on a imaginé de nos jours un moyen beaucoup plus heureux de maintenir l'équilibre dans l'Europe, que celui par lequel on faisoit renaître l'ancien conseil des Amphictions, je veux dire, la précaution de faire accéder toutes les principales puissances aux traités, même particuliers, et de les en rendre garantes. Tous les malheurs que nous a apportés la guerre, montrent assez que cette précaution n'est rien moins que suffisante.

auxquelles se livre un esprit ami des idées singulieres. Ceux qui en jugeront ainsi, ne peuvent être que cette sorte de gens, à qui la premiere impression d'une imagination prévenue tient lieu

Et pour ce qui est du fond de la question, je conviendrai avec eux que l'Europe ne peut que très-difficilement être constituée aujourd'hui dans l'état où a voulu la mettre Henri-le-Grand; mais je ne laisse pas de croire, sans prétendre assujettir personne à mon sentiment, que ceux qui traitent de chimere le projet de ce Prince, ne font pas toute l'attention nécessaire aux circonstances d'un temps où l'Europe, tant de fois à la veille de se voir la proie de la maison d'Autriche, désolée par les guerres sanglantes que la différence des Religions y avoit excitées, et y excitoit tous les jours, étoit comme forcée de recourir à un moyen extrême, pour finir toutes ses miseres.

Je ne puis mieux finir cette remarque que par ces paroles de M. l'abbé de Saint-Pierre, dans son discours sur le grand-homme : « De-là on voit que si Henri IV, roi de France,
» eût exécuté son projet, si fameux et si sensé, pour rendre
» la paix perpétuelle et universelle entre les Souverains, il
» auroit procuré le plus grand bienfait qu'il soit possible,
» non-seulement à ses sujets, mais encore à toutes les nations
» chrétiennes, et même, par une suite nécessaire, au reste
» de la terre : bienfait auquel toutes les familles, vivantes et
» futures, eussent participé durant tous les siecles à venir;
» bienfait qui emporte l'exemption des maux immenses et
» innombrables que causent les guerres civiles et étrangeres;
» bienfait qui eût produit tous les biens qui résultent nécessai-
» rement d'une paix universelle et inaltérable : s'il eût exé-
» cuté, dis-je, ce merveilleux projet, il eût été, sans com-
» paraison, le plus grand homme qui ait été et qui sera ja-
» mais ». Après quelques autres réflexions sur les moyens de rendre ce projet encore plus facile, ce judicieux écrivain ajoute : « Au reste, ce Prince a toujours eu l'honneur de la
» plus importante invention, et de la plus utile découverte
» qui ait paru sur la terre, pour le bonheur du genre humain.
» L'exécution de cette grande entreprise peut bien être ré-
» servée par la providence, au plus grand homme de la pos-
» térité ».

de regle ; ou ceux à qui l'éloignement des temps et l'ignorance des circonstances, feront confondre la plus sage et la plus noble des entreprises qui jamais aient été formées, avec ces capricieux projets dont on a vu de tout temps se repaître les Princes entêtés de leur pouvoir. Je conviens que si l'on examinoit avec attention ce que font entreprendre la vanité, la confiance en sa bonne fortune, l'ignorance, la peur même et la paresse, on seroit surpris de voir les Souverains se jetter tête baissée dans des desseins, spécieux, à la vérité, mais qui n'ont quelquefois pas le moindre degré de possibilité. L'esprit humain s'attache avec tant de complaisance, disons plus, avec tant de fureur, à tout ce qui lui semble beau et brillant, qu'il seroit très-fâché qu'on lui fît sentir que ces objets n'ont souvent rien de réel, ni de solide ; mais en cela, comme en toute autre chose, il y a aussi l'excès contraire à éviter : c'est que comme on manque à exécuter les grandes choses, parce qu'on s'y porte trop foiblement, on manque aussi à les connoître et à les apprécier au juste, parce qu'on les mesure avec des regles trop raccourcies. J'ai été moi-même sur cet article plus difficile à persuader peut-être qu'aucun de ceux qui liront ces Mémoires, par un effet de ce caractere froid, précautionné et peu entreprenant, par lequel je me suis donné à connoître.

Je me souviens que la premiere fois que j'entendis le Roi me parler d'un système politique, par lequel on pouvoit partager et conduire toute l'Europe comme une famille, j'écoutai à peine ce Prince. M'imaginant qu'il ne parloit ainsi que pour s'égayer, ou peut-être pour se faire honneur de penser sur la politique avec plus d'étendue et de pénétration que le commun des hommes, ma réponse fut moitié sur le ton de plaisanterie, moitié sur celui de compliment. Henri n'alla pas plus loin pour cette fois. Il m'a souvent avoué depuis, qu'il m'avoit long-temps caché tout ce qui lui rouloit dans l'esprit sur cette matiere, par la honte qu'on a de proposer des choses qui peuvent paroître ridicules ou impossibles. Je fus étonné que quelque temps après, il remit entre nous deux la conversation sur ce même sujet, et que dans la suite, il revenoit d'année en année à m'en entretenir, avec des arrangemens et des éclaircissemens nouveaux.

J'avois été fort éloigné de m'en occuper sérieusement. Si mon esprit s'y étoit arrêté quelques instans, le premier aspect d'un dessein, qui supposoit la réunion de tous les Etats de l'Europe, des dépenses immenses, dans un temps où la France ne pouvoit subvenir à ses propres besoins, un enchaînement d'incidens qui me parut aller à l'infini; tout cela m'avoit fait aussi-tôt rejetter cette

cette pensée, comme inutile. Je me défiai même qu'il n'y eût ici quelque illusion. Je me rappellois quelqu'une de ces entreprises, dans lesquelles on avoit cru pouvoir intéresser l'Europe. Je m'arrêtois principalement à celles qu'avoient formées quelques-uns de nos Rois, sur de beaucoup moindres objets, et je me sentois dégoûté de celle-ci, par le mauvais succès de toutes les autres. La disposition des Princes de l'Europe à prendre ombrage de la France, dès que celle-ci leur auroit aidé à dissiper leurs craintes sur la trop grande puissance de l'Espagne, me paroissoit seule un obstacle insurmontable.

Fortement prévenu de cette idée, je ne cherchai plus qu'à détromper Henri, qui surpris de son côté, de ne me voir d'accord avec lui sur aucun point, entreprit d'abord et vint aisément à bout de me persuader que ce ne pouvoit être que par préjugé, que je blâmois ainsi indistinctement toutes les parties d'un projet, où il étoit sûr du moins que tout n'étoit pas blâmable. Je ne pus refuser à ses prieres de m'appliquer à le bien comprendre. Je m'en formai une idée plus juste, j'en rassemblai toutes les branches, que je liai entr'elles, j'en étudiai toutes les proportions, et, pour ainsi dire, toutes les dimensions; j'y trouvai une suite et une dépendance mutuelles, qui ne m'avoient point paru sensibles, tant que je n'avois envisagé la chose que confusément. L'utilité qui en résultoit pour toute l'Europe, fut ce qui me frappa davantage, comme ce qui est en effet le plus clair; mais les moyens furent, par la même raison, ce qui m'arrêta le plus long-temps, la situation générale des affaires en Europe et des nôtres en particulier, paroissant de tout point contraire à l'exécution : je ne faisois point assez d'attention que cette exécution pouvant être remise, autant qu'on le jugeroit à propos, nous avions pour nous y préparer, toutes les ressources que le temps offre à ceux qui sçavent en tirer parti. Je me convainquis à la fin que, quelle que parût être cette disproportion des moyens à l'effet, une suite d'années, pendant lesquelles on dirigeroit constamment vers son objet toutes ses démarches, tant dans les négociations, que dans la finance et le reste des choses nécessaires, applaniroit bien des difficultés. C'est en effet quelque chose de bien singulier, que ce point, qui paroissoit et étoit réellement le plus difficile de tous, est devenu enfin le plus facile.

Lorsque je me fus mis ainsi dans le véritable point de vue des choses, que j'eus tout pesé, tout calculé, et ensuite tout prévu et tout préparé, je me sentis persuadé que le dessein de Henri-le-Grand étoit tout ensemble juste dans son principe, possible et même facile dans toutes ses parties, et infiniment glorieux dans tous ses effets ; en sorte que, comme on l'a vu dans mille endroits de cet ouvrage, je fus le premier à rappeller le Roi à ses engagemens, et à faire valoir souvent contre lui-même ses propres raisons.

L'habitude où étoit ce Prince de porter continuellement ses vues sur tout ce qui étoit autour de lui, effet des conjectures singulierement tristes et embarrassantes où il s'étoit trouvé dans presque tous les instans de sa vie, lui avoit fait former ce dessein, dès le temps où, appellé à la couronne, par la mort du roi Henri III, il regarda l'abaissement de la maison d'Autriche, comme quelque chose d'absolument nécessaire pour pouvoir s'y soutenir. Si la premiere idée ne lui en vint pas d'Elisabeth (*), il est certain du moins

(*) M. le duc de Sully d'aujourd'hui possede l'original d'une fort belle lettre de Henri-le-Grand, qu'on présume avoir été écrite à la reine Elisabeth, quoique cette Reine ne soit nommée ni dans le corps de la lettre, ni dans la suscription qui porte ces mots : *A celle qui mérite un los immortel.* Les termes dans lesquels Henri parle de certain projet politique, qu'il appelle *la plus excellente et rare entreprise que créature sçût avoir préméditée en sa pensée ; chose plus céleste qu'humaine*, les louanges qu'il donne à *ce discours si bien lié, si rempli de démonstrations de ce qui seroit nécessaire pour le gouvernement des empires et monarchies ;* .... à ces *conceptions et résolutions, dont on ne doit attendre que des issues très-remarquables d'honneur et de gloire :* tout cela ne peut se rapporter qu'à la personne d'Elisabeth, ni tomber que sur le grand dessein dont il est question ici, et sur lequel la reine d'Angleterre venoit apparemment de commencer à s'ouvrir à Henri par lettres. Celle-ci est datée

que cette grande Reine l'avoit imaginé de son côté long-temps auparavant, comme un moyen de venger toute l'Europe des attentats de son ennemi commun. Les troubles qui remplirent toutes les années suivantes, la guerre qui leur succéda en 1595, celle qui survint contre la Savoie après la paix de Vervins, jetterent Henri dans des embarras, qui l'obligerent à renoncer à toute autre sorte d'affaires. Ce ne fut qu'après son mariage, et la paix étant bien affermie, qu'il put reprendre la pensée de son premier dessein, qui paroissoit plus impossible, ou du moins plus éloigné que jamais.

Il le communiqua néanmoins par lettres à Elisabeth ; et ce fut ce qui leur inspira une si forte envie de s'aboucher en 1601, lorsque cette Princesse vint à Douvres, et qu'il s'avança jusqu'à Calais. Ce que le cérémonial d'une semblable entrevue ne leur permit pas de faire, je l'ébauchai du moins dans le voyage qu'on a vu que je fis vers cette Princesse. Je la trouvai fortement occupée des moyens de faire réussir ce grand projet ; et malgré les difficultés qu'elle imaginoit dans ces deux points principaux, la conciliation des Religions et l'égalité des puissances, elle me parut ne point douter qu'on ne pût le faire réussir. Elle

---

de Paris, du quinzieme jour de Juillet, mais sans date d'année.

se rassuroit sur un motif, dont j'ai bien connu depuis toute la justesse ; c'est que ce plan n'ayant après tout rien de contraire qu'aux vues de quelques Princes ambitieux, et connus pour tels dans l'Europe, cette difficulté, qui en faisoit mieux sentir la nécessité, en achemineroit aussi, plutôt qu'elle n'en retarderoit le succès. Elle disoit encore, qu'il auroit été à souhaiter qu'il eût pu s'exécuter par toute autre voie que par celle des armes, qui a toujours quelque chose d'odieux ; mais qu'elle convenoit que du moins on ne pouvoit guères le commencer autrement. Une très-grande partie des articles, des conditions et des différens arrangemens, est due à cette Reine, et montre bien que du côté de la pénétration, de la sagesse et de toutes les autres qualités de l'esprit, elle ne cédoit à aucun des Rois les plus dignes de porter ce nom.

On ne peut regarder que comme un très-grand malheur, que Henri ne pût point dès ce moment-là seconder les intentions de la reine d'Angleterre, qui vouloit que sans perdre un moment, on mît la main à l'œuvre ; mais à peine osoit-il espérer, lorsqu'il jettoit ainsi les fondemens de cet édifice, de voir le temps d'y mettre la derniere main. Le rétablissement de son royaume, dans toutes les parties par où il étoit affligé, étoit un ouvrage de plusieurs années, et malheureusement il en avoit déjà quarante-huit, avant qu'il eût pu y travailler. Il ne laissa pas de le presser avec toute l'ardeur possible. L'édit de Nantes avoit déjà été fait dans cette vue. Tous les autres moyens de s'attirer le respect et la confiance des Princes de l'Europe, commencerent aussi à être mis en œuvre, en même temps que nous nous appliquions lui et moi avec une patience infatigable, à l'arrangement intérieur du royaume. La mort du roi d'Espagne nous parut l'événement le plus heureux pour notre dessein ; mais celle d'Elisabeth y porta un coup si sensible, qu'il s'en fallut peu qu'elle ne nous le fît abandonner tout-à-fait. Henri n'attendoit point des rois du Nord, ni du roi Jacques, successeur de cette Princesse, lorsqu'il eut connu le caractere de son esprit, qu'aucun d'eux consentît d'aussi bonne grace que faisoit la reine d'Angleterre, à partager ce fardeau avec lui. Cependant les nouveaux alliés qu'il gagnoit chaque jour en Allemagne et dans l'Italie même, le consolerent un peu de cette perte. La treve des Pays-Bas avec l'Espagne, peut aussi être mise au nombre des incidens peu favorables.

Mais si nous voulions compter ensuite tout ce qui survint d'obstacles dans l'intérieur du royaume, de la part des Protestans, des Catholiques, du Clergé, du Conseil même de sa Majesté, il pourroit sembler que tout conspirât à le faire échouer. Croiroit-on que Henri n'eût pas pu trouver un seul homme avec moi dans tout son Conseil, auquel il ne risquât rien à dévoiler le fond de ses projets? et que tout le respect qu'on lui devoit, empêchoit à peine de traiter d'extravagance le peu qu'il se hasarda, avec toute la circonspection possible, d'en découvrir à ceux qui paroissoient les plus dévoués à toutes ses volontés? Rien ne le rebuta. Plus habile politique et meilleur juge que tout son Conseil, et que tout son royaume, dès qu'il vit que malgré tous ces obstacles, les affaires se mettoient d'elles-mêmes au-dedans comme au-dehors dans une situation favorable, il tint le succès pour infaillible.

Etoit-ce au fonds une grande témérité que d'en juger ainsi? Qu'est-ce que ce Prince exigeoit de l'Europe en cette occasion? Rien autre chose, sinon qu'elle se prête aux moyens qu'il a imaginés pour la placer dans la position où elle tend depuis long-temps par tous ses efforts, à se voir établie. On le lui facilite, et sans qu'il lui en coûte, à beaucoup près, ce qu'une grande partie de ses Princes auroit volontiers sacrifié, et même a souvent sacrifié, pour un avantage beaucoup moins réel, moins certain et moins durable. Le profit qu'on leur assure, outre le bien inestimable de la paix, surpasse de beaucoup la dépense à laquelle on les engage. Quelle raison, encore un coup, voit-on qu'ils puissent avoir de s'y opposer ? et s'ils ne s'y opposent pas, que fera la maison d'Autriche contre des puissances, à qui l'envie et le plaisir de la dépouiller d'un bien dont elle ne s'est servie jusqu'ici que pour les opprimer, suscite autant d'ennemis déclarés, qu'elle en a de secrets; c'est-à-dire, l'Europe entiere? On ne laisse à ces Princes aucun sujet de jalousie contre celui qui leur rend leur liberté ; puisque ce libérateur, bien loin de chercher un dédommagement de toutes les dépenses que sa générosité lui fait faire, se met encore volontairement et pour toujours dans l'impuissance de rien ajouter à son royaume, par voie de conquête, et même par les moyens les plus légitimes. Il a trouvé le secret de persuader tous ses voisins, que son unique objet est de s'épargner, ainsi qu'à eux, ces sommes immenses, que leur coûtent à entretenir tant de milliers de gens de guerre, tant de places fortifiées et tant d'autres dépenses militaires ; de les délivrer pour jamais de la crainte de ces catastrophes sanglantes, si communes en Europe ; de leur procurer un repos inaltérable ; enfin, de les unir tous par un lien indissoluble : en sorte que tous ces Princes eussent pu après cela vivre entre eux comme des freres, et se visiter les uns les autres comme de bons voisins, sans l'embarras du cérémonial, sans la dépense d'un train, qu'on n'expose que pour éblouir, souvent pour cacher sa misere. N'est-ce pas en effet une honte et une tache pour des peuples si policés, que toute leur prétendue sagesse n'ait pu jusqu'à présent, je ne dis pas leur procurer la tranquillité, mais les sauver des fureurs qu'ils détestent dans les nations les plus sauvages et les plus barbares ? Pour prévenir ces cruels événemens, pour étouffer dans leur germe ces semences pernicieuses de confusion et de bouleversement, pouvoit-on rien imaginer de plus heureux que le projet de Henri-le-Grand, et pouvoit-on y apporter plus de précautions ?

Voilà tout ce qu'on peut raisonnablement exiger. Il n'est au pouvoir de l'humanité, que de préparer et d'agir; le succès est l'ouvrage d'une main plus puissante. Un préjugé si avantageux pour le projet dont il est question, que les personnes sensées ne pourroient être blâmées d'en juger par cela seul, c'est qu'il a été entrepris par les deux têtes couronnées, que la postérité regardera comme les plus excellens modeles dans l'art de regner : j'ajoute sur la personne de Henri en particulier, que c'est aux Princes instruits comme lui par l'adversité, qui n'ont presque jamais trouvé que des obstacles dans leur chemin, que c'est, dis-je, à ces Princes, qu'il appartient de juger des vrais obstacles, et qu'on peut déférer sans crainte à leur sentiment, sur-tout lorsqu'on les voit prêts à exposer leur vie pour le soutenir. Pour moi, je regretterai toujours que la France, en perdant ce grand Prince, se soit vue enlever du même coup, une gloire bien supérieure à celle dont son regne l'avoit comblée (*). Il reste à expliquer en détail toutes les parties de ce dessein, et comment il devoit s'exécuter. Commençons par ce qui regarde la Religion.

Deux Religions ont cours dans l'Europe chrétienne ; la Religion romaine et la Religion réformée ; mais comme celle-ci a admis plusieurs modifications dans son culte, qui la rendent, sinon aussi différente de la Religion romaine, du moins aussi éloignée de se réunir, il faut nécessairement la partager en deux Religions, à la premiere desquelles on conservera son nom de réformée, et l'autre pourra s'appeller la Religion protestante. Ces trois Religions regnent en Europe d'une maniere très-variée. L'Italie et l'Espagne sont demeurées en possession de la Religion romaine, sans mélange d'aucune autre. La Religion réformée ne subsiste en France avec la Romaine, qu'à la

---

(*) On juge aisément sur tout cet exposé, quelle foi l'on doit ajouter au témoignage de Siri, *ibid.* lorsqu'il donne à entendre que Henri-le-Grand n'étoit possédé uniquement que de la passion d'amasser des trésors ; qu'il fallut que son Ministre le forçât comme malgré lui à entrer dans le projet, et que le duc de Sully, qu'il croit en être le seul auteur, n'y étoit lui-même si fort attaché, que par pure opiniâtreté, et peut-être pour son propre intérêt.

faveur des édits, et y est la plus foible. L'Angleterre, le Danemarck, la Suede, les Pays-Bas, la Suisse, sont aussi mêlangés ; avec la différence que c'est la Religion protestante qui y domine : les autres n'y sont que tolérées. L'Allemagne les réunit toutes trois, et même dans plusieurs de ses cercles, les regarde de même œil, ainsi que la Pologne. Je ne parle point de la Moscovie, ou Grande-Russie. Ces vastes pays, qui n'ont pas moins de six cent lieues de long, sur quatre cent de large, étant en grande partie encore idolâtres, et en partie schismatiques, comme les Grecs et les Arméniens, mais avec mille pratiques superstitieuses, qui ne leur laissent presqu'aucune conformité avec nous ; outre qu'ils appartiennent à l'Asie, pour le moins autant qu'à l'Europe, on doit presque les regarder comme un pays barbare, et les mettre dans la même classe que la Turquie, quoique depuis cinq cent ans on lui donne rang parmi les puissances chrétiennes.

Chacune de ces trois Religions se trouvant aujourd'hui établie en Europe, de maniere qu'il n'y a aucune apparence qu'on pût venir à bout d'y en détruire aucune des trois, et que l'expérience a suffisamment montré l'inutilité et les dangers de cette entreprise, il n'y a rien de mieux à faire, que de les y laisser subsister toutes trois, et même de les fortifier; de maniere cependant que cette indulgence ne puisse dans la suite ouvrir la porte à tout ce que le caprice pourroit faire imaginer de faux dogmes, qu'on doit avoir un soin particulier d'étouffer dans leur naissance. Dieu, en paroissant visiblement soutenir ce qu'il plaît aux Catholiques d'appeller la nouvelle Religion, nous enseigne cette conduite qui n'est pas moins conforme aux préceptes de la sainte Ecriture, que confirmée par ses exemples; et d'ailleurs, la difficulté insurmontable de faire recevoir l'autorité du Pape dans les lieux où elle n'est plus reconnue, rend ce point de toute nécessité. Plusieurs Cardinaux, également éclairés et zélés, et même quelques Papes, tels que Clément VIII et Paul V, en sont convenus.

Il ne s'agit donc plus que de bien affermir ceux de ces peuples qui ont fait choix d'une Religion, dans le principe où ils sont, qu'il n'y a rien de si pernicieux en toute maniere, que le libertinage dans la croyance; et pour ceux qui en ont embrassé plusieurs, ou qui les pratiquent toutes, d'y maintenir l'ordre qu'ils ont jugé suffisant contre les abus ordinaires d'une tolérance, qui apparemment leur est utile par d'autres endroits. Ainsi l'Italie s'étant tenue attachée à la Religion romaine, et étant d'ailleurs le séjour des Papes, je conviens que cette Religion doit y être conservée dans toute sa pureté; et ce n'est point une tyrannie, que

LIVRE XXX.

d'obliger les naturels du pays à s'accommoder à cette loi, ou à en sortir, s'ils croient ne devoir pas la suivre. On peut dire la même chose à-peu-près de l'Espagne. Dans les Etats, tels que la France, où l'on veut du moins qu'il y ait une Religion dominante, le tempérament à apporter, est de permettre d'en sortir, si l'on trouve trop sévéres les réglemens par lesquels la Religion calviniste seroit toujours dans la subordination de la Religion du Prince. Tous les autres n'ont pas besoin de nouvelles regles : nulle violence sur ce point : liberté entiere, puisque cette liberté y a passé en principe même du gouvernement.

Tout se réduit, comme on voit, sur cet article, à un très-petit nombre de maximes, d'autant plus sûres, qu'elles ne combattent le goût de personne. Les Protestans sont fort éloignés de prétendre faire embrasser de force leur Religion à ceux de leurs voisins qui ne s'en accommodent pas. Les Catholiques pensent sans doute de même; et l'on ne fait aucun tort au Pape, en l'excluant de ce qu'il convient qu'il ne possede plus depuis long-temps. Ce sacrifice de droits chimériques, seroit plus que suffisamment payé par la dignité royale dont il doit être revêtu, et par l'honneur de servir après cela de médiateur à tous les Princes chrétiens; qualité dont il jouiroit alors sans jalousie, et à laquelle on ne peut nier que cette cour ne soit, par sa sagesse, la plus propre de toutes.

Un autre point du plan politique qui concerne encore la Religion, regarde les Princes infideles de l'Europe, et consiste à en chasser entiérement ceux qu'on ne voit nulle apparence de pouvoir amener à aucune des Religions chrétiennes. Si le grand-duc de Moscovie, ou czar de Russie, qu'on croit être l'ancien knés de Scythie, refuse d'entrer dans l'association, après qu'on la lui aura proposée, on le doit traiter comme le sultan de Turquie; le dépouiller de ce qu'il possede en Europe, et le reléguer en Asie, où il pourra, sans que nous nous en mêlions, continuer tant qu'il voudra, la guerre qu'il a presque continuellement avec les Persans et les Turcs.

Pour venir à bout de cette entreprise, qui ne paroît avoir rien de difficile, d'abord qu'on suppose que tous les Princes chrétiens y concourent unanimement, il n'est question que d'engager chacun d'eux à se taxer lui-même pour l'entretien des gens de guerre, et pour toutes les autres choses nécessaires à la faire réussir. En attendant que le conseil général, dont il sera parlé plus bas, eût spécifié toutes ces valeurs, voici quelles étoient à cet égard les idées de Henri-le-Grand. Le Pape fourniroit pour cette expédition, huit mille hommes d'infanterie, douze cent hommes de cavalerie, dix canons et autant de galeres. L'Empereur et les cercles d'Allemagne, soixante mille hommes d'infanterie, vingt mille de cavalerie, cinq gros canons, dix galeres ou vaisseaux. Le roi de France, vingt mille hommes d'infanterie, quatre mille de cavalerie, vingt canons, dix vaisseaux ou galeres. L'Espagne, la Grande-Bretagne, le Danemarck, la Suede, la Pologne, pareil nombre que la France, avec le seul égard de compenser différemment entre ces couronnes, suivant les commodités, le fournissement de ce qui appartient au service de mer. Le roi de Boheme, cinq mille hommes d'infanterie, quinze cent de cavalerie, cinq canons. Le roi de Hongrie, douze mille hommes d'infanterie, cinq mille de cavalerie, vingt canons, six vaisseaux. Le duc de Savoie, c'est-à-dire, le roi de Lombardie, huit mille hommes d'infanterie, quinze cent de cavalerie, huit canons, six galeres. La république de Venise, dix mille hommes d'infanterie, douze cent de cavalerie, dix canons, vingt-cinq galeres. La république Helvétique, quinze mille hommes d'infanterie, cinq mille de cavalerie, douze canons. La république Belgique, douze mille hommes d'infanterie, douze cent de cavalerie, douze canons, autant de vaisseaux. La république Italique, dix mille hommes d'infanterie, douze cent de cavalerie, dix canons, huit galeres. Le tout ensemble composeroit environ deux cent soixante-dix mille hommes d'infanterie, cinquante mille hommes de cavalerie, deux cent canons, et cent vingt vaisseaux ou galeres soudoyés, équipés et entretenus aux frais de tous ces Etats, chacun suivant leur portion.

Cet armement des Princes et Etats de l'Europe, paroît si peu considérable, et si peu gênant, comparé aux forces qu'ils sont dans l'usage de tenir sur pied contre leurs voisins ou contre leurs sujets, que quand il auroit dû subsister perpétuellement, il n'y auroit eu à cela aucun inconvénient ; ç'auroit même été une excellente école pour la guerre. Mais outre que les entreprises auxquelles on le destinoit, n'auroient pas toujours duré, on auroit pu diminuer le nombre et les frais, à proportion des besoins, qui n'auroient pas toujours été les mêmes. Je suis persuadé cependant, que cette idée auroit été si fort du goût de tous ces Princes, qu'après qu'ils auroient conquis par ce moyen, tout ce qu'ils ne devoient pas souffrir qu'aucun étranger partage avec eux en Europe, ils auroient cherché à y joindre les parties de l'Asie, le plus à leur commodité, et sur toute la côte entiere d'Afrique, trop voisine de nos Etats, pour n'en être pas incommodés. Une précaution unique à prendre, par rapport à tous les pays conquis, eût été d'y fonder de nouveaux royaumes, qu'on déclareroit unis à la république chrétienne, et qu'on distribueroit

distribueroit à différens Princes, en excluant soigneusement ceux qui tiendroient déjà rang parmi les Souverains de l'Europe.

La partie du dessein purement politique, rouloit presque toute entiere sur un premier préliminaire, qui n'auroit, ce me semble, souffert guères plus de difficulté que l'article précédent ; c'étoit de dépouiller la maison d'Autriche de l'empire de tout ce qu'elle possede en Allemagne, en Italie et dans les Pays-Bas; en un mot, de la réduire au seul royaume d'Espagne renfermé entre l'Océan, la Méditerranée et les Pyrénées; auquel on auroit laissé seulement, pour le rendre égal aux autres grandes dominations monarchiques de l'Europe, la Sardaigne, Maïorque, Minorque et autres isles sur ces côtes; les Canaries, les Açores et le Cap-Vert, avec ce qu'il possede en Afrique; le Mexique, avec les isles de l'Amérique qui lui appartiennent; pays qui suffiroient seuls à fonder de grands royaumes : enfin les Philippines, Goa, les Moluques, et ces autres possessions en Asie.

Sur quoi il se présente à l'esprit l'idée d'un moyen propre à dédommager la maison d'Autriche de tout ce qu'on lui ôtoit en Europe ; c'étoit de le lui faire regagner dans les trois autres parties du monde, en lui aidant à s'emparer, et en la déclarant l'unique propriétaire de tout ce que nous y connoissons d'habitable, et qu'on y pourroit découvrir dans la suite. On suppose pour cela qu'elle n'auroit pas obligé, par sa résistance, à employer la force contr'elle; et même, dans cette supposition, ce n'étoit point au Prince de cette maison, regnant en Espagne, qu'il eût fallu assujettir ainsi les trois parties du monde, mais à différens Princes de la même ou de plusieurs branches; lesquels après cela, n'eussent été tenus qu'à l'hommage envers la couronne d'Espagne, ou tout au plus à un tribut, tel que l'exigeoient les anciens conquérans. Par-là cette maison, qui veut être la plus puissante du monde, auroit pu continuer à se flatter de cet avantage, sans que les autres lui eussent envié cette prétendue grandeur.

Les vues de la maison d'Autriche pour la monarchie universelle, mises en évidence par toutes les démarches qu'elle a fait faire à Charles-Quint et à son fils, ont rendu la sévérité de ce traitement aussi juste que nécessaire; et je dis de plus, qu'elle-même n'auroit eu aucun sujet raisonnable de s'en plaindre. Il est vrai qu'on lui enleve l'empire; mais auquel, à parler juste, elle n'a pas plus de droit que tous les Princes d'Allemagne, et même de l'Europe. Si la chose avoit besoin d'être prouvée, il ne faudroit que lui rappeller à quelles conditions Charles-Quint lui-même, le plus puissant d'eux tous, fut reconnu Empereur; conditions qu'il jura solemnellement d'observer, à Smalcalde, en présence de sept Electeurs ou Princes, et des députés de vingt-quatre villes protestantes, le landgrave de Hesse et le prince d'Anhalt, portant la parole pour tous. Il jura, dis-je, de ne jamais déroger en rien aux loix reçues dans l'empire, et nommément à la fameuse bulle d'or, portée sous Charles IV, sauf à les amplifier, mais par le conseil et du consentement exprès des Princes souverains d'Allemagne, de ne toucher à aucun de leurs privileges; de n'introduire aucun étranger au conseil; de ne faire ni guerre, ni paix, sans leur aveu; de ne donner les charges et dignités qu'à des Allemands naturels; de ne se servir pour les dépêches, que de la seule langue allemande; de ne point établir d'impôts de son seul mouvement; de n'appliquer aucune des conquêtes à son profit particulier. Il renonça formellement sur-tout, à l'hérédité de la dignité impériale dans sa maison; et conformément au second article de la bulle d'or, il jura qu'il ne feroit point reconnoître de roi des Romains, de son vivant. Lorsque les Protestans d'Allemagne, après en avoir presque chassé Ferdinand, consentirent à lui déférer la couronne impériale, ils renouvellerent soigneusement avec lui tous ces articles, et les lui firent jurer, avec de nouveaux réglemens pour le libre exercice de leur religion.

Quant aux possessions de la maison d'Autriche

dans l'Allemagne, l'Italie et les Pays-Bas, qu'on lui ôte aussi : pour ne rien dire ici de ce qu'elle n'y doit qu'à une usurpation tyrannique, on ne la prive après tout, que de pays qui sont pour elle le sujet de si grandes dépenses (je parle sur-tout de l'Italie et des Pays-Bas) que tous ses trésors des Indes n'y ont pas suffi ; et d'ailleurs, on l'indemnise par des établissemens aussi considérables pour le moins, et certainement beaucoup plus riches, en lui cédant le privilege exclusif, dont je viens de parler, de s'étendre dans les trois autres parties du monde, d'y fonder de nouvelles dominations, de s'en approprier les mines et les trésors, ce qui ne doit pas pourtant s'entendre, comme si l'on y interdisoit tout commerce aux autres nations de l'Europe; au contraire, il devoit être libre et ouvert à tout le monde, et cette stipulation, qui est des plus importantes, est plutôt un nouvel avantage pour elle, qu'une restriction faite à ses droits.

Je n'ai aucune peine à croire, en examinant cet arrangement, que la maison d'Autriche auroit accepté ces conditions, sans obliger à tirer l'épée contr'elle. Mais le contraire supposé, à quoi lui eût servi sa résistance ? La promesse faite à tous les Princes de l'Europe, de les enrichir de ce qu'on lui enlevoit, ne lui laissant d'espérance de secours de la part d'aucun d'eux.

Il y avoit donc ici à gagner pour tout le monde, et c'est ce qui assuroit la réussite du dessein de Henri-le-Grand. L'Empire redevenoit une dignité, à laquelle tous les Princes, et nommément ceux d'Allemagne, pouvoient prétendre, et une dignité d'autant plus flatteuse, quoique, suivant sa premiere institution, on n'y attachât aucun fonds, que l'Empereur étoit déclaré chef et premier magistrat de la république chrétienne, qu'on étendoit à cet égard tous ses privileges, bien loin de les diminuer; parce qu'on supposoit que cet honneur ne seroit plus déféré dans la suite qu'au plus digne, et qu'on lui donnoit une autorité plus marquée sur les républiques Belgique et Helvétique, obligées de le reconnoître à chaque mutation, par l'hommage respectueux. L'élection de l'Empereur demeuroit entre les mains des Electeurs, ainsi que la nomination du roi des Romains, avec la restriction, qu'ils ne pourroient le prendre deux fois de suite dans la même famille. Pour cette fois-ci, on étoit convenu d'en gratifier l'électeur de Baviere, qui gagnoit outre cela dans le partage, les apanages de la maison d'Autriche, qui l'avoisine du côté de l'Italie.

Le reste de ces apanages auroit été séparé avec équité par les rois de France, d'Angleterre, de Danemarck et de Suede, entre les Vénitiens, les Grisons, le duc de Wirtemberg, et les marquis de Bade-Anspach et Bade-Dourlach. On auroit fait de la Boheme un royaume électif, en y joignant la Moravie, la Silésie et la Lusace. La Hongrie seroit aussi devenue un royaume électif, à la nomination du Pape, de l'Empereur, des rois de France, d'Espagne, d'Angleterre, de Danemarck, de Suede et de Lombardie ; et parce que ce royaume devoit être regardé comme le boulevart de la Chrétienté, on se seroit attaché à le rendre le plus puissant et le plus en état de résister aux infideles, en y ajoutant dès-à-présent l'archiduché d'Autriche, la Stirie, Carinthie et Carniole, et en y incorporant dans la suite, tout ce que l'on conquerroit en Transilvanie, Bosnie, Esclavonie et Croatie. Les mêmes Electeurs se seroient obligés, par serment, de l'assister particuliérement, et ils auroient eu grand soin de ne jamais l'accorder à la brigue, mais d'en revêtir un Prince, connu par ses grandes qualités, surtout pour la guerre. La Pologne étant dans le même cas à-peu-près que la Hongrie, à cause du voisinage du Turc, du Moscovite et du Tartare, elle seroit pareillement devenue un royaume électif par les mêmes huit Potentats, et l'on auroit augmenté ses forces, en lui appliquant toutes les conquêtes sur les infideles, qui confinent ses frontieres, et en terminant à son avantage les disputes qu'elle a avec ses voisins. La Suisse, accrue de la

Franche-Comté, de l'Alsace, du Tirol et autres dépendances, auroit été érigée en république souveraine, gouvernée par un conseil ou sénat, dont l'Empereur, les Princes d'Allemagne et les Vénitiens auroient été nommés sur-arbitres.

Les changemens à faire en Italie, consistoient en ce que le Pape seroit déclaré tenir rang parmi les monarques de l'Europe, et qu'il posséderoit à ce titre Naples, la Pouille, la Calabre et toutes leurs dépendances, unies au patrimoine de saint Pierre, sans pouvoir jamais en être aliénés. Le seul cas d'opposition de la part du saint Pere, qu'on ne doit pourtant pas présumer, auroit obligé à changer cet ordre, et à partager le royaume de Naples en deux portions, dont les mêmes Rois électeurs auroient disposé d'un commun accord. La Sicile seroit cédée à la république de Venise, par lettres émanées des huit mêmes principaux Potentats; à la charge d'en rendre l'hommage à chaque Pape, qui acquéroit le titre de chef immédiat de toute la république Italique, appellée autrement par cette raison, *la république de l'Eglise*. Les autres membres de cette république, seroient les seigneuries de Gênes, Florence, Mantoue, Modene, Parme, Lucques, gouvernées comme elles le sont actuellement, Bologne et Ferrare, érigées en villes libres, et toutes ces seigneuries auroient rendu tous les vingt ans hommage au Pape, leur chef, par le don solidaire d'un crucifix de dix mille écus.

De trois grandes républiques de l'Europe, celle-ci paroît, du premier coup-d'œil, devoir être la plus brillante et la plus riche, ce qui n'est pas cependant, parce qu'on n'y comprend point ce qui appartiendroit au duc de Savoie. Cet Etat seroit rendu l'une des grandes monarchies de l'Europe, héréditaire aux filles comme aux mâles, portant le nom de royaume de Lombardie; dans lequel, outre le pays ainsi appellé, seroient encore compris le Milanois et le Montferrat, pour lequel on donneroit au duc de Mantoue le duché de Crémone; il y auroit acte authentique de cette érection, de la part du Pape, de l'Empereur, et des puissances monarchiques de la république chrétienne.

La France, comme on le voit, ne se réservoit rien pour elle-même dans ces différens démembremens, que la seule gloire de les distribuer avec équité. Henri en avoit fait la déclaration dès long-temps auparavant. Il disoit même quelquefois, avec autant de modération que de bon sens, que cet ordre une fois établi, il auroit volontiers remis la question de l'étendue que devoit avoir la France, à la pluralité des suffrages (*). Cepen-

___
(*) Que veut donc dire Siri, lorsqu'il nous entretient

LIVRE XXX.

dant comme les pays d'Artois, de Hainaut, Cambrai, le Cambresis, le Tournaisis, Namur et Luxembourg, ne convenoient bien qu'à elle, ils lui étoient cédés ; mais pour en gratifier, en dix portions, dix princes ou seigneurs François, ayant titre de souverains.

L'Angleterre étoit précisément dans le même cas, c'étoit un point arrêté entre les deux Princes, auteurs du projet, Elisabeth et Henri ; sur la remarque qu'avoit apparemment faite cette Reine, que les isles Britanniques, dans les différens états par où elles ont passé, d'une ou de plusieurs monarchies, électives, héréditaires, masculines ou féminines, parmi la variation de leurs loix et de leur police, n'avoient jamais éprouvé de revers ni de véritables malheurs, que lorsque leurs Souverains avoient voulu sortir de leur petit continent. Il semble en effet qu'ils y sont comme concentrés par la nature même, en sorte qu'il ne tient qu'à eux d'être heureux, sans avoir rien à démêler avec personne ; pourvu qu'ils se bornent à maintenir en paix les trois peuples qui leur sont soumis, en les gouvernant chacun selon leurs privileges et leurs

---

des desseins qu'il avance faussement qu'avoit Henri-le-Grand, tantôt de joindre la Lorraine à la France, *tom.* 1, *pag.* 555, tantôt de se faire céder la Savoie, *tom.* 2, *pag.* 61 ? Ce qu'il dit des dispositions du Pape, des Vénitiens, &c. n'est pas plus vrai, *tom.* 2, *pag.* 180. Il semble que cet écrivain soit aux gages de la maison d'Autriche.

coutumes. Pour faire tout égal entre la France et l'Angleterre, on prenoit dans le duché de Limbourg, le Brabant, la jurisdiction de Malines et autres dépendances de la Flandre Flamande, Gallicane, ou Impériale, de quoi composer huit fiefs souverains pour huit Princes ou Milords de cette nation.

Ces deux portions exceptées, tout le reste des dix-sept Provinces-Unies, appartenant ou non appartenant à l'Espagne, étoit érigé en corps d'Etat libre et indépendant, sous le nom de *république Belgique*. Il faut pourtant encore en retrancher un fief, portant titre de principauté, accordé au prince d'Orange, et quelques autres semblables indemnités de peu de valeur, pour trois ou quatre autres personnes. La succession de Cleves étoit partagée entre les Princes que l'Empereur en vouloit dépouiller ; c'étoit le moyen qu'on avoit de les gratifier aux dépens de la maison d'Autriche, ainsi que quelques autres Princes dans ce canton, auxquels on abandonnoit les villes impériales qui y sont situées. La Suede même et le Danemarck, quoique la loi que s'étoient imposée la France et l'Angleterre, dût leur être commune avec ces deux couronnes, trouvoient encore dans cette distribution, de quoi se procurer plus d'étendue et de commodité. Les troubles perpétuels qui agitent ces deux Etats, auroient pris fin, et c'étoit, ce me semble, leur rendre un assez grand service. Toutes ces cessions, échanges et transports au nord de l'Allemagne devoient être faits à l'arbitrage des rois de France, d'Angleterre et de Lombardie, et de la république de Venise.

On comprend présentement quel étoit l'objet du nouveau plan : c'étoit de partager avec proportion toute l'Europe, entre un certain nombre de puissances, qui n'eussent eu rien à envier les unes aux autres du côté de l'égalité, ni rien à craindre du côté de l'équilibre. Le nombre en étoit réduit à quinze, et elles étoient de trois especes, sçavoir, six grandes dominations monarchiques héréditaires ; cinq monarchiques électives ; et quatre républiques souveraines. Les six monarchiques héréditaires étoient la France, l'Espagne, l'Angleterre ou Grande-Bretagne, le Danemarck, la Suede et la Lombardie ; les cinq monarchiques électives, l'Empire, la Papauté ou le Pontificat, la Pologne, la Hongrie et la Boheme ; les quatre républiques, la république de Venise ou seigneuriale, la république d'Italie, qu'on peut de même nommer ducale, à cause de ses Ducs, la république Suisse, Helvétique ou confédérée, et la république Belgique, autrement provinciale.

Les loix et les statuts propres à cimenter l'union de tous ces membres entr'eux, et à y maintenir l'ordre une fois établi ; les sermens et engagemens réciproques, tant sur la religion, que sur la politique; les assurances mutuelles pour la liberté du commerce; les mesures pour faire tous ces partages avec équité, et au contentement général des parties; tout cela se sous-entend de soi-même, sans qu'il soit besoin que je m'étende beaucoup sur les précautions qu'avoit prises Henri, à tous ces égards. Il ne pouvoit survenir au plus que quelques petites difficultés de détail, qui auroient été aisément levées dans le conseil général, représentant comme les Etats de toute l'Europe, dont l'établissement étoit sans doute l'idée la plus heureuse qu'on pût former, pour prévenir les changemens que le temps apporte souvent aux réglemens les plus sages et les plus utiles.

Le modele de ce conseil général de l'Europe, avoit été pris sur celui des anciens Amphictions de la Grece, avec les modifications convenables à nos usages, à notre climat, et au but de notre politique. Il consistoit en un certain nombre de commissaires, ministres ou plénipotentiaires, de toutes les dominations de la république chrétienne, continuellement assemblés en corps de sénat pour délibérer sur les affaires survenantes, s'occuper à discuter les différens intérêts, pacifier les querelles, éclaircir et vuider toutes les affaires civiles, politiques et religieuses de l'Europe, soit avec elle-même, soit avec l'étranger. La forme et les procédures de ce sénat, auroient été plus particuliérement déterminées par les suffrages de ce sénat lui-même. L'avis de Henri étoit qu'il fût composé, par exemple, de quatre commissaires, pour chacun des Potentats suivans, l'Empereur, le Pape, les rois de France, d'Espagne, d'Angleterre, de Danemarck, de Suede, de Lombardie, de Pologne, la république Vénitienne; et de deux seulement, pour les autres républiques et moindres puissances, ce qui auroit fait un sénat d'environ soixante-six personnes, dont le choix auroit pu se renouveller de trois ans en trois ans.

A l'égard du lieu, on décideroit s'il étoit plus à propos que ce conseil fût permanent, qu'ambulatoire, divisé en trois, que réuni. Si on le partageoit par portions de vingt-deux magistrats chacune; leur séjour devoit être dans trois endroits, qui fussent comme autant de centres commodes, tels que Paris ou Bourges, pour l'une; Trente ou Cracovie, ou leurs environs, pour les deux autres. Si l'on jugeoit plus expédient de ne point le diviser; le lieu d'assemblée, soit qu'il fût fixe ou ambulatoire, devoit être à-peu-près le cœur de l'Europe, et être par conséquent fixé dans quelqu'une des quatorze villes suivantes, Metz, Luxembourg, Nancy, Cologne, Mayence, Treves, Francfort, Wirtzbourg, Heidelberg, Spire, Worms, Strasbourg, Basle, Besançon.

Je crois qu'outre ce conseil général, il eût encore convenu d'en former un certain nombre de moindres, pour la commodité particuliere de différens cantons. En en créant six, on les auroit placés, par exemple, à Dantzick, à Nuremberg, à Vienne en Allemagne, à Bologne en Italie, à Constance, et le dernier dans l'endroit jugé le plus commode pour les royaumes de France, d'Espagne et d'Angleterre, et la république Belgique, qu'il regardoit plus particuliérement. Mais quels que fussent le nombre et la forme de ces conseils particuliers, il étoit de toute utilité qu'ils ressortissent par appel au grand conseil général, dont les arrêts auroient été autant de décrets irrévocables et irréformables, comme étant censés émaner de l'autorité réunie de tous les Souverains, prononçant aussi librement qu'absolument.

Mais laissons tout ce qui se borne à des spéculations, auxquelles l'expérience et la pratique auroient pu apporter bien des changemens, et venons aux moyens employés par Henri, pour faciliter l'exécution de son grand dessein. J'éviterai, autant qu'il se pourra, de répéter ce qu'on a lu en différens endroits de ces Mémoires.

Il avoit toujours paru à Henri de la derniere conséquence, de pouvoir s'assurer de quelqu'un des plus puissans Princes de l'Europe, pour concerter avec lui tous ses projets; c'est ce qui fit

LIVRE XXX.

qu'après la mort d'Elisabeth, qui avoit uni d'un nœud indissoluble l'intérêt des deux couronnes de France et d'Angleterre, on mit tout en œuvre pour faire passer tous ses sentimens au roi Jacques, son successeur. Si j'avois pu y réussir dans l'ambassade solemnelle, dont j'ai rapporté les particularités, jusqu'à faire consentir ce Prince, que son nom parût tout ouvertement à côté de celui de Henri; cette fraternité d'armes, sur-tout si elle avoit été grossie de la même maniere, des noms des rois de Danemarck et de Suede, auroit épargné la peine et les difficultés de bien des négociations. Il fallut se contenter, comme on l'a vu, auprès du roi d'Angleterre, des mêmes promesses qu'on exigeoit dans les autres cours; c'est-à-dire, que non-seulement il ne s'opposeroit point à la confédération, mais encore, qu'après que Henri auroit rendu ses desseins publics, il se déclareroit pour nous, et contribueroit de la même maniere que les autres intéressés; ce qu'on gagna à la fin d'autant plus aisément, qu'on trouva un tempérament qui ne coûtoit rien à la paresse naturelle de ce Prince, qui fut de faire exécuter par le prince de Galles, son fils, ce qu'il balançoit à entreprendre sous son nom. Si-tôt que celui-ci eut obtenu de son pere, que du moins il fermeroit les yeux sur ses démarches, il prévint tous les desirs de Henri, animé du desir d'acquérir de la gloire;

et de se rendre en même-temps digne de l'estime de Henri, et de son alliance; car il devoit épouser l'aînée des filles de France. Il m'en écrivit plusieurs fois, et m'en fit écrire par Saint-Antoine, en ces termes : il y ajouta que le roi de France pouvoit compter sur six mille hommes d'infanterie et quinze cent chevaux, qu'il s'obligeoit de lui mener; et dans la suite, ce nombre fut augmenté de deux mille fantassins et de huit canons, soudoyés et entretenus aux frais de l'Angleterre, pendant trois ans au moins. Le roi de Suede ne se montra pas moins zélé pour la cause commune, et le roi de Danemarck parut aussi être dans les mêmes dispositions.

On négocioit pendant ce temps-là sans relâche dans les différentes cours de l'Europe, particuliérement dans les cercles d'Allemagne et les Provinces-Unies, où le Roi tenoit pour ce sujet Boissise, Fresne-Canaye, Baugy, Ancel et Bongars. Le conseil des Etats fut bientôt d'accord, le prince d'Orange envoya les sieurs Malderet et Brederode, offrir de leur part au Roi, quinze mille hommes d'infanterie et trois mille de cavalerie. Ils furent suivis de près par le landgrave de Hesse et le prince d'Anhalt, auxquels on eut l'obligation, ainsi qu'au prince d'Orange, de voir en assez peu de temps grossir la liste de confédération, du duc de Savoie, de tout ce qui tenoit dans la Hongrie, la Boheme et la Basse-Autriche, pour la Religion réformée, de quantité de villes et de Princes protestans d'Allemagne; enfin de tous les cantons Suisses, de la Religion; et lorsque la succession de Cleves, qu'on voyoit l'Empereur se disposer à usurper, fut devenue un autre motif d'engagement, il n'y eut presque plus rien en Allemagne qui ne fût pour nous, comme le prouve assez le résultat de l'assemblée en général à Hall. On auroit suscité à l'électeur de Saxe, qui étoit peut-être demeuré le seul du parti contraire, un embarras, dont il eût eu de la peine à se démêler; c'étoit de lui mettre en tête la branche de Jean-Frédéric, dépouillé de cet électorat par Charles-Quint.

Il y avoit plusieurs de ces puissances, auxquelles je suis persuadé qu'on n'eût rien risqué à s'ouvrir sur le fonds même de l'entreprise; qui l'auroient même secondée avec d'autant plus de chaleur, qu'elles auroient vu qu'on se seroit porté plus ouvertement à la destruction de la grandeur Autrichienne: tels étoient assurément les Vénitiens, les Provinces-Unies, et presque tous les Protestans, sur-tout les Evangéliques d'Allemagne. Mais comme on ne pouvoit apporter trop de précaution, pour ne pas indisposer contre la nouvelle alliance, les puissances catholiques qu'on cherchoit à y engager, on se donna bien de garde de rendre d'abord publics les vrais motifs, ni toute l'étendue du projet concerté. Le secret de l'intrigue fut dans le commencement caché à tous, sans exception ; ensuite, révélé à un très-petit nombre de personnes, dont on crut avoir absolument besoin pour gagner et attacher les autres, et qu'on ne put soupçonner d'indiscrétion. L'association ne fut fort long-temps présentée à tout le reste, que sous l'idée d'une espece de traité de paix générale, dans lequel on renfermeroit ce que l'utilité publique et le bien général de l'Europe pourroient inspirer de moyens pour arrêter les progrès du pouvoir excessif de la maison d'Autriche. Nos Ambassadeurs et nos agens n'eurent ordre que de demander à ces Princes un renouvellement ou un commencement d'alliance, pour travailler plus efficacement à la paix ; de les consulter eux-mêmes sur les moyens d'y parvenir ; de paroître n'être envoyés que pour les chercher avec eux, de les sonder cependant, et suivant les dispositions où on les trouveroit, de jetter, comme au hasard et par conjecture, quelqu'idée d'un nouvel ordre, plus propre à maintenir l'équilibre en Europe, et à assurer à chaque Religion le repos dont elles n'avoient pu jouir jusqu'à présent. Les propositions d'alliances par mariages furent très-utilement mises en usage auprès des rois d'Angleterre et de Suede, et des ducs de Savoie et de Lorraine. C'étoit un point décidé, de faire épouser au Dauphin l'héritiere de Lorraine, ce duché continuant à relever de l'Empire, comme auparavant.

Mais aucune précaution ne parut si nécessaire, et ne fut si fortement recommandée à nos négociateurs, que de bien persuader tous les Souverains de l'Europe du désintéressement avec lequel Henri étoit résolu d'agir en cette occasion. On trouvoit moyen de l'insinuer et d'en convaincre ces Princes, lorsque dans la supposition qu'il fût besoin de recourir aux armes, nous protestions hautement qu'on pouvoit compter sur les forces, sur les trésors, sur la personne même de Henri, et si gratuitement de sa part, que sans attendre d'en être requis, il se porteroit de son propre mouvement à donner toutes les assurances les plus positives, qu'il ne retiendroit à son profit ni une seule ville, ni un seul pouce de terre, même comme dédommagement. Cette modération, dont à la fin personne ne douta, fit toute l'impression qu'elle devoit faire, lorsqu'on put entrevoir qu'elle étoit d'autant plus généreuse, qu'il y avoit de quoi flatter et contenter la cupidité de tout le monde ; et en attendant que cette renonciation absolue fût devenue publique et solemnelle, comme elle devoit l'être dans les manifestes qu'on alloit faire paroître, Henri en donna une preuve, qui acheva de gagner le Pape.

Personne n'ignorant que, puisqu'il s'agissoit au moins de chasser l'Espagne de celles de ses usurpations qui étoient les plus manifestement injustes, la Navarre et le comté de Roussillon ne pouvoient manquer de revenir à la France, le Roi offrit volontairement de les échanger pour les deux royaumes de Naples et de Sicile, et en même temps de faire présent de l'un et de l'autre au Pape et à la république de Venise; ce qui étoit renoncer au droit le plus incontestable qu'il pût avoir sur les dépouilles de cette couronne. En remettant même cette affaire, comme il fit, à l'arbitrage du Pape et des Vénitiens, il les obligea d'autant plus sensiblement, qu'il réunissoit en leur faveur tout le profit des parties et tout l'honneur du jugement. Aussi le Pape, à la premiere proposition qui lui en fut faite, vint-il de lui-même au-devant de Henri. Il fit demander d'abord, si dans la circonstance présente, on trouvoit bon qu'il fît office de médiateur commun, pour établir la paix en Europe, et pour convertir la guerre que se faisoient continuellement ses Princes, en une guerre perpétuelle contre les Infideles, partie du projet qu'on avoit eu grand soin de lui développer. C'étoit déclarer suffisamment qu'il n'avoit pas envie qu'il se fît rien sans lui, et qu'il étoit encore moins d'humeur à renoncer à l'avantage qu'on lui présentoit.

Paul V s'expliqua encore plus clairement, lorsqu'il crut qu'il étoit temps de parler. Ubaldini, son Nonce, dit au Roi, que sa Sainteté s'engageoit à lever sur différens prétextes, pour l'union contre la maison d'Autriche, dix mille hommes d'infanterie, quinze cent de cavalerie, et huit canons, pourvu que sa Majesté se chargeât de fournir l'argent nécessaire à les entretenir pendant trois ans; qu'on lui donnât toutes sortes de sûretés pour la cession de Naples, et pour les autres droits d'hommage qu'on lui avoit promis, et qu'on satisfît loyalement aux conditions, que, de son côté, il croyoit devoir apposer au traité. Ces conditions, du moins les principales, étoient qu'on ne pourroit élire d'Empereur qui ne fût Catholique; que la Religion romaine seroit maintenue dans tous ses droits, ainsi que les Ecclésiastiques dans tous leurs privileges et libertés; que les Protestans ne pourroient s'établir dans les pays où ils n'étoient point établis lors du traité. Le Roi promit à Ubaldini d'observer religieusement toutes ces conditions, et il déféra de plus au Pape l'honneur d'être l'arbitre de toutes celles qui resteroient à régler dans l'établissement des nouvelles républiques.

Ce n'étoit pas peu de chose, que d'avoir fait franchir ce pas au Pape; son exemple ne pouvant manquer d'être d'une grande efficace, pour déterminer le reste des Etats catholiques, surtout d'Italie. On n'avoit rien négligé pour seconder les dispositions favorables où ils paroissoient être, en payant exactement aux Cardinaux et aux petits Princes d'Italie, leurs pensions, et y ajoutant même plusieurs nouvelles gratifications. L'établissement d'une nouvelle monarchie en Italie, étoit le seul prétexte dont on eût pu se servir dans ces petites cours, pour se dispenser d'embrasser l'union; mais cette vaine appréhension étoit facile à dissiper, et leurs propres avantages devoient assez les rassurer. Si cela ne suffisoit pas, on auroit eu recours à la menace de déclarer tous les contrevenans, déchus, après un certain terme, du droit de prétendre à ces avantages; de les priver de même de toute prétention à l'Empire et aux royaumes électifs, et de convertir ces petites républiques en souverainetés, et les souverainetés en républiques. Il n'y a guères d'apparence qu'aucun d'eux eût seulement balancé sur cette option. La punition du premier rebelle auroit achevé de contenir dans le devoir tous ces petits Etats, qui sentent d'ailleurs toute leur impuissance. Mais c'étoit un moyen à employer au défaut de tous les autres, et jusques dans le châtiment, il falloit toujours laisser une porte ouverte à la grace.

Voilà à quel point avoient été amenées toutes choses, au moment fatal de la mort de Henri-le-Grand; et voici en particulier le détail des forces pour la guerre, dont toutes les parties intéressées étoient convenues avec lui. Les rois d'Angleterre, de Suede et de Danemarck fournissoient pour leur contingent, huit mille hommes d'infanterie chacun, quinze cent de cavalerie et huit canons, le tout soudoyé et entretenu à leurs frais, du moins pendant trois ans. Cette dépense, sur le pied de dix livres par mois pour chaque fantassin, et de trente livres pour chaque cavalier, la paie des officiers comprise, et l'année composée de dix mois, revenoit, pour chacun de ces Etats, à trois millions trois cent soixante-dix mille livres, pour les trois ans, en y comprenant aussi la dépense de l'artillerie, sur le pied de quinze cent livres par mois pour chaque piece. Les Princes d'Allemagne, nommés ci-dessus, fournissoient vingt-cinq mille hommes d'infanterie, dix mille de cavalerie et quarante canons. Ils en avoient fait eux-mêmes l'estimation, à neuf ou dix millions pour les trois ans. Les Provinces-Unies, douze mille hommes d'infanterie, deux mille de cavalerie et dix canons; dépense, douze millions. La Hongrie, Boheme et autres Evangéliques d'Allemagne, pareil nombre et environ pareille dépense. Le Pape, dix mille hommes d'infanterie, quinze cent de cavalerie et huit canons. Les Vénitiens, douze mille hommes d'infanterie, deux mille de cavalerie et dix canons. Le duc de Savoie, dix-huit mille hommes d'infanterie, deux mille de cavalerie et douze canons. Le Roi s'étoit obligé de faire les frais de l'armement de ces trois derniers articles. Le total de toutes ces forces étrangeres, quelque manque qu'on y eût supposé, auroit toujours été de cent mille hommes d'infanterie au moins, de vingt à vingt-cinq mille hommes de cavalerie, et d'environ cent vingt canons.

Le Roi, de son côté, avoit actuellement sur pied deux armées bien équipées; la premiere, qu'il devoit commander en personne, de vingt mille hommes d'infanterie, François naturels, huit mille Suisses, quatre mille Lansquenets ou Wallons, cinq mille hommes de cavalerie et vingt canons; la seconde, donnée à conduire à Lesdiguieres, du côté des monts, de dix mille hommes d'infanterie, mille de cavalerie et dix canons, outre un camp-volant de quatre mille hommes d'infanterie, six cent de cavalerie et dix canons, et un renfort de deux mille hommes de pied, pour mettre en garnison aux endroits où il seroit besoin(*). Faisons le calcul de

(*) Il y a quelques variations dans nos Mémoires, tant sur ce nombre de gens de guerre de la grande armée royale, qui tantôt est de trente, tantôt de trente-deux et de trente-six mille hommes d'infanterie, de quatre, cinq, six et huit mille de cavalerie, trente et cinquante canons, et sur celle des Princes alliés d'Allemagne, portée quelquefois jusqu'à quarante mille hommes d'infanterie et douze mille de cavalerie, que sur celle d'Italie et des autres puissances confédé-

l'entretien de tous ces gens et provisions de guerre.

Les vingt mille hommes d'infanterie, à vingt-une livres par mois chaque soldat, en y confondant les appointemens des chefs et officiers, font par mois, quatre cent vingt mille livres, et par an, cinq millions quarante mille livres. Les huit mille Suisses et quatre mille Lansquenets, trois millions. Les cinq mille chevaux, à soixante livres par chaque cavalier, parce qu'on renferme dans cette somme la paie des officiers, plus considérable, sur-tout celle de la Cornette-blanche du Roi, composée de mille hommes de la premiere noblesse du royaume, qui y servoient simples volontaires, font par mois, deux cent quarante mille livres, et par an, deux millions huit cent quarante mille livres. Les vingt gros canons, six coulevrines et quatre pieces batardes coûtent d'entretien, lorsqu'il n'y a plus nul achat à faire, trois mille six cent livres par mois chaque piece; les trente par conséquent, cent huit mille livres, et par an, douze cent quarante et tant de mille livres. Achats extraordinaires, et déchets sur les fournitures et munitions de cette armée, cent cinquante mille livres par mois, et un million huit cent mille livres par an.

Ensuite, pour dépenses, soit ordinaires, soit

rées. Les calculs d'argent ne sont pas non plus toujours les mêmes, ni tout-à-fait justes.

extraordinaires ; en espions ; pour les besoins des malades et blessés, et autres nécessités imprévues, mettant tout au plus haut, pareille somme d'un million huit cent mille livres, pour suppléer à ce qui peut manquer dans l'armée des Princes alliés ; pour paiement de pensions, et pour satisfaire aux besoins particuliers du dedans du royaume, trois cent mille livres par mois ; par an, trois millions six cent mille livres. L'entretien de l'armée de Lesdiguieres, trois millions par an ; autant, celui de l'armée du Pape, de celle de Venise et du duc de Savoie. Ces quatre derniers articles font douze millions par an. Joignez cette somme avec les précédentes, elles montent ensemble environ à trente millions cent soixante mille livres par an.

Il ne faut plus que tripler ce total, à raison de trois ans, qu'on suppose que peut durer la guerre, on trouvera entre quatre-vingt-dix et quatre-vingt-onze millions, à quoi peuvent monter à-peu-près tous les frais de la présente guerre ; je dis à-peu-près, parce que je n'ai point compris dans le présent calcul, le camp-volant, ni les deux mille hommes de garnison. Le premier de ces deux articles, à raison de dix-huit livres par mois chaque fantassin, et de cinquante livres chaque cavalier, fait encore un total d'environ cent trente mille livres par mois, un million cinq cent mille livres par an, et quatre millions cinq cent mille livres pour les trois ans ; et le second fait aussi un produit de près de douze cent mille livres pour trois ans.

Dans cette supposition, que la dépense de la guerre ne pouvoit rouler pour la France, qu'entre quatre-vingt-dix et quatre-vingt-quinze millions, supposition qui n'est pas hasardée, puisque nous avons tout mis au plus fort, il est aisé de faire voir qu'au bout de ces trois ans, Henri devoit se trouver dans ses coffres trente millions de plus qu'il n'en devoit dépenser, le fonds de toute sa recette faite et à faire pendant ces trois années, étant de cent vingt-un millions cinq cent quarante mille livres ; c'est ce qui résulte de trois états que je remis aux mains de sa Majesté.

Le premier de ces états, qui n'étoit qu'un simple bordereau des sommes actuellement déposées dans les chambres basses voûtées de la Bastille, montoit à vingt-deux millions quatre cent soixante mille livres, en plusieurs coffres, étiquetés Phelipeaux, Puget et Bouhier. Le second étoit un autre bordereau des sommes actuellement dues par les fermiers, partisans et receveurs-généraux, qu'on pouvoit regarder comme déjà touchées : elles formoient un total de dix-huit millions six cent treize mille livres, dont le Roi pouvoit disposer dès ce moment. Pour composer le reste de ces cent vingt-un millions, je n'avois recours, dans le troisieme état, à aucunes nouvelles exactions (1). Cette somme devoit revenir au Roi des seules offres d'augmentation sur les différens revenus royaux que les fermiers et partisans avoient faites pour un bail de trois ans, et de celles que les officiers de justice et de finances s'étoient volontairement soumis de fournir, pourvu qu'on les laissât jouir de certains privileges et attributions; de maniere que dans ces cent vingt-un millions, je n'avois pas même compris la recette qui devoit se faire pendant trois ans, des deniers royaux ordinaires. Si la nécessité avoit ensuite obligé de recourir à des moyens plus onéreux, je donnai au Roi un autre état, par lequel il comprit qu'au lieu de ces cent vingt-un millions, il auroit pu compter sur cent soixante-quinze (2). J'ai d'ailleurs montré dans plusieurs endroits de ces Mémoires, que dans un besoin pressant, ce royaume peut s'ouvrir des sources de trésors presqu'infinis.

Il auroit été à souhaiter qu'on eût pu s'assurer par de pareils états, des sommes d'argent et du nombre des gens de guerre que les autres confédérés devoient employer. Mais quelque mécompte qui eût pu s'y trouver, ayant quarante-un millions

(1) Voyez ces trois états dans les anciens Mémoires : *tom.* 4, *pag.* 94.

(2) Ce second état de cent soixante-quinze millions, se voit aussi détaillé dans les Mémoires de Sully, *tom.* 3, *pag.* 469.

à répandre, quels obstacles Henri auroit-il pu trouver de la part d'une puissance qu'on sçavoit être épuisée d'argent, et l'on peut ajouter de soldats ? Personne n'ignorant que les meilleurs et plus nombreux soldats dont l'Espagne ait coutume de se servir, se tirent de la Sicile, de Naples et de la Lombardie, ou bien sont Allemands, Suisses et Wallons.

Tout concourant donc à un heureux succès, et avec la précaution d'avoir placé de bons magasins dans les endroits de passage, le Roi étoit à la veille de se mettre en marche en corps d'armée, droit à Mezieres; d'où prenant sa route par Clinchamp, Orchimont, Bauraing, Offais, Longpré, &c. après avoir fait élever cinq forts dans tous ces quartiers, et y avoir placé ses deux mille hommes de garnison, avec les munitions nécessaires, il auroit joint, du côté de Duren et de Stavelo, les deux armées que faisoient avancer de leur côté les Princes d'Allemagne et les Provinces-Unies; et commençant par fermer aux ennemis toute entrée dans les pays de Cleves et de Juliers, ces principautés qui étoient le prétexte de l'armement, seroient d'abord tombées entre ses mains, et auroient été mises en sequestre, en attendant que l'Empereur et le roi d'Espagne eussent montré quel parti ils prenoient sur les desseins des Princes alliés.

C'étoit ce moment qu'on avoit choisi pour publier et répandre par toute l'Europe les déclarations en forme de manifestes, qui devoient lui ouvrir les yeux sur ses véritables intérêts, et sur le vrai motif qui avoit mis les armes aux mains de Henri et des Princes confédérés. Ces manifestes étoient composés avec un fort grand soin. L'esprit de justice, de droiture, de bonne foi, de désintéressement et de bonne politique s'y faisoit sentir par-tout. Sans y découvrir encore en entier le fonds de tous les changemens qu'on vouloit faire en Europe, on y faisoit entendre, que l'intérêt commun avoit armé tous ces Princes, non-seulement pour empêcher la maison d'Autriche de se mettre en possession des Etats de Cleves, mais encore pour la chasser des Provinces-Unies, et de tout ce qu'elle possédoit injustement; que leur but étoit de partager toutes ces dépouilles entre les Etats et les Princes les plus foibles; qu'il ne falloit point regarder cette entreprise comme un sujet qui dût rallumer la guerre par toute l'Europe; que quoiqu'armés, les rois de France et du Nord ne demandoient que le titre de médiateurs dans les sujets de plainte que l'Europe faisoit par leur bouche contre la maison d'Autriche, et ne cherchoient qu'à terminer à l'amiable tous les différends de ces Princes les uns avec les autres; qu'ils ne prétendoient rien faire en cette occasion, non-seulement que du consentement unanime de toutes ces puissances; mais encore de tous les peuples, qu'on invitoit à faire leurs représentations aux Rois alliés. Telle auroit été aussi la substance des lettres circulaires, que Henri et les Princes ses associés eussent envoyées en même-temps dans tous les endroits soumis à leur puissance, afin que les peuples instruits, joignant leurs suffrages, il se fût fait un cri général contre la maison d'Autriche, de toutes les parties de la Chrétienté.

Comme on étoit résolu d'éviter avec la derniere précaution de donner de l'ombrage à qui que ce fût, et que Henri vouloit convaincre de plus en plus ses confédérés, qu'il n'étoit occupé que de leurs véritables intérêts, il auroit joint à tous ces écrits, d'autres lettres écrites dans les différentes cours, et en particulier aux électeurs de Cologne et de Treves, aux évêques de Munster, de Liege et de Paderborn, au duc et à la duchesse de Lorraine. On auroit observé cette conduite avec les ennemis mêmes, dans les lettres qu'on écriroit à l'Archiduc et à l'Infante sa femme, à l'Empereur lui-même, et à tous les princes Autrichiens, en cherchant à les engager par les motifs les plus forts et les plus pressans, à prendre le seul parti raisonnable. Par-tout où l'on auroit porté ses pas, on n'auroit rien négligé pour instruire, convaincre et faire naître la confiance. On auroit porté jusqu'au scrupule l'attention à remplir les conventions, à distribuer les pays dont on eût pu disposer, ou à les sequestrer jusqu'à décision. La force n'auroit jamais été employée, qu'après qu'on auroit vu que les prieres, les raisons, les ambassades et les négociations auroient été inutiles. Enfin, jusques dans l'exercice même de la guerre, on se seroit moins comporté en ennemis, qu'en pacificateurs. La Reine se seroit avancée jusqu'à Metz; toute la cour l'y auroit suivie, avec l'appareil et la pompe qui annoncent la paix.

Henri avoit imaginé un nouveau réglement de discipline dans son camp, bien propre à produire cet effet; sur-tout, si son exemple avoit été imité par les Princes ses alliés. Il établissoit quatre maréchaux de France, ou à tout le moins quatre maréchaux-de-camp, pour veiller uniquement à maintenir tout dans l'ordre, dans la plus exacte discipline, et dans la plus étroite subordination. Le département du premier eût été la cavalerie; l'infanterie Françoise, celui du second; le troisieme auroit eu l'inspection des troupes étrangeres; le quatrieme, celle de tout ce qui a rapport à l'artillerie, et aux munitions de guerre et de bouche; et le Roi lui-même se seroit fait rendre un compte exact de ces quatre parties. Il se fût appliqué avec
une

Livre XXX.

une égale ardeur, à mettre en honneur toutes les vertus militaires dans ses armées, en n'accordant les grades et les emplois qu'au seul mérite, en récompensant le soldat, en punissant les blasphêmes, en ménageant ses troupes et celles de ses confédérés, en étouffant l'esprit de division que cause la diversité des Religions; enfin, en joignant à l'émulation ce concert de sentimens, qui contribue plus que tout le reste à la victoire.

La suite de cette entreprise, en ce qui regarde la guerre, auroit dépendu de la manière dont l'Empereur et le roi d'Espagne auroient reçu les propositions, et répondu aux manifestes des Princes ligués. Il y a apparence que l'Empereur, cédant à la force, auroit consenti à tout; je suis même persuadé qu'il eût été le premier à demander à s'aboucher avec le roi de France, pour chercher les moyens de se retirer, du moins avec honneur, de ce mauvais pas, et qu'il se seroit contenté de l'assurance qu'on lui conserveroit, sa vie durant, la dignité impériale avec tous ses droits. Les Archiducs avoient fait plus; ils avoient permis à Henri, pour toutes ses troupes, d'entrer dans leurs pays et dans toutes leurs villes, pourvu qu'on n'y commît aucune hostilité, et qu'on payât exactement dans tous les endroits de passage. Si ces apparences n'étoient point trompeuses, l'Espagne, abandonnée de tout le monde, auroit subi malgré elle, la loi de ses vainqueurs.

Mais il faut supposer que toutes les branches de la maison d'Autriche se seroient réunies en cette occasion, et qu'elles auroient fait pour leur intérêt commun, tous les efforts dont elles étoient capables. En ce cas, Henri et les Princes confédérés déclarant en forme la guerre à leurs ennemis, et défendant tout commerce aux Espagnols, nommément dans les Pays-Bas; après avoir, comme nous l'avons dit, uni toutes leurs forces, donné audience aux Princes d'Allemagne, promis d'assister les peuples de Boheme et de Hongrie, qui seroient venus implorer leur assistance, enfin s'être assurés du pays de Cleves; ces Princes, dis-je, auroient fait avancer leurs trois armées du côté de Basle et de Strasbourg, pour appuyer les Suisses, qui se seroient déclarés pour l'union, après en avoir, pour la forme, demandé la permission à l'Empereur. Les Provinces-Unies, dont on s'éloignoit, étoient censées suffisamment défendues par le camp-volant, que Henri en auroit fait approcher, par les armées d'Angleterre et du Nord, auxquelles on en laissoit la garde, par l'attention qu'on auroit eue de s'emparer tout d'abord de Charlemont, Maëstricht, Namur et autres passages du côté de la Meuse, par les forces navales de ces provinces qui, avec le secours de celles d'Angleterre, auroient bouché la mer.

Après cela, le fort de la guerre ne pouvoit plus tomber qu'en Italie ou en Allemagne. Dans la premiere supposition, les trois armées de Henri, du prince d'Orange et des Princes d'Allemagne, laissant la Franche-Comté qu'on auroit seulement fortifiée, de même que les frontieres des Pays-Bas, d'un petit corps de troupes, auroient pris leur route du côté des Monts, où elles devoient rencontrer celles de Lesdiguieres, du Pape, des Vénitiens et du duc de Savoie, qui tous auroient levé le masque : les premiers, en demandant l'exécution de l'arrangement projetté pour la Navarre, Naples et Sicile ; et le duc de Savoie, un partage, pour sa femme, égal à celui qu'on avoit fait à l'infante Isabelle. C'est alors que la guerre se trouveroit déclarée à l'Espagne, de tous les endroits de l'Europe. Si au contraire les ennemis paroissoient vouloir attirer la guerre en Allemagne, les confédérés ayant laissé en Italie ce qu'il suffisoit qu'il y eût de troupes, seroient entrés jusques dans le cœur de l'Allemagne, où ils auroient trouvé du côté de la Hongrie et de la Boheme, les puissans secours que ces peuples y tenoient préparés.

On ne sçauroit juger que par conjecture, du reste des événemens qui auroient suivi ces commencemens, parce qu'ils dépendent du plus ou moins de lenteur des ennemis à s'opposer à la rapidité de nos conquêtes, et du plus ou moins de promptitude de la part des confédérés, sur-tout des extrémités de l'Allemagne, à remplir leurs conventions. Cependant je suis persuadé que, sur l'exposé que je viens de faire, il n'y a personne qui ne regarde la maison d'Autriche comme frappée du coup qui devoit pour jamais anéantir sa puissance, et ouvrir un chemin sûr au reste des projets dont cette attaque ne devoit être que le préliminaire. J'ajoute, et la voix de toute l'Europe me justifie à cet égard du reproche de prévention, que si une pareille entreprise tire presque toujours de la personne du chef qui la conduit, cette force qui la rend infaillible, celle-ci ne pouvoit être remise en de meilleures mains que celles de Henri-le-Grand. Avec une valeur capable seule de renverser les plus grands obstacles ; avec une présence d'esprit, qui ne négligeoit et ne perdoit aucun de ses avantages ; avec une prudence, qui sans rien précipiter, sans trop embrasser d'objets à la fois, sçavoit les enchaîner l'un à l'autre, et connoissoit tout ce qu'on peut ou ce qu'on ne doit pas attendre du temps ; avec une expérience consommée ; enfin, avec toutes les grandes qualités guerrieres et politiques qui ont brillé dans le Prince, dont je viens de tracer l'histoire, de quoi ne vient-on pas à bout ? C'est ce qu'avoit voulu exprimer ce grand Roi, par cette devise modeste, qu'il avoit fait mettre sur les derniers jettons qui furent frappés sous son regne : *Nil sine consilio.*

Fin du trentieme Livre.

SUPPLÉMENT
A LA VIE DU DUC DE SULLY,
DEPUIS SA RETRAITE.

Conduite du duc de Sully à l'assemblée des Protestans à Châtelleraut, et de cette assemblée sur les affaires personnelles de Sully. Part qu'il a à l'affaire du duc de Rohan, au sujet de Saint-Jean-d'Angely. Confiance qu'a en lui la Régente, et lettres qu'elle lui écrit pendant la révolte des Princes et des Calvinistes ; conseils qu'il donne, et services qu'il rend en cette occasion. Il est fait maréchal de France. Chagrins que lui cause la conduite de son fils et de son petit-fils. Etat de sa famille, et dispositions qu'il fait de ses biens entre ses enfans. Sa mort ; honneurs que lui rend la duchesse de Sully ; son mausolée et son épitaphe. Détails sur sa conduite dans l'intérieur de sa maison, sur sa vie privée. Occupations de la duchesse son épouse. Sentimens du duc de Sully par rapport à la Religion. Ouvrages publics et particuliers qu'il a fait construire.

LA premiere occasion où les Historiens font mention de M. le duc de Sully, depuis qu'il se fut retiré dans ses terres, est l'assemblée des Protestans tenue à Châtelleraut, en 1611. Comme il avoit l'esprit encore tout rempli des chagrins qu'on venoit de lui faire essuyer à la cour, et qu'il sçavoit que le duc de Bouillon, qui contre son intérêt aussi-bien que contre son caractere, parut en cette assemblée chargé de soutenir les intérêts de la Régente contre les Calvinistes, s'étoit mis à la tête de ses ennemis, et avoit entrepris de lui faire ôter la grande-maîtrise de l'artillerie et le gouvernement de Poitou, que la Régente avoit promis au duc de Bouillon pour récompense des services qu'il lui rendroit en cette occasion, on ne doit pas être surpris que le duc de Sully ait agi à Châtelleraut avec fermeté, et même avec quelque sorte d'éclat. Les partisans du duc de Bouillon, par ressentiment de ce qu'il échoua dans son entreprise, ont accusé les ducs de Sully et de Rohan, d'avoir cherché à rallumer la guerre entre les Catholiques et les Calvinistes; mais ils sont les seuls qui en aient parlé de la sorte; tous les autres écrivains n'ont rien trouvé d'absolument répréhensible dans la conduite de M. de Sully : et dans la vérité, l'on agissoit contre lui avec tant de passion et de malignité, que le Mercure François (*), qui nous fournira des mémoires sur ce morceau de son histoire, ne le blâme point d'avoir pris le seul parti qui pouvoit assurer son repos. Voici donc en abrégé ce qui se passa par rapport au duc

(*) *Ann.* 1612, *fol.* 75 *et suiv.*

de Sully, dans l'assemblée de Châtelleraut, ou de Saumur; car ses ennemis, craignant qu'il ne fût trop puissant à Châtelleraut, la firent transférer dans cette derniere ville.

Le duc de Bouillon n'ayant fait aucun mystere de la disposition où il étoit de pousser à bout tous les Calvinistes ses confreres, et en particulier le duc de Sully, l'intérêt de la cause commune réunit celui-ci avec du Plessis-Mornay et les principaux Ministres protestans, qui jusques-là, comme on l'a vu dans toute la suite de ces Mémoires, avoient vécu avec lui dans une grande défiance de ses sentimens, et dans un grand éloignement de sa personne. Ils commencerent par refuser au duc de Bouillon la présidence, qui fut déférée à du Plessis-Mornay; et ils lui firent sentir ensuite combien ils étoient indignés du personnage qu'il jouoit, en le contrariant sur tout : de maniere qu'il n'obtint rien de ce que peut-être on auroit accordé à un agent qui eût été de la Religion de la cour ; ce qui montre que la Régente ne pouvoit guères faire de plus grande faute, que de se servir du duc de Bouillon dans une semblable circonstance. Il se fit pourtant à la fin une espece de raccommodement entre lui et le duc de Sully, par les soins que se donna du Plessis; et ce fut pour lors que M. de Sully ne trouva plus d'obstacle à intéresser tout le corps protestant dans sa cause particuliere, qui devint par-là un des principaux sujets des délibérations.

L'assemblée lui adressant la parole, *le prie et enjoint* (c'est en ces termes qu'en parle le Mercure François) *de ne point se défaire de ses charges, lui promit de l'assister, &c.* A quoi le duc de Sully répondit par un discours, dans lequel il demanda conseil à l'assemblée sur quatre choses : 1°. S'il devoit fermer les yeux sur les démarches de ses ennemis : 2°. s'il devoit au contraire demander lui-même d'être établi en sa place, purement et simplement : 3°. s'il étoit plus à propos qu'il acceptât une récompense ; enfin, si cette récompense devoit être *d'honneur et de sûreté, plutôt que de profit et utilité*. C'est que pour cacher le dessein qu'on avoit de le perdre, la cour lui faisoit quelquefois proposer de recevoir en échange de la grande-maîtrise de l'artillerie et du gouvernement de Poitou, le bâton de maréchal de France, ou une somme d'argent considérable. M. de Sully conclut ce discours, dans lequel il ne put s'empêcher de mêler quelques plaintes sur la rigueur dont le conseil de la Régente usoit envers lui, en s'excusant de n'avoir pas exposé plutôt au corps de la Religion les malheurs de sa situation, sur la difficulté qu'il avoit eue à croire les complots formés contre lui, aussi-bien que sur sa crainte de déplaire à des personnes auxquelles il devoit du respect.

Ce discours plut autant aux Calvinistes, qu'il fut mal reçu de Bouillon et des autres agens de la Régente. Ils y répondirent, en donnant à la vérité toutes sortes de louanges à l'administration du duc de Sully; mais en le taxant d'être peu généreux, et même de vouloir forcer la Régente à lui restituer sa place dans le ministere. M. de Sully repliqua par une seconde remontrance, par laquelle il remit purement et absolument ses intérêts à discuter à l'assemblée. Le duc de Bouillon, qui vit tout ce qui en alloit arriver, leva le masque pour la seconde fois, et commença à intriguer fortement auprès de tous ceux des Calvinistes qu'il crut pouvoir gagner. Il en attira en effet quelques-uns, mais non pas le duc de Rohan, malgré tous les mouvemens qu'il se donna auprès de lui; et toute son habileté n'ayant pu ni détacher le plus grand nombre du parti de son adversaire, ni suspendre la conclusion, on passa à la délibération, dont le résultat fut, qu'on assisteroit M. le duc de Sully, si son administration étoit recherchée *par des voies illégitimes*.

Bouillon et les partisans de la Régente mirent tout en œuvre, mais inutilement, pour obtenir une rétractation, ou une modification. Pour le duc de Bouillon, il éclata; il donna les conseils les plus violens à la Régente, qui se contenta pourtant d'envoyer à l'assemblée, de la part du

Roi, des lettres, que du Plessis-Mornay jugea qu'il étoit plus prudent de supprimer, de peur d'un plus grand mal. On revint aux tempéramens. Tous les autres articles en contestation, furent terminés à l'amiable, et celui qui regardoit M. de Sully, demeura assoupi, parce qu'apparemment tout le monde convint que c'étoit sans aucune ombre de justice, qu'on prétendoit le faire regarder comme un Ministre infidele, encore moins comme un ennemi de l'Etat, et que le duc de Bouillon, piqué lui-même de se voir frustré par la Régente des récompenses qu'il en avoit espérées, cessa tout d'un coup d'agir avec la même chaleur. Le duc de Sully resta donc après cela dans le même état, que lorsqu'il s'étoit retiré de la cour.

L'année suivante, la guerre entre les Religions pensa être rallumée par un incident, auquel nos Mémoires semblent préparer, qui est, que Brassac, nommé par sa Majesté lieutenant-de-Roi de Saint-Jean-d'Angely, après la mort de des Ageaux, fut chassé de cette place par le duc de Rohan, qui par toute sa conduite depuis ce temps-là, montra assez qu'il avoit des sentimens bien différens de ceux du Duc son beau-pere. Quoique la Régente fût alors en état de donner la loi, et que tous les Calvinistes l'eussent fort appréhendé, cette affaire se termina entièrement à l'avantage du duc de Rohan, qui obtint tout ce qu'il demandoit. M. de Sully signa l'accommodement qui fut fait dans le synode de Privas, avec le duc de Rohan, d'un côté, et les agens du Roi, de l'autre : ce fut toute la part qu'il prit dans ce grand démêlé.

Les deux lettres suivantes, que je transcris sur l'original, gardé dans le cabinet de M. le duc de Sully, montrent que la Reine-mere eut recours à Maximilien, et qu'il s'employa utilement, pour prévenir ou appaiser les troubles qui survinrent immédiatement après, de la part des Princes et des grands du royaume.

Lettre de la Reine-mere à M. le duc de Sully.

« Mon cousin, envoyant vers vous le sieur de
» Béthune votre frere, sur les occurrences qui se
» présentent, je lui ai donné charge de vous
» assurer parfaitement de mon affection en votre
» endroit, et vous dire l'état que je fais de la
» continuation de la vôtre au bien et service du
» Roi Monsieur mon fils, vous le croirez en ce qu'il
» vous dira de ma part sur l'un et l'autre sujet,
» comme vous pourriez faire à la personne de
                    » Votre bonne cousine,
                                    MARIE ».

A Paris, le 13 de Février 1614.

L'adresse porte : « A mon cousin le duc de Sully,
» pair et grand-maître de l'artillerie de France ».

Autre lettre de la même.

« Mon cousin, ayant reçu votre lettre écrite
» le premier de ce mois, le 9 d'icelui, j'ai différé
» d'y répondre, jusqu'à mon arrivée en cette
» province, afin qu'étant mieux éclaircie des
» choses particulieres qui se sont passées, et de
» l'état présent d'icelles, je pusse avec plus de
» lumiere vous faire sçavoir mon avis sur les gé-
» nérales : mais j'y ai trouvé tant de désordre et
» de confusion, de plaintes et de contraventions
» faites à l'accord de Sainte-Menoult, qu'il faut
» que je vous dise, que je ne sçais par où je dois
» commencer à vous faire sçavoir ce qu'il faut faire
» pour bien faire. Je vois de toutes parts des
» déclarations et assurances d'une bonne volonté
» pour le service du Roi Monsieur mon fils et le
» bien public, qui nous sont très-agréables; mais
» après je rencontre des effets si contraires à
» cela, que je n'ai pas si-tôt conçu l'espérance
» d'un bien et d'un contentement et avantage
» pour les affaires publiques, qu'elle s'évanouit à
» l'instant ; ce que je ne vous écris pour votre
» particulier, car je fais telle estime de votre
» affection au bien du royaume et à notre con-
» tentement, que méritent les preuves que j'en
» ai faites, et les assurances que vous m'en avez

» données, mais pour me douloir avec vous de
» l'inconstance et variété de semblables procé-
» dures. J'ai depuis deux jours reçu en ce lieu
» votre derniere lettre, et ouï le porteur d'icelle,
» ainsi qu'il vous dira.

» Je ne doute point que vous n'ayez librement
» et en homme de bien, fait à mon neveu le
» prince de Condé, les remontrances que vous
» m'avez écrites, et me réjouis de sçavoir qu'il
» les a prises en bonne part : mais à quoi tient-il
» qu'il ne les suit et exécute, comme il les ap-
» prouve ? Il se développeroit en ce faisant, des
» affaires où vous dites qu'il se trouve; il recevroit
» de moi toute occasion raisonnable de se louer
» de ma bienveillance, et lui seroit fait l'hon-
» neur et le traitement, dus à sa qualité. Si,
» pour lui donner cette créance et assurance, il
» reste à dire ou à faire chose qui dépende de
» moi, j'aurai toujours à plaisir de l'entendre, et
» prendrai en bonne part ce que vous m'en man-
» derez : mais je n'ai encore reçu les lettres, qu'il
» vous a dit m'avoir écrites sur ce sujet, et serai
» bien aise qu'il me donne par icelles, tant pour
» lui que pour ses amis, le contentement que j'ai
» toujours désiré et même recherché, et qu'il m'a
» souvent fait espérer, pour le service du Roi
» mondit sieur et fils ; ce faisant, j'y correspon-
» drai de façon qu'il aura juste sujet de s'en louer,

» et tous ceux qui, à son exemple, en useront
» de même.

» Au demeurant, je n'ai point encore vu le duc
» de Vendôme : de sorte que je ne sçais pas en-
» core ce que je dois espérer de son obéissance,
» car j'ai avis qu'il continue de faire fortifier
» Lambale, et à tenir errhés bon nombre de gens
» de guerre, qui l'ont servi, ou, pour mieux dire,
» desservi, durant ces mouvemens derniers, et
» principalement depuis ledit accord de Sainte-
» Menoult, à quoi le Roi mondit sieur et fils, et
» moi mettons peine d'appliquer les remedes né-
» cessaires, par l'avis des Etats du pays, desquels
» nous devons faire l'ouverture demain ; et comme
» véritablement je me promets que vous favori-
» serez toujours volontiers et fidélement le bien et
» avancement des affaires du Roi mondit sieur et
» fils, par-tout où vous aurez moyen de le faire,
» vous userez de la présente à cette fin, comme
» vous jugerez être pour le mieux : et je prierai
» Dieu, mon cousin, qu'il vous ait en sa sainte
» garde. Ecrit à Nantes, ce 28 Août 1614.

» Votre bonne cousine,
MARIE ».

En 1616, éclata la révolte des Protestans. On
vit en cette occasion, combien le duc de Sully

préféroit le bien de l'Etat à l'intérêt de son parti et au sien particulier. Ayant été proposé de réunir le parti du prince de Condé avec celui des Calvinistes, résolution qui, selon toutes les apparences, auroit entraîné la ruine du royaume; le duc de Sully, dont il paroît que le suffrage auroit été d'un très-grand poids, le refusa absolument, et se tint constamment attaché à la personne du Roi. Voici comme en parle le maréchal de Bassompierre, dans ses Mémoires (*). « M. de Sully,
» qui desiroit le bien et la conservation de l'Etat,
» se maintenoit avec les uns et avec les autres,
» tâchant de les mettre bien, autant qu'ils pou-
» voient subsister, en l'état où ils étoient, en
» avertissant quelquefois la Reine-mere, quel-
» quefois M. le Prince; et un jour, 26 Août,
» M. de Sully demanda le soir audience à la Reine,
» en laquelle il fit voir, que les choses ne pou-
» voient encore subsister huit jours en l'état où
» elles étoient réduites, et qu'au balancement
» où elles étoient, il étoit infaillible que toute
» l'autorité tomberoit entre les mains de M. le
» Prince; qu'elle demeureroit aux siennes, si
» elle sçavoit la retenir: finalement qu'il ne la
» tenoit pas assurée dans Paris, et qu'elle seroit
» mieux avec mille chevaux à la campagne, avec

(*) Tom. 2, pag. 84.

» ses enfans, que dans le Louvre, en l'état
» où étoient les esprits des grands et du peuple;
» qu'il avoit cru être de son devoir, et des
» obligations qu'il avoit au feu Roi, de lui
» montrer ce que dessus, ne pouvant y appor-
» ter, avec sa vie, un autre remede, qu'il
» emploieroit volontiers, si par sa perte il pou-
» voit sauver le Roi, elle et l'Etat. Et ensuite
» il prit congé d'elle, la suppliant de penser à
» ce qu'il lui venoit de dire; et, qu'au cas
» qu'elle n'y apportât le remede convenable,
» il protestoit de tout le mal qui lui en revien-
» droit, et qu'elle seule en seroit la cause, puis-
» qu'elle en avoit été avertie, et que ce mal étoit
» prévu ».

L'auteur de l'Histoire de la mere et du fils, rend malgré lui cette justice au duc de Sully. « M. de Sully, dit-il, demande audience à la
» Reine, pour lui parler seul d'affaires, qu'il
» disoit importer à la vie de leurs Majestés. Elle
» avoit pris médecine; mais sur un sujet si im-
» portant, elle ne jugea pas devoir différer à le
» voir. Le Roi s'y trouva par hasard; les sieurs
» Mangot et Barbin y furent aussi. Alors il fit un
» long discours des mauvais desseins que ces
» Princes avoient, et du mal inévitable qu'il en
» prévoyoit pour le Roi. Les sieurs Mangot et
» Barbin lui dirent que ce n'étoit pas assez, mais

» qu'il étoit besoin qu'il dît les remedes les plus
» propres à y apporter. A quoi il ne fit autre
» réponse, sinon, que le hasard étoit grand, et
» qu'infailliblement on en verroit bientôt de fu-
» nestes effets. S'étant retiré du cabinet, il y mit
» une jambe avec la moitié de son corps, disant
» ces mêmes paroles : Sire, et vous, Madame, je
» supplie vos Majestés de penser à ce que je viens
» de vous dire, j'en décharge ma conscience. Plût
» à Dieu que vous fussiez au milieu de douze cent
» chevaux ! je n'y vois autre remede »; puis s'en
alla.

Il est vrai que la haine de cet écrivain pour M. de Sully, lui a fait ajouter à ce récit, les paroles suivantes (*) : « M. le Prince ayant été arrêté,
» et les Ministres disant à la Reine que tout étoit
» perdu, si elle ne le relâchoit, M. de Sully,
» violent et peu considéré, le feu de l'esprit
» duquel, ne s'appliquant qu'au présent, sans
» rappeller le passé, ni considérer de bien loin
» l'avenir, ajouta à ce que les autres avoient dit,
» que quiconque avoit donné ce mauvais conseil
» à la Reine, avoit perdu l'Etat. La Reine lui
» répondit, qu'elle s'étonnoit qu'il lui osât parler
» ainsi, et qu'il falloit bien qu'il eût perdu l'es-
» prit, puisqu'il ne se souvenoit plus de ce

(*) *Ibid. pag.* 64.

» qu'il avoit dit au Roi et à elle, il n'y avoit que
» trois jours, dont il resta si confus, qu'il se re-
» tira incontinent, au grand étonnement de tous
» les Seigneurs qui étoient là présens. Sa femme
» puis après essaya de l'excuser, disant que le
» transport de crainte dans lequel il étoit, l'avoit
» fait parler ainsi, d'autant qu'on lui venoit de
» dire présentement, que les Princes et Seigneurs
» du parti de M. le Prince, étoient résolus de le
» faire tuer, le croyant auteur de l'arrêt dudit
» sieur Prince, par les avis qu'il avoit donnés de
» leurs desseins ».

Mais, sans examiner ici si les deux conseils de M. de Sully sont réellement contradictoires, et en convenant que le parti d'arrêter le prince de Condé étoit sage et nécessaire, tout ce que j'ai voulu que l'on conclût de ces témoignages, c'est que ce Ministre ne se départit point de son attachement au bien public et au Roi, dans une occasion si favorable au parti calviniste, et dans laquelle il couroit lui-même de très-grands risques.

Il se conduisit dans cet esprit tout le reste de sa vie. Il fut revêtu de l'autorité du Roi dans les assemblées de Rouen et de Loudun. Il soutint en bon citoyen le parti de sa Majesté contre les Calvinistes, lorsque la guerre leur fut déclarée sous le ministere du cardinal de Richelieu. Il eut part au siege de Montauban, et à d'autres rencontres;

il fit même les fonctions de Grand-maître de l'artillerie, au siege de Saint-Jean-d'Angely, et l'artillerie y fut parfaitement bien servie. Il conserva et exerça cette charge jusqu'à sa mort, quoique l'historien du duc de Bouillon dise qu'il en avoit été dépouillé. Louis XIII lui donna le bâton de maréchal de France, le 18 Septembre 1634. L'année précédente, le pape Urbain VIII, qui l'avoit connu pendant sa légation en France, lui écrivit une lettre latine, à laquelle M. de Sully fit une réponse, qu'il envoya à sa Sainteté par le prince d'Henrichemont, son petit-fils, et qui lui attira un second bref de ce Pape, aussi en latin, daté du 16 Juillet 1633.

En cette même année 1634, il perdit le marquis de Rosny, son fils aîné. La conduite de ce fils fut pour lui un sujet d'embarras et de chagrins presque continuels, non-seulement parce que le marquis de Rosny ne suivoit aucun des sages conseils qu'il ne cessoit de lui donner, qu'il prit même le parti des ennemis de l'Etat, mais encore parce que le duc de Sully se ressentit en plus d'une maniere, du dérangement des affaires de son fils. Ceci demande que nous entrions dans un détail des affaires domestiques de M. de Sully, qui servira d'éclaircissement à plusieurs endroits de ces Mémoires, où il est parlé du marquis de Rosny, et en particulier, à ce qui en est dit dans le livre vingt-neuvième.

Outre deux filles, dont l'aînée avoit épousé le duc de Rohan, et la cadette, mariée au marquis de Mirepoix, M. de Sully se voyoit, en 1609, trois enfans mâles, Maximilien II, de Béthune, marquis de Rosny, l'aîné de tous, qu'il avoit eu de son premier mariage avec Anne de Courtenay; et de son second avec Rachel de Cochefilet, César et François de Béthune. Comme tous les grands biens dont il jouissoit alors, ne lui étoient venus que depuis ce second mariage, il paroît que la principale part de ces biens devoit naturellement regarder les enfans du second lit; cependant le duc de Sully se croyant obligé d'assurer au marquis de Rosny un état avec lequel il pût soutenir la grandeur de sa maison, dont il étoit l'aîné; aux charges de Grand-maître de l'artillerie et de Surintendant des fortifications, et aux gouvernemens de Mante et de Gergeau, dont il lui fit obtenir la survivance, et qu'il évaluoit à soixante mille livres de revenu, il joignit une donation entre-vifs, et substitution de cinquante mille livres de rente en fonds de terre, consistant dans la duché-pairie de Sully, le marquisat de Rosny, la principauté d'Henrichemont et Boisbelle, avec toutes leurs dépendances, dont il se réserva néanmoins l'usufruit sa vie durant. L'acte de substitution, dont la date est du 27 Mars 1609, porte cette clause singuliere : qu'*au cas que nul de ceux*, soit mâle, soit femelle, qui seront lors descendus de la maison de Béthune, ne voulût accomplir les susdites clauses et conditions, ledit Seigneur donateur a fait et fait don par ces présentes, des susdites terres substituées, au Roi ou à ses descendans, l'aîné préféré aux autres, à la charge que lesdites terres ne pourront jamais être désunies de la couronne, avec condition que celui qui les possédera, outre le Roi et son fils aîné, soit tenu de porter son nom et armes, le surnom et armes de Béthune, et ses descendans après lui.

Cherchant ensuite à prévenir tout sujet de désunion dans sa famille, et à donner aussi un état à ses autres enfans, M. de Sully fit l'année suivante, dans la même forme et par un même acte, deux autres donations et substitutions du reste de ses biens en faveur de César et de François de Béthune, ses cadets; sçavoir, de la terre et seigneurie de Villebon, à César; et à François, nommé le comte d'Orval, des terres de Montrond, Orval, Bruyeres, Epineuil, Beauchesal, la Rocheguillebaut et le Châtelet en Berry. La valeur de chacune de ces substitutions, est estimée dix mille livres de revenu; il y est stipulé que les fortifications, armes, vivres, munitions de guerre et de bouche, et meubles, tant ceux qui étoient dans tous ses châteaux lors de la substitution, que ceux qui s'y trouveroient à la mort du duc de

Sully, seroient compris dans la donation, et que si l'un des donataires venoit à mourir sans postérité, son partage passeroit tout entier au survivant. Cela arriva quatre ans après ; César de Béthune étant mort en 1614, sans avoir été marié, le comte d'Orval réunit sur sa tête les deux articles de substitution. En 1620, son pere le voyant dans sa vingtieme année, lui fit épouser Jacqueline de Caumont, fille du grand-maréchal de la Force, et petite-fille par sa mere, du premier maréchal de Biron, et il confirma par le contrat de mariage, l'acte de substitution de 1610.

Avant et après ces dispositions, le marquis de Rosny demeura en communauté de biens avec le Duc son pere. Cette communauté étoit toute à l'avantage du premier, auquel le seul bien de sa mere ne suffisoit pas pour les dépenses qu'il faisoit ; mais elle exposa le duc de Sully aux poursuites des créanciers de son fils. Il acquitta à plusieurs reprises ses dettes, qui devinrent à la fin si considérables, par les profusions et le mauvais ménage du marquis de Rosny, que le Duc prit enfin le parti de l'abandonner à lui-même : voilà les premiers chagrins qu'il eut à en essuyer.

Ils furent suivis d'autres, plus grands et plus sensibles encore, après la mort du marquis de Rosny. Ses créanciers s'autorisant toujours de la communauté de biens, voulurent retomber sur ceux du duc de Sully. Le prince d'Henrichemont (1), son petit-fils, se joignit à eux pour faire annuller ses substitutions, à quoi contribuoient encore les circonstances où s'étoit trouvé le duc de Sully, qui, pour se tirer des mains du prince de Condé, avoit été obligé de faire et défaire plusieurs marchés avec lui, avoit acquis, rendu et réacquis à différentes fois, une grande partie des terres comprises dans ces substitutions, telles que Villebon, Montrond, &c. Cela tint le duc de Sully dans un embarras continuel de discussions et de procès, dont cependant une partie s'arrangea par le mariage du prince d'Henrichemont avec la fille du chancelier Seguier (2), en 1639. Alors le duc de Sully, qui étoit entiérement hors d'affaire avec M. le Prince, voyant que Villebon lui avoit été rendu, et que toutes ses autres acquisitions étoient assurées, refit en 1640 une nouvelle substitution, confirmative de la premiere, en donnant des remplacemens pour celles de ses terres qui pouvoient avoir été aliénées.

Le mécontentement et les plaintes du prince

---

(1) Maximilien-François de Béthune, troisieme du nom, duc de Sully, prince d'Henrichemont et de Boisbelle, marquis de Rosny, lieutenant-général au gouvernement de Dauphiné et du pays Vexin, gouverneur de Mante et de Meulan. Il mourut en 1661.

(2) Charlotte Seguier, fille de Pierre Seguier, Chancelier.

d'Henrichemont éclaterent de nouveau à cette substitution; elle causa un procès, dont Louis XIII et son premier Ministre s'attribuerent la connoissance, et qui dura pendant les années 1640 et 1641. Les requêtes et principales pieces de ce procès ont été imprimées. Le duc de Sully s'y plaint amérement de ce que son petit-fils et le chancelier Seguier qui le soutenoit, cherchent à se prévaloir de quelques manques de formalités, peut-être inévitables dans des affaires si longues et si compliquées. Ce n'est point à nous à entrer dans la discussion de ce point de jurisprudence. En supposant tout le bon droit possible du côté des parties de M. le duc de Sully, il paroît seulement que la voix de la nature et le sentiment de la reconnoissance, déposent en faveur d'un homme qui avoit élevé sa maison à un si haut degré de splendeur. Quoi qu'il en soit, le duc de Sully eut le chagrin de voir que par l'arrêt du Conseil, rendu au mois de Décembre 1641, on l'obligea à révoquer sa substitution, pour quatre des terres qui servoient de remplacement aux premieres. Il étoit alors âgé de quatre-vingt-deux ans; il est assez vraisemblable que, jaloux comme il étoit de l'autorité paternelle, et persuadé que dans tout ce qu'il avoit fait, il avoit suivi exactement les loix de l'équité, ce coup lui fut si sensible, qu'il contribua à abréger ses jours; il mourut huit jours après, le 22 Décembre 1641, à Villebon.

Ses entrailles furent mises dans un seau ou espèce d'urne de plomb, garni d'anses de fer, et portées dans le caveau de la collégiale de Sainte-Anne de Villebon, sur la muraille duquel on voit écrit ces mots : *Ici reposent les entrailles de très-haut, très-puissant et très-illustre Seigneur, Monseigneur Maximilien de Béthune, duc de Sully, pair et maréchal de France.* Pour son corps, il fut porté à l'Aumône ou Hôtel-Dieu de Nogent; mais comme le mausolée qu'on commença à lui construire en cet endroit, ne put être achevé si-tôt, ce corps demeura un temps assez considérable en dépôt dans la chambre qu'habitoit le duc de Sully à Villebon, et où il étoit mort, qui est l'appartement au bout de la galerie de ce château, dont on fit noircir les murailles, le plancher et l'intérieur en entier. On l'y laissa exposé sous un poêle de velours noir, avec des bandes de moire d'argent, et les armes de la maison de Béthune aux quatre coins.

Pendant ce temps-là, la duchesse de Sully faisoit construire dans la galerie basse de ce château, un cabinet pour y placer une statue qu'elle avoit dessein d'ériger à la mémoire de son mari. Elle fit pour cet effet la dépense d'un bloc de marbre blanc, le plus beau et le plus rare, et elle fit venir d'Italie un des plus excellens sculpteurs de ce temps-là. Sur la façade de ce cabinet, en-dedans, sont écrits en gros caracteres, les dix commandemens de Dieu, tels qu'ils sont dans l'Exode. Sur un des côtés est l'épitaphe du mort, la même que nous allons bientôt transcrire ; sur l'autre, ses armoiries en grand, avec tous les attributs de ses charges : le haut et tout le reste du cabinet, est entiérement rempli de peintures, d'emblêmes et de devises, que nous ne croyons pas devoir rapporter : il est éclairé par une grande croisée qui en occupe le fond. La statue est au milieu, sur un piedestal, aussi de marbre blanc ; elle est un peu plus grande que nature, et représente le duc de Sully, armé du cou en bas, portant une couronne de laurier sur sa tête et le manteau ducal sur ses épaules, le bras droit alongé, et tenant le bâton de maréchal de France, la main gauche appuyée sur l'écusson de ses armes. Ce bâton, aussi-bien que le casque qui est à côté de la statue à gauche, garni de ses panaches, sont taillés dans le même bloc ; tout ce morceau est si fini, si beau, qu'il peut aller de pair avec les monumens de la Grèce et de Rome. Au-dessus de la porte du cabinet, est écrit dans un cartouche : *Rachel de Cochefilet, duchesse douairiere de Sully, après la mort de Maximilien de Béthune, duc de Sully, son époux, avec lequel elle a vécu quarante-neuf ans en mariage, pour honorer sa mémoire et témoi-*

gner ses regrets, a fait élever cette figure en l'année 1642.

Comme le corps de cette Dame fut, après sa mort, rejoint à celui de son mari, le mausolée dont nous allons donner la description, est commun à l'un et à l'autre. C'est une chapelle en dôme, construite à côté de celle de Saint-Jacques-de-l'Aumône ou Hôpital de Nogent, appellé de leur nom, Nogent-le-Béthune. Elle ne communique point avec l'Eglise; parce que le duc et la duchesse de Sully moururent tous deux dans la Religion prétendue réformée. Sous cette chapelle est un caveau qui sert de sépulture à leurs corps. L'intérieur de la chapelle est orné tout autour des armoiries et des alliances de la maison de Béthune, et le dôme n'est qu'une simple peinture en azur, semé de fleurs de lis. Ils y sont tous les deux représentés en marbre blanc, à genoux, de hauteur humaine, sur un piedestal élevé de trois pieds. Une inscription marque que cet ouvrage, qui est très-bien exécuté, fut fait en 1642 par B. Boudin. Les deux statues sont tournées vers l'orient : derriere celle du duc de Sully est cette épitaphe :

Ci gît le corps de très-haut, très-puissant et très-illustre Seigneur, Monseigneur Maximilien de Béthune, marquis de Rosny, lequel depuis l'âge de quatorze ans, courut toutes les fortunes du roi Henri-le-Grand, entre lesquelles est cette mémorable bataille, qui adjugea la couronne au victorieux, où il gagna par sa valeur la cornette blanche, et prit en icelle plusieurs prisonniers de marque. Il fut par lui honoré, en reconnoissance de ses vertus et mérites, des dignités de duc et pair et maréchal de France, de gouverneur de haut et bas Poitou, des charges de Grand-maître d'artillerie, en laquelle, comme portant les foudres de son Jupiter, il prit et emporta la forteresse de Montmélian, que l'on estimoit imprenable, et plusieurs places de Savoie, et de Superintendant des finances, qu'il administra seul avec une prudente économie, et continua ses fideles services jusqu'au malheureux jour que ce César des François perdit la vie par la main parricide d'un de ses sujets; après la mort duquel il se retira chez soi, où il passa le reste de sa vie dans une douce et paisible tranquillité, et mourut au château de Villebon, le 22 Décembre 1641, âgé de quatre-vingt-deux ans; son corps est ici à Nogent-le-Rotrou, dit le Béthune : *Et très-haute, très-puissante et très-illustre Dame, Madame Rachel de Cochefilet, son épouse, qui mourut à Paris, à l'âge de quatre-vingt-dix-sept ans, l'an 1659.*

On est conduit dans cette chapelle par une longue cour, plantée d'une avenue d'ormes, et dans laquelle on entre par un portail d'une très-belle architecture, chargé des armoiries de la maison de Béthune, en fort grand relief, avec toutes les pièces d'honneur servant d'accompagnement à l'écu des armes du duc de Sully. La maison de Béthune porte, d'argent à la face de gueules; pour soutiens, deux sauvages armés d'une massue.

Avant que Villebon fût rendu au duc de Sully, il partageoit son séjour entre Sully, la Chapelle d'Angillon, qui est une fort belle maison et une baronnie dépendante du duché de Sully et Rosny, celle de ses maisons où il paroît qu'il avoit fait le plus travailler, comme ne comptant pas qu'elle dût jamais sortir de sa famille. Il en bâtissoit encore les ailes, lorsqu'il eut le malheur de perdre le Roi son bienfaiteur, et il voulut donner une preuve sensible de sa douleur, en laissant ces ailes imparfaites et dans l'état où elles étoient au moment de ce triste événement. Mais lorsqu'il se revit possesseur de Villebon, la beauté de cette maison, sa situation dans un pays très-agréable, la proximité de Paris, dont Villebon n'est éloigné que de vingt lieues, et l'avantage de se trouver comme dans le centre de plusieurs grandes terres, qu'il avoit reçues en remplacement de celles qu'il avoit vendues à M. le Prince; tout cela le détermina à y fixer sa demeure, pendant six mois entiers de l'année, qui étoient l'été et l'hiver. Il faisoit seulement dans la belle saison, quelques voyages à Sully; séjour qui d'ailleurs lui étoit devenu désagréable, par la conduite de son fils aîné. Le reste de l'année, il le passoit à la Chapelle d'Angillon, à Rosny et ailleurs.

La vie qu'il y menoit, étoit accompagnée de décence, de grandeur et même de majesté, telle qu'on peut l'attendre d'un caractere aussi grave et aussi sérieux que le sien. Outre un grand nombre d'écuyers, de gentilshommes et de pages, qui le servoient, de dames et de filles d'honneur, attachées à la personne de la duchesse de Sully, il avoit une compagnie de gardes, avec leurs officiers, et une autre de Suisses, et une si grande quantité de domestiques, qu'il y a peu d'exemples de particuliers, qui aient entretenu une maison si grande et si nombreuse. M. le duc de Sully d'aujourd'hui, a vu le fils d'un ancien chirurgien du feu duc de Sully, le dernier de cette branche, mort à quatre-vingt-huit ans, et qui en avoit quatorze, lorsque le duc de Sully, dont nous parlons, mourut. Cet homme lui a dit qu'accompagnant son pere auprès des malades qui étoient dans le château de Villebon, il en avoit compté jusqu'à quatre-vingt, sans pour cela qu'on s'apperçût que le service de cette maison en fût dérangé ou retardé.

M. de Sully conserva l'habitude de se lever de grand matin. Après ses prieres et sa lecture, il se mettoit au travail avec ses quatre secrétaires. Ce travail consistoit à mettre ses papiers en ordre ; à rédiger ses mémoires ; à répondre aux différentes lettres qu'il recevoit ; à prendre connoissance de ses affaires domestiques ; enfin, à conduire celles, soit de ses gouvernemens, soit de ses charges : car il demeura jusqu'à sa mort, gouverneur du haut et bas Poitou et de la Rochelle, grand-maître de l'artillerie, grand-voyer de France et surintendant des fortifications du royaume. Il y employoit la matinée entiere, excepté que quelquefois il sortoit pour prendre l'air, une demi-heure ou une heure avant le dîner. Alors on sonnoit une grosse cloche, qui étoit sur le pont, pour avertir de sa sortie. La plus grande partie de sa maison se rendoit à son appartement et se mettoit en haie, depuis le bas de l'escalier. Ses écuyers, gentilshommes et officiers marchoient devant lui, précédés de deux Suisses, avec leur hallebarde. Il avoit à ses côtés quelques-uns de sa famille, ou de ses amis, avec lesquels il s'entretenoit : suivoient ses officiers aux gardes et sa garde-Suisse ; la marche étoit toujours fermée par quatre Suisses.

Rentré dans sa salle à manger, qui étoit un vaste appartement, où il avoit fait peindre les plus mémorables actions de sa vie, jointes à celles de Henri-le-Grand, il se mettoit à table. Cette table étoit comme une longue table de réfectoire,

au

au bout de laquelle il n'y avoit de fauteuils que pour lui et pour la duchesse de Sully ; tous ses enfans, mariés ou non mariés, quelque rang ou naissance qu'ils eussent, et jusqu'à la princesse de Rohan, sa fille, n'avoient que des tabourets, ou des sieges plians ; car dans ce temps-là, la subordination des enfans aux peres étoit encore si grande, qu'ils ne s'asseyoient et ne se couvroient jamais en leur présence, qu'après en avoir reçu l'ordre. Sa table étoit servie avec goût et magnificence. Il n'y admettoit que les Seigneurs et Dames de son voisinage, quelques-uns de ses principaux gentilshommes, et des dames et filles d'honneur de la duchesse de Sully, excepté la compagnie extraordinaire, tous se levoient et sortoient au fruit. Le repas fini, on se rendoit dans un cabinet joignant la salle à manger, qu'on nommoit *le cabinet des Illustres*, parce qu'il étoit orné des portraits de Papes, Rois, Princes et autres personnages distingués ou célebres, qu'il tenoit d'eux-mêmes. On en voit encore aujourd'hui la plus grande partie à Villebon.

Dans une autre salle à manger, belle et richement meublée, le capitaine des gardes tenoit une seconde table, servie à-peu-près comme la premiere, où toute la jeunesse alloit manger, et où ne mangeoient effectivement que ceux que la seule disproportion d'âge empêchoit le duc de Sully de recevoir à la sienne. M. le duc de Sully d'aujourd'hui a connu plusieurs personnes de qualité, qui lui ont dit que dans les visites qu'ils se souvenoient d'avoir faites, étant fort jeunes, chez le duc de Sully, avec leurs peres, il ne retenoit que ceux-ci pour manger à sa table, et qu'il disoit ordinairement aux jeunes gens : *Vous êtes trop jeunes pour que nous mangions ensemble, et nous nous ennuierions les uns les autres.*

Lorsqu'il avoit passé quelque temps avec la compagnie, il remontoit chez lui, pour s'occuper encore quelques heures du même travail que le matin. Si la saison et le beau temps le permettoient, il prenoit l'après-dînée le plaisir de la promenade. La sortie se faisoit avec le même cortege que le matin. Il entroit dans ses jardins, où après avoir fait quelques tours, il passoit ordinairement par une petite allée couverte, qui séparoit les parterres du potager, et se rendoit par un escalier de pierre, que M. le duc de Sully d'aujourd'hui a fait détruire, à cause de sa vétusté, dans une grande allée de tilleuls en terrasse, de l'autre côté du jardin : le goût d'alors étoit d'avoir grand nombre d'allées extrêmement couvertes, avec quatre ou cinq rangs d'arbres ou de palissades. Là il s'asseyoit sur un petit banc ou fauteuil de bois verni, à deux places, et appuyant ses deux coudes sur une grande fenêtre grillée, qui vient aussi d'en être ôtée, il s'amusoit à considérer, d'un côté, une campagne agréable ; de l'autre, une seconde allée en terrasse très-belle, qui fait le tour d'une grande piece d'eau, appellée *l'Etang-neuf*, et est terminée par un bois de haute-futaie, nommé *le Grand-parc*. Quelquefois aussi c'étoit dans son parc qu'il prenoit le divertissement de la promenade, et assez souvent dans son chariot ou coche, avec la Duchesse son épouse. L'intervalle de la promenade au souper, étoit encore rempli par les occupations du matin. Le souper se passoit comme le dîner, jusqu'au moment où chacun se retiroit chez soi.

Le duc de Sully ne pouvant, à cause de la Religion, avoir aucun ordre, il s'en étoit fait un pour lui-même : l'inventaire de ses effets porte plusieurs chaînes de diamans, servant à cet usage. Il portoit donc à son cou, sur-tout depuis la mort de Henri IV, une chaîne d'or ou de diamans, où pendoit une grande médaille d'or, sur laquelle étoit empreinte en relief, la figure de ce grand Prince. De temps en temps il la prenoit, s'arrêtoit à la contempler et la baisoit ; il ne la quittoit pas même lorsqu'il venoit à la cour, non plus que l'ancien habillement, qu'il conserva toujours, sans vouloir s'assujettir à la mode. On sçait ce qui lui arriva un jour à la cour, où Louis XIII l'avoit mandé. « Je vous ai fait venir, M. de Sully, lui » dit ce jeune Prince, comme étant l'homme de

» confiance du feu Roi mon pere, et un de ses
» principaux Ministres, pour vous demander avis
» et m'entretenir avec vous sur les importantes
» affaires que j'ai à présent ». Le duc de Sully,
qui ne voyoit autour du Roi que de jeunes courtisans qui rioient entr'eux, et qui, pour faire leur cour au connétable de Luynes, tournoient en ridicule son habillement, son maintien grave, et toutes ses manieres, fit cette réponse : « Sire,
» je suis trop vieux, pour changer d'habitude sur
» rien ; quand le feu Roi votre pere, de glorieuse
» mémoire, me faisoit l'honneur de m'appeller
» auprès de sa personne, pour s'entretenir avec
» moi sur ses grandes et importantes affaires, au
» préalable, il faisoit sortir les bouffons ». Le jeune Roi parut approuver cette liberté, il fit retirer tout le monde, et demeura seul avec M. de Sully.

La subordination, l'ordre et la paix régnoient parmi ce nombreux domestique, dont nous venons de parler. Personne n'a jamais sçu se faire mieux respecter, servir et obéir que le duc de Sully. Les Catholiques qu'il avoit à son service, ne s'appercevoient point qu'il mît aucune différence entr'eux et les Calvinistes, qu'à l'attention qu'il avoit de les obliger à remplir, avec la derniere exactitude, leurs devoirs de bons Catholiques Romains. C'étoit une suite des égards, et même d'une sorte de penchant, qu'on a vu dans tout le cours de ses Mémoires, qu'il eut toujours pour la véritable Religion, et qui vraisemblablement l'auroit conduit lui-même à l'embrasser, sans les considérations qu'il y expose. Malheureusement, persuadé qu'on peut également faire son salut dans l'une et l'autre de ces Religions, il se montra trop sensible à la délicatesse de paroître rien accorder à l'ambition et à l'intérêt, dans une démarche, qui ne lui auroit effectivement laissé rien à desirer, ni pour l'un, ni pour l'autre. Excepté la seule duchesse de Rohan, tous ses enfans sont morts dans le sein de l'Eglise Romaine.

Pour la Duchesse son épouse, quoiqu'élevée dans la Religion catholique, qu'elle ne quitta qu'après la mort de M. de Chateaupers, son premier mari, pour épouser le duc de Sully, je ne sçais s'il y a lieu de la soupçonner de quelque retour vers ses premiers sentimens. Les seigneurs de Villebon avoient dans l'Eglise de cette paroisse, qui est une collégiale, une chapelle du côté du château, qu'on fit ôter. On construisit à la place deux tribunes, l'une en bas, fermée de volets, de manière qu'on ne pouvoit y rien voir, et l'autre au-dessus de celle-ci, dans laquelle on montoit par un petit degré de bois: elle étoit aussi fermée par une jalousie. Il est de notoriété publique, que les deux duchesses de Sully et de Rohan venoient très-souvent dans la tribune basse, entendre les pseaumes, pendant les heures canoniales. Elles prenoient soin de blanchir de leurs mains, tous les linges servant à l'autel; M. le duc de Sully d'aujourd'hui tient cette particularité de son aïeule, Catherine de la Porte. Cette Dame, qui avoit beaucoup vécu avec la duchesse de Rohan, sa tante, lui avoit encore entendu dire une chose que personne n'ignoroit alors, qui est, que le duc de Sully faisoit un accueil très-gracieux aux Capucins qui venoient chez lui, et même qu'il les aimoit jusque-là que pendant sa derniere maladie, et peu de jours avant qu'il mourût, il demanda qu'on lui fît parler quelques-uns de ces Religieux ; mais que s'étant présentés sur le pont du château, la duchesse de Sully défendit qu'on les laissât entrer, en les menaçant de les faire jetter dans les fossés.

Les occupations de cette Dame, étoient de régler l'intérieur et pourvoir à l'entretien de sa maison, de faire dresser les baux et rendre les comptes des fermiers et des receveurs ; c'est elle qui faisoit dans les différentes terres de son mari, presque tous les voyages nécessaires. Elle se délassoit dans ses heures perdues, à travailler en tapisserie et en broderie, avec ses filles et ses dames d'honneur. On admire encore aujourd'hui la beauté et sur-tout la délicatesse du travail de quelques pieces de tapisseries et autres morceaux de cette nature, qui sont restés à M. le duc de Sully, d'un beaucoup plus grand nombre, car la plupart de ces ouvrages ont été, ou perdus, ou détournés.

Ceux du duc de Sully sont plus durables. Outre tous les monumens publics, dont nous avons eu occasion de parler, il a éternisé sa mémoire par quantité d'édifices, dont on lui est redevable en différens endroits du royaume, principalement dans son gouvernement du haut et bas Poitou : il auroit fait accommoder tous les chemins de cette province, si son crédit s'étoit soutenu jusqu'à sa mort. C'est lui qui a fait construire à Châtelleraut, ce beau pont et cette magnifique chaussée, qu'on y voit encore aujourd'hui.

Il n'y a presque pas une de ses terres, sur-tout celles qui ont des châteaux, où il n'ait laissé des marques d'une magnificence, dont la charité et le bien public furent très-souvent le principe. Il a fondé en grande partie l'Hôtel-Dieu de Nogent. Cette ville et seigneurie, qu'on distinguoit par le surnom de Nogent-le-Rotrou, avoit pris le nom d'Enguien, par l'érection que M. le prince de Condé en avoit faite en duché; elle quitta l'un et l'autre entre les mains de M. de Sully, pour celui du comté de Nogent-le-Béthune. Son premier dessein fut de faire des travaux considérables au château de la ville même : mais les difficultés que lui firent les religieux de Saint-Denis, le détermi-

nerent à tourner toutes ses vues du côté de Villebon. MM. d'Estouteville, auxquels cette maison
avoit appartenu avant lui, l'avoient laissé bâtie
seulement jusqu'au premier étage. Il la fit relever
et construire en entier, sur le modele de la Bastille, dont il étoit gouverneur, mais beaucoup
plus belle. La façade présente entre les tours,
trois corps-de-logis couverts d'ardoises; ces tours
couvertes en plate-forme de plomb, avec des cre-
neaux ronds et pointus alternativement. Les gouttieres sont du même métal que les canons de
fonte, et les gouttieres intérieures, dans lesquelles
se rendent celles des coins de la maison, sont à
huit pieds de haut, finissant en têtes de dauphin,
et pareillement de fonte. Le grand escalier est extrêmement large et clair. Au premier étage est
une fort grande salle, dont les poutres et soli-
veaux étoient dorés, ainsi que la cheminée de
grande menuiserie. Les appartemens qui sont en
fort grand nombre, ont aussi tous des cheminées
de menuiserie dorées, de même que la plupart
des planchers. Le parc enceint de murs de pierre,
renferme quantité de réservoirs et de pieces d'eau.
Les jardins qui accompagnent la maison par trois
côtés, les cours et basse-cours, tout cela est dû
au duc de Sully.

Pour donner à tous les pauvres qui se présen-
terent pendant une disette, les moyens de subsis-

ter, en les occupant à travailler, car il auroit cru perdre tout le mérite d'une bonne œuvre, si elle avoit pu servir à entretenir l'esprit de fainéantise; il leur fit faire une piece d'eau de trois cent soixante toises de long sur environ soixante de large, on la nomme l'Etang de la Chapelle, ou l'Etang-canal. Les terres qu'on en tira, servirent à élever des deux côtés, quatre terrasses paralleles à ce canal, lesquelles s'étendent jusqu'à l'Etang-neuf, qui est une autre piece d'eau, au-dessus de celle-ci. Entre ces terrasses et le canal, étoient deux fonds de gazon, que M. le duc de Sully d'aujourd'hui a fait accommoder en parterres de découpures et en boulingrins. On recevoit indifféremment tous ceux qui s'offroient pour ce travail, et jusqu'aux plus petits enfans, auxquels on ne donnoit quelquefois pas plus d'une demi-livre de terre à porter: on avoit eu la précaution de faire faire pour cet effet, un nombre infini de hottes, de toutes grandeurs. On distribuoit à tous ces pauvres, le matin, un morceau de pain; à dîner, une grande écuellée de soupe; et le soir, outre un morceau de pain, un salaire en argent, proportionné à l'âge et au travail. Cet ouvrage, que le duc de Sully n'auroit jamais entrepris pour le seul embellissement de sa maison, lui coûta quatre-vingt mille livres.

Personne n'ignore que c'est lui qui a fait bâtir en entier le château de Rosny, à fossés secs, extrêmement larges, et dont le feu, lorsqu'on y plaçoit une batterie, se croisoit d'une maniere surprenante; chose très-rare en ce temps-là. Il y fit cette belle terrasse qui regnoit le long de la Seine, dans une longueur prodigieuse, et ces grands jardins remplis de bosquets et de grottes qui jettoient de l'eau.

Il embellit les dehors de Sully par des jardins dont les plans sont les plus beaux du monde, et par un canal fort long et fort large, qui s'entretient d'eau vive, par le moyen de la petite riviere de Sangle, qu'il y fit passer, et qui de-là va se perdre dans la Loire. Il y ajouta une machine pour porter de l'eau à tous les bassins et jets-d'eau dont ses jardins étoient remplis; la machine subsiste encore; mais on a laissé périr toutes ces pieces d'eau. A l'égard du château, il le fit couvrir d'ardoises; il en fit boiser, peindre et dorer presque tous les appartemens, et pratiquer dans l'épaisseur des murs, les galeries qui prennent depuis le petit corps-de-logis de l'entrée, jusqu'au gros château. La basse-cour et une seconde basse-cour, qu'on appelle autrement le petit parc, sont encore son ouvrage. Il y a dans cette seconde cour plusieurs éminences ou monceaux énormes de terre, qu'on voit bien avoir été faits de main d'homme. Cette dépense, qui n'est d'aucune utilité, qui produit même un effet désagréable, a de quoi surprendre ceux qui ne sçavent pas que le duc de Sully ne trouva point d'autre moyen de faire subsister une infinité de pauvres, qui demandoient du travail dans un temps de cherté. La collégiale de Saint - Ithier étoit anciennement une petite Eglise, qui touchoit presque au château ; il la fit transporter au milieu de la ville ; ou plutôt, il en fit à ses frais une très-belle Eglise, couverte d'ardoises, sans parler de plusieurs autres ouvrages, dont cette ville lui a l'obligation ; entr'autres, d'un Hôtel-Dieu qu'il y fonda.

L'appartement principal de ce château, est celui qu'il y fit accommoder, en mémoire de Henri-le-Grand, et qu'on appelle pour cela *l'appartement du Roi*. Il voulut laisser un autre monument de sa reconnoissance envers ce Prince, dans la salle de Sully. Cette salle, qui, après celle de Montargis, est la plus grande qui soit en France, a vue sur la Loire. Henri IV y est peint dans un tableau de la premiere grandeur, sur un parfaitement beau cheval alezan : c'est de toutes les figures de ce Monarque, la plus parfaite et la plus ressemblante. Ce tableau sert à décorer la cheminée, qui est extraordinairement grande, toute incrustée de menuiserie, et couverte, tant en face que sur les côtés, de cartouches en peinture, chacun avec un emblême et une devise, ayant rapport, soit au Roi, soit au duc de Sully.

Un de ces cartouches a quelque chose de singulier ; il est en face, et représente le soleil, jettant une lumiere foible et pâle ; au-dessous paroît la lune, aussi brillante que le soleil l'est peu, et plus bas, la terre qui semble obscurcie par ce grand éclat de la lune ; c'est le seul de ces emblêmes qui n'ait point de devise, et cette affectation acheve de prouver qu'elle renferme quelque chose de mystérieux.

Le duc de Sully répara et augmenta aussi le château de la Chapelle d'Angillon, bâtie par Mademoiselle d'Albret. Il l'embellit de jardins en terrasses, et d'un parc de près de deux cent trente arpens, entouré de murailles de pierres, qui, quoique très-solides, sont aujourd'hui presque ruinées par la négligence de ses successeurs. En face de la prairie, est une terrasse superbe par sa longueur et son élévation, toute revêtue de pierre de taille, et ayant de distance en distance des pilastres plus élevés, de pierres et de briques, qui servent tout à la fois à la solidité et à la décoration de cet ouvrage. Il se trouvoit au bas de cette terrasse, une Eglise fort mal bâtie, que le duc de Sully fit démolir et reconstruire avec beaucoup de dépense et même de magnificence, à la porte de la ville de la Chapelle, dont il doit être regardé non-seulement comme seigneur, mais encore comme fondateur.

Le château de Montigny lui doit entr'autres embellissemens, une parfaitement belle avenue d'arbres, et derriere la maison, une promenade ou une espece de cours très-agréable, à quatre rangs d'ormeaux.

C'est lui enfin qui a fait bâtir et couper dans le roc le fameux château de Montrond, long-temps regardé comme une citadelle imprenable. On y montoit par un chemin tournoyant, fort large, aussi pratiqué dans le roc, ainsi que les dehors de la place; dans l'intérieur de laquelle il y avoit un puits intarissable, et à couvert de tous les accidens du dehors. M. le prince de Condé obligea le duc de Sully, comme on l'a vu, de lui céder Montrond, et pendant les troubles, il en fit sa principale forteresse contre le parti du Roi. L'armée royale s'y vit arrêtée pendant dix-huit mois entiers, et ne la prit que par adresse; la place fut rasée, après qu'on en eut fait sauter les fortifications.

Fin du trentieme Livre et du Tome cinquieme.

www.ingramcontent.com/pod-product-compliance
Lightning Source LLC
Chambersburg PA
CBHW050423170426
43201CB00008B/516